中国骨干旅游名校教材出版项目

"十二五"普通高等教育旅游管理规划教材

中国历史文化

CHINESE HISTORY AND CULTURE

■ 李文芬　编著

化学工业出版社

·北京·

本书在选材上，既注意到学生已掌握的历史文化知识，以避免重复；又注意以培养符合中国旅游事业发展需要的合格人才为中心，侧重介绍旅游业所涉及的广泛意义上的文化事象。本教材包括6章，第1章系统介绍文化定义及分类，中国历史发展概述，中国历史小常识，中国文化科技发展概述，中国古代对外文化交流等；第2章系统介绍中国56个民族的民俗，包括衣食住行民俗、婚姻禁忌及节日娱乐等；第3章系统介绍中国古代建筑的情况，包括中国古代建筑的历史沿革，中国古代城防、宫殿、园林、陵墓、水利工程等；第4章系统介绍中国文物保护及馆藏文物，包括陶瓷、青铜器等；第5章系统介绍中国的宗教发展情况，包括佛教、道教、伊斯兰教和基督教；第6章系统介绍中国的风味特产，包括中国的烹饪，名茶、名酒及名贵中药，中国的文房四宝，中国的花木盆景。在章节的安排上，既保持了内容的独立性和专题性，又注意到其间的内在联系。

本书可作为旅游管理专业的教材，也可作为导游资格考试者的复习用书，同时对各级旅游行政部门管理人员来讲，也是一本具有参考价值的工具书。

图书在版编目（CIP）数据

中国历史文化/李文芬编著． —北京：化学工业出版社，2013.8（2022.9重印）

中国骨干旅游名校教材出版项目

"十二五"普通高等教育旅游管理规划教材

ISBN 978-7-122-17724-7

Ⅰ．①中…　Ⅱ．①李…　Ⅲ．①文化史-中国-高等学校-教材　Ⅳ．①K203

中国版本图书馆CIP数据核字（2013）第138073号

责任编辑：刘立梅　　　　　　　　　　装帧设计：张　辉
责任校对：陶燕华

出版发行：化学工业出版社（北京市东城区青年湖南街13号　邮政编码100011）
印　　装：北京科印技术咨询服务有限公司数码印刷分部
787mm×1092mm　1/16　印张14　字数345千字　2022年9月北京第1版第4次印刷

购书咨询：010-64518888　　　　　　售后服务：010-64518899
网　　址：http://www.cip.com.cn

定　　价：39.00元

前言
FOREWORD

为适应旅游业的发展以及全面推进旅游管理专业教育的要求，化学工业出版社组织出版了"十二五"普通高等教育旅游管理规划教材，《中国历史文化》是其中之一。笔者从1989年开始上这门课，至今已有23年了。在教学中不断探索和梳理，形成了今天的这本教材。

中国是世界四大文明古国之一，历史悠久，民族民俗文化传统积淀深厚。在选材上，笔者既注意到学生已掌握的历史文化知识，以避免重复；又注意以培养旅游发展需要的人才为中心，侧重介绍旅游所涉及的文化事象。在写作风格上，力求适合本科层次学生的特点，教学内容突出基础理论和实践能力的培养。通过模块设置，增加一些互动内容，如增加知识研修、特别提示、想一想、知识之窗等内容，明确标注出重点、难点内容，更符合学生的学习规律。通过学习本教材，学生可以掌握更多的与导游工作相关的基础知识，培养良好的旅游从业意识，提高理论联系实际的运用能力，激发学生对旅游基础知识的学习兴趣和对旅游事业的热爱，培养良好的职业服务意识和职业素养。

《中国历史文化》包括6章，第1章系统介绍文化定义及分类，中国历史发展概述，中国历史小常识，中国文化科技发展概述，中国古代对外文化交流等；第2章系统介绍中国56个民族的民俗，包括衣食住行民俗、婚姻禁忌及节日娱乐等；第3章系统介绍中国古代建筑的情况，包括中国古代建筑的历史沿革，中国古代城防、宫殿、园林、陵墓、水利工程等；第4章系统介绍中国文物保护及馆藏文物，包括陶瓷、青铜器等；第5章系统介绍中国的宗教发展情况，包括佛教、道教、伊斯兰教和基督教；第6章系统介绍中国的风味特产，包括中国的烹饪，名茶、名酒及名贵中药，中国的文房四宝，中国的花木盆景。

本书可作为旅游管理专业的教材，也适合研究生使用也可作为导游资格考试者的复习用书，同时对各级旅游行政部门管理人员来讲，也是一本具有参考价值的工具书。

本书由李文芬编著。费克、费圣轩在搜集和整理资料方面作出了很大的贡献，责任编辑给我提出许多好的建议，在此表示感谢。由于水平有限，书中难免有疏漏和差错之处，欢迎批评指正。

编　者
2013年5月

目 录
CONTENTS

中国的文物古迹　　　　　　　　　　　　　73

中国的馆藏文物及工艺品   127

中国的宗教   155

中国的烹饪与风味特产　　　　　　　　　189

参考文献　　　　　　　　　　　　　　215

总　论

　　中国历史悠久，文化积淀丰厚。任何一个景点都是一种文化或多种文化的载体。旅游工作者在设计旅游产品时，导游在向游客讲解旅游景点时，必须要了解中国的历史文化。

　　1.必须明确中国历史文化的概念，历史文化与旅游的关系，这是所有工作的出发点与归宿。

　　2.要认识景点的价值和作用，就必须认真分析其所处的历史环境，做到心中有数。

　　3.要认识景点的内涵，就必须首先掌握中国历史常识。

　　4.无论是认识景点的价值、作用，还是景点的内涵，都必须认识中国文化科技发展的水平。

　　5.了解中国古代对外文化交流，可以使我们更好地认识中国文化。

1.1　中国历史文化的含义

学习情境

众说纷纭的文化

　　文化是一个众说纷纭、见仁见智的概念。据研究，迄今为止，国际学术界关于文化的定义有250多种。一般认为，文化的定义有广义、狭义之分。从广义上说，文化是指人类社会历史实践过程中所创造的物质财富和精神财富的总和，是由语言与文字、物质生产与物质生活、精神生产与精神生活以及各个层次的社会组织与社会关系构成的大系统。从狭义上说，文化是指社会的意识形态以及与之相适应的制度和组织机构。我们这里所使用的"文化"一词，是广义上的文化。

　　文化具有群体性、历史性、多样性及层次性。文化是依群体而存在的，而不是单个个体的问题。文化是历史的积淀，同时也是随着历史的演变而不断创新的。文化多样性是人类文明演进的自然结果和全人类的共同财富，促进世界文化多样性的发展，不仅是人类文化良性成长的自身要求，也是将当今世界建设为和谐世界的文化基石。文化是可以划分层次的，文化包括从精神到物质的一系列相关层面，是一个内涵极为丰富、外延极为广泛的概念，可以在观念上将其划分为许多方面和不同层次，但文化所包含的各个方面或各个层次的内容又是相互关联的。

问题研讨

1.你了解文化的定义吗？

2.什么是狭义文化？什么是广义文化？

3.请指出文化的群体性、历史性、多样性及层次性。

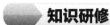 **知识研修**

1.1.1　何谓中国和中华

（1）何谓中国

至今所发现的文献表明，"中国"一词最早出现在西周的武王或成王时代。1963年，陕西省宝鸡市贾村出土的青铜器何尊上的铭文有"余其宅兹中国，自之义（yì，治理）民"的记载。

"中国"一词在不同历史时期具有不同的含义。

西周时代的"中国"具有三个含义：第一，为天子所居之地，即京师，以与四方诸侯相对而称；第二，指包括丰镐、雒邑为中心的黄河中下游地区，即后世所称的"中原"；第三，指夏、商、周三个朝代融为一体的华夏民族，也包括华夏文化。

春秋战国时期是我国古代社会大变革时代，即从分裂割据向统一过渡的历史时期，"中国"的含义与范围都有了明显的发展变化。第一，春秋时期齐、鲁、郑、陈等中原诸侯称为"中国"、"诸夏"、"诸华"或"华夏"，秦、楚等仍是"夷狄"；至战国时，七雄并称为"诸夏"，同列"中国"。第二，"中国"与"诸夏"、"华夏"同义，以与"四夷"、"夷狄"相对而称，然而，春秋时所强调的"夏夷之防"，至战国时已变成"中国"与"四夷"五方之民共"天下"的同居"四海"之内的整体观念，夏夷界限趋于淡化，"华夷一统"的观念在酝酿形成之中。第三，"春秋"的"明华夷之辨"已是族类与文化并重，"中国"已成为文化的概念，而且逐渐把文化标准放到了首要位置。

从秦统一到清代的2000多年的封建时代，在西方国家到来之前，我国境内各个朝代，连一些边远地区的民族政权，都无一例外地以"中国"作为王朝和政权的通称，但是，各朝代和各政权又都无一例外地有表明其一家一姓"社稷"、"天下"的朝代或国号，而未有用"中国"作为国号或朝代名称的。

在西方殖民者入侵中国以后，无论是在平等地位上或不平等地位上与西方打交道，"中国"都已是主权国家的名称。康熙二十八年（1689年）《中俄尼布楚条约》签订时，除俄文本外，其他文本均以"中国"为国名。这是在国际文书上第一次使用"中国"为国家名称。

新中国成立以后，"中国"一词的含义应包括三点：第一，中国是中华人民共和国的简称，中华人民共和国政府是中国唯一合法政府，对外代表中国；第二，中国拥有包含香港、澳门、台湾等在内的全部领土；第三，"中国"代表56个民族共十几亿人口的根本利益。

（2）何谓中华

"中华"一词，是中国华夏的简称。"中华"最早大约出现于东汉，魏晋南北朝时期已经被普遍使用。它的古代含义多与"中原"、"中国"等词相当，有居四方之中、文化发达、历史悠久的意思。所以，有人解释"中华"之"中"，意居四方之中，又有"以己为中"、"以人为外"的意思；"中华"的"华"，意为有文化的民族。《唐律疏议释文》称："中华者，中国也。亲被王教，自属中国，衣冠威仪，习俗孝悌，居身礼仪，故谓之中华。"直至辛亥革命之后，章太炎仍持上述观点，他在《中华民国解》中称："中国云者，以中外分地域之远近也；中华云者，以华夷别文化之高下也。"这里的"中华"仅仅是一个文化概念。

元末的朱元璋和清末的孙中山，曾将"中华"作为汉族的代名词，用于推翻以少数民族为首的全国封建政权的政治口号。

自西方殖民主义者东来侵华之后，尤其是1840年以后，"中华"与"中国"一样，在共同反对外国侵略的斗争中，已经成为各民族共同的称号，也成了国家的名称。辛亥革命前夕，资产阶级民主革命家提出了建立"中华共和国"的设想（邹容）。辛亥革命后，孙中山在南京成立了汉、满、蒙、回、藏五族共和的"中华民国"政府。1913年，西部蒙古王公会议在归绥（现呼和浩特市）举行，会议通电全国称："汉蒙久成一家"，"我蒙同系中华民族，自宜一体出力，维持民国"。这是少数民族上层人士代表第一次共同宣布中国少数民族是中华民族的一部分。1922年，梁启超在《中国历史上民族之研究》中指出，中华民族通常指汉族；"中华民族"包括中国各民族认同的特征："凡遇一他族而立刻有'我中国人'之观念浮于其脑际者，此人即中华民族之一员"，"故凡满洲人今皆中华民族之一员"。

近代以来，中国共产党领导中国各族人民进行反帝反封建斗争，在第二次国内革命战争中曾在江西建立"中华苏维埃共和国"；1949年10月1日在北京建立了中华人民共和国。

1.1.2　何谓历史和传统

（1）何谓历史

"历史"一词在中国古文献中最初见于《三国志·吴书·吴主传·裴注》的"博览书传历史"。这里，"历史"仅指历史记载，而不是现代意义上的历史。今天我们所常使用的"历史"一词源于古希腊拉丁文historia，原意为"征问"，后来直译为西方多种文字。明清时，西学东渐，清末学者将西方的"历史"意译，使用中国古代汉语词汇，赋予它新的含义。

历史，有广义和狭义两种概念之分。广义的历史，是指一切事物的过去的运动发展的客观过程；狭义的历史，仅指人类社会以往的运动发展过程。研究人类社会以往的运动发展过程及其规律性的学科称为历史学。

历史文化则是以往的文化遗存。

（2）何谓传统

传统即一脉相传或世代相继不断的系统。"传"，古代被训为"驿也"，指古代一站一站往下传的驿传；"统"字本意为蚕茧的头绪，引申为万有总束，为一个根本。所谓传统，是指历史传承下来的具有根本性的模型、模式、准则的总和。它是社会的一种生存机制，是民族内聚力的源泉，是维系民族生命的抗体。借助它，才能将各代人相互联系起来并将前人的经验传递给后代。通过传统，社会的精神成就和物质成就才能得以保存和发展。所以，也可以说，所谓文化传统，是人们不断创造的不同形态的特质，经由历史凝聚而相传沿袭着、流变着的诸文化因素所构成的有机系统。

有人将文化传统和传统文化加以区别。

所谓文化传统，是指历史上形成并为后人所承袭下来的思想意识中的东西，诸如精神、心态、道德、观念、思维方式、行为方式、抒情方式、价值观念等隐形的软文化。它是看不见、摸不着的，但又是时刻在起作用的隐形因素，它既可以发挥积极作用，也可以发挥消极作用。所以，我们对待文化传统应持取其精华、去其糟粕的扬弃的态度。

所谓传统文化，是指历史上由人类创造的外在于人的客观存在的东西，诸如建筑、器物、典章制度、文学艺术、文物古迹和风味特产等显形的硬文化。凡是传统文化都是人类先祖的智慧和血汗的结晶。随着历史的前进，这些文化的物质形态已经或最终将成为全民族乃至全人类所共有的财富，所以，它不仅是人民、国家乃至世界的骄傲和象征，也是研究历史和显示古老文明的宝贵财富。所以，我们对传统文化只能保护、珍爱、扬而不弃。

想一想🔍

文化传统和传统文化有何不同？

1.1.3　何谓文化

（1）文化的定义

"文化"一词在中国古代文献中，最早见于《易·贲》中"观乎人文，以化成天下"的记载，西汉刘向的《说苑·指武》中出现了"文化"一词："凡武之兴，为不服也，文化不改，然后加诛。"从此之后，"文化"一词的使用频率和范围渐增，大致都沿着"以文教化"的意思，相当于后来的狭义文化的概念。西方"文化"一词源于希腊拉丁文cultura，原形为动词，含有耕种、居住、训练、留心、注意等多重意思，十六、七世纪被译成英文和法文（culture），并引申为培育、化育的意思，侧重于物质生产，相当于广义文化的概念。西学东渐之后，将西方的culture译为"文化"。从词源学的角度看，"文化"一词具有双重意蕴，已孕育着最高层次的抽象完备的文化定义的胚胎和萌芽。

根据有关学者统计，就国外而言，从1871年以来，关于文化的定义有数以百计。在文化学的讨论中，对文化的定义大体可以分狭义文化论和广义文化论两大类。毛泽东在《新民主主义论》中将社会意识形态界定为文化。随着讨论的深化，持广义文化论的人越来越多，但是在表述上也不尽相同：有人将文化定义为人类创造的不同形态的特质所构成的复合体；也有人将文化定义为精神文明和物质文明的总和，但文化与文明还是有区别的。

文化的实质性含义是"人类化"，是人类价值观念在社会实践过程中经由符号这一介质在传播中的实现过程的对象化，这种实现过程不仅包括外在的文化产品的创造，也包括人身心智的塑造。所以，文化是人类本质的形成和体现，是"人化的自然"、"自然的人化"和对象化活动中介的有机统一体，是一个标志着人类在真、善、美诸方面的发展水平的哲学范畴。简言之，凡是超越本能的人类有意识地作用于自然界和社会的一切活动及其产品，都属于广义上的文化，或者说，自然的人化即文化。

知识之窗
▼

英国的学者马林诺夫斯基在《文化论》中指出：文化是指那一群传统的器物，货品，技术，思想，习惯及价值而言的，这概念实包容着及调节着一切社会科学。❶

想一想

文化的实质性含义是什么？你能为文化下一个定义吗？

（2）文化的类型结构分析

文化现象十分复杂，形态多种多样。但是，凡人类所创造的一切经验、感知、科学、技术、理论、谬论以及财产、制度、教育、语言、文字等，都表现为文化现象；大则宇宙观、时空观、人生观、价值观，小则衣食住行、婚丧嫁娶，一切生活方式、行为方式、思维方式、语言方式、等级观念、角色地位、道德规范、价值标准等，都属于文化的范畴。

文化的诸现象，可以进行多种分类。

第一种，文化形态分类。

按文化形态进行的分类，见表1-1。

表1-1　文化形态分类表

文化形态类别		文化范围
第一类文化	智能文化	科学、技术、知识等
	物质文化	房屋、器皿、机械等
第二类文化	规范文化	社会组织、制度、政治和法律形式、伦理道德、风俗、习俗、语言、教育等
	精神文化	宗教、信仰、审美意识、文学艺术等

第二种，文化结构分类。

第一，物态文化，又称物质文化，是由人类加工自然创制的各种器物，即"物化的知识力量"构成的物态文化层，它是人的物质生产活动方式和产品的总和，也称第二自然，是可以触知的具有物质实体的文化实物，构成整个文化创造的物质基础。物态文化包括饮食文化、服饰文化、居住园林文化、日用器物文化、舟车交通文化、劳动工具—工艺技术文化等。

第二，关系文化，包括制度文化和行为文化两个层面。

其一，制度文化是由人类在社会实践中组建的各种社会规范构成的制度文化层。制度文化是人类处理个体与他人、个体与群体关系的文化产物，包括社会的经济制度、婚姻制度、家庭制度、政治制度、实行上述制度的各种具有物质载体的机构设施以及个体对社会事务的参与形式、反映在各种制度中的人的主观心态等。其二，行为文化是由人类在社会实践，尤其是人际交往中约定俗成的习惯性定式构成的行为文化层，它是一种以礼俗、民俗、风俗形态表现的、见之于动作行为的模式。一个时代的文化不仅集中体现在该时代的思想理论体系中，而且更广泛地活跃在各种社会风尚间。

第三，心态文化，也称精神文化或社会意识，是人类文化心态及其在观念形态上的对象化，包括人们的社会心理和社会意识形态，它是由人类在社会实践和意识活动中长期氤氲化育

---

❶ 马林诺夫斯基.文化论.第一版.北京：中国民间文艺出版社，1987：2.

出来的价值观念、审美情趣、思维方式等主体因素构成的心态文化层，是文化的核心部分。

社会心理是指人们日常的精神状态和道德面貌，是尚未经过理论加工和艺术升华的流行的大众心态，如人们的要求、愿望、情绪、风尚等。社会心理直接地受到物质文化和制度文化的影响与制约，并与行为文化交融互摄、互为表里。

社会意识形态则是指经过系统加工的社会意识。它们往往是由文化专家对社会心理这一中介进行理论的和艺术的处理，曲折地同时也更深刻地反映社会存在并以物化形态（如书籍、绘画、雕塑、乐章等）固定下来，播之四海，传于后世。此外，依照与社会存在关系的疏密程度，又可将社会意识形态区别为基层意识形态（如政治理论、法制观念等）和高层意识形态（如科学、哲学、艺术、宗教等）。作为基层意识形态的政治思想和法制观念，是经济基础的集中表现，与社会存在保持较密切的联系，但是，它的产生和发展仍然要经过社会心理这一中间环节起作用。作为高层意识形态的科学、哲学、文学、艺术、宗教，其终极根源当然也要追溯到社会存在，尤其是经济土壤之中，但它们是更高的，即更远离物质经济基础的意识形态，具有较强的独立性。在这里，观念同自己的物质存在条件的联系，愈来愈被一些中间环节模糊化了。但是这一联系是存在的。社会存在通过一系列介质作用于这类高层意识形态，而社会心理和基层意识形态便是其间的介质。文化的层次结构分析表明，文化是一个有机整体。只有对文化进行综合分析，才可以洞察悠久而博大的中国文化的生成机制、内在特质和发展趋势。

第三种，主流文化和亚文化。

主流文化或称经典文化，是在特定历史时期为占统治地位的生产方式所决定的作为社会的统治思想的文化，是在特定历史时期占统治地位的道德伦理、政治规范、审美情趣、宗教信仰的总和。例如，中国封建社会的儒学文化、当代的社会主义文化主旋律等，就属于主流文化。主流文化有下列四个特征：第一，它是在统治阶级文化中反映占统治地位的经济关系和政治关系的观念；第二，它是占统治地位的道德伦理规范；第三，它是占统治地位的审美情趣；第四，它是占统治地位的宗教信仰。

所谓亚文化，是指具有与主流文化相区别的独特性的文化形态。亚文化总是或多或少地表现出与主流文化相背离的倾向。

亚文化的类型多种多样，但大致可分为五大类：第一，以区域为特征的亚文化；第二，在同一文化系统中，以民族性为特征的亚文化；第三，以学派为特征或以宗教教派为特征的亚文化；第四，以阶级、阶层、职业、社会集团为特征的亚文化；第五，以"代沟"为特征的亚文化。

主流文化与亚文化之间的关系虽很复杂，但大致具有下列三种情况：第一，主流文化与亚文化协调并存，亚文化作为主流文化的必要补充而存在；第二，主流文化与亚文化激烈冲突；第三，主流文化与亚文化在一定历史条件下相互转化，即亚文化上升为主流文化，主流文化退居亚文化的地位，甚至归于消亡。

特别提示

掌握文化的类型分析方法。可以按文化形态分类，也可按文化结构分类，还可将文化分为主流文化和亚文化。

1.2 中国历史发展概述

殷墟

殷墟位于河南省安阳市西北郊的洹河两岸，面积24平方公里，是商王朝后期都城遗址。自公元前14世纪末盘庚迁都于此，至约王亡国止，历时273年。遗址发现于20世纪初，1928年开始发掘。1928—1937年中央研究院进行了15次发掘；新中国成立后，中国社会科学院考古研究所对殷墟继续进行发掘。

经考古发掘证明，殷墟为布局规整严谨的都城，是高度发达的奴隶制社会的缩影。洹河南岸有规模宏大的宫殿和宗庙，在其周围环列有铸铜、制骨、制陶等手工业作坊，还有居民区和平民墓地。洹河北岸分布有大面积的王陵区。都城外围是简陋的贫民居住区。在王陵区发掘了13座大型贵族墓葬，每座墓的四周都有排列密集的祭祀祖先的人祭坑，共发现1400多个。贵族墓内都有众多的殉葬人，如武官村大墓中殉葬人多达200多人。一些贵族墓，如妇好墓内，还出土有大量随葬品。殷墟出土文物数量很多，包括青铜器、玉器、骨角器、陶器等。青铜器造型精美、纹饰华丽，为商代后期青铜工艺的杰出代表。此外，殷墟还出土了甲骨卜辞15万片，包括4500多个单字，其中已释读的1700多字。

殷墟出土文物现在分别藏于中国历史博物馆、故宫博物院、中国社会科学院考古研究所、河南省博物馆和我国台湾地区台北故宫博物院。2006年，安阳殷墟被列入《世界遗产名录》。

问题研讨

1.你知道殷墟是哪个朝代的都城吗？

2.殷墟都城里有哪些遗迹？

3.殷墟都城出土了哪些文物？

 知识研修

1.2.1 原始社会与奴隶社会

（1）原始社会

远在距今约170万年的时候，云南元谋猿人就已经活动在中国大地上。大约在77万年前，北京人居住在北京西南周口店龙骨山的山洞里，他们能够打制石器，使用天然火，过着群居的生活。距今约3万年的北京西南周口店龙骨山的山顶洞人进入了氏族公社阶段。距今约五六千年的时候，人类进入母系氏族公社阶段。长江流域的浙江余姚河姆渡氏族和黄河流域的半坡氏族，是我国母系氏族的繁荣阶段。母系氏族社会中的妇女在社会生产生活中起主导作用，氏族成员亲属关系按母系血统确定。

距今约四五千年的大汶口文化中晚期，河南龙山文化、浙江良渚文化进入了父系氏族公社时期。此时男子在社会生产、生活中居于支配地位，氏族成员的亲属关系以父系血统确定。出现了私有财产和贫富分化。

父系氏族公社的末期，正是传说中的黄帝和尧舜禹时代。黄帝是4000多年前黄河流域的一个部落首领，尧舜禹是继黄帝之后的三位贤能的部落联盟首领。当时，部落联盟首领的产生实行民主推选的"禅让"制。但禹死后，禹的儿子启废止"禅让"，登上王位，于公元前21世纪建立起我国最早的奴隶制国家——夏朝。

想一想

启为什么破坏禅让制？

（2）奴隶社会

从公元前21世纪的夏朝开始，我国进入奴隶社会。商朝是我国奴隶社会的发展时期，农业和畜牧业相当发达。青铜器的冶炼和铸造有较高水平，后母戊大方鼎重875千克，是迄今发现的世界上最大的青铜器。商代的文字已定型，中国历史进入有文字记载时期。西周是我国奴隶社会的鼎盛时期，通过分封制和井田制，使周王朝成为地域空前广大的奴隶制国家。公元前841年，都城的平民暴动，赶走残暴的周厉王，推举周公和召公共同掌权，史称周召共和。公元前771年，西周被犬戎所灭。周平王东迁洛邑（今洛阳），史称东周。东周包括春秋、战国两个时期，公元前770年到公元前476年为春秋时期，公元前475年到公元前221年为战国时期。

特别提示

掌握奴隶社会的成就——青铜器铸造。

1.2.2　封建社会

（1）封建社会的确立和初步发展——战国、秦、汉

战国时期，主要的诸侯国有齐、楚、燕、韩、赵、魏、秦七国，被称为"战国七雄"。这一时期，社会正向封建制过渡。农业生产进一步发展，铁器普遍使用。在学术思想领域，许多思想家发表不同主张，形成诸多学派，出现了"百家争鸣"的局面。主要思想家包括老子、孔子、墨子、孟子、荀子、庄子、韩非子等。

公元前221年，秦王嬴政统一了中国，建立起中国历史上第一个统一的中央集权的封建国家——秦。秦王朝在全国废分封，设郡县，统一货币、文字和度量衡，统一法律，对巩固国家的统一，促进经济、文化的发展起了积极作用。但由于秦政权腐败，使阶级矛盾激化，陈胜、吴广发动了中国历史上第一次农民大起义。秦朝在刘邦攻占关中后灭亡。

经过四年的楚汉战争，公元前202年，刘邦战胜项羽，建立汉朝，定都长安，史称西汉。西汉后期，阶级矛盾激化，导致农民起义的爆发。

刘秀利用农民的力量，在公元25年称帝建立汉政权，定都洛阳，史称东汉。刘秀调整政策，使社会出现了较为安定的局面，经济得到恢复和发展，史称"光武中兴"。东汉后期，阶级矛盾日益尖锐，终于导致黄巾起义的爆发。此后，地方割据势力日渐强大，经过混战，最后形成了魏、蜀、吴三国鼎立的局面。

（2）封建国家的分裂和民族大融合——三国、两晋、南北朝

经赤壁之战，220年曹丕称帝建立魏国，221年刘备称帝建立蜀国，222年孙权称帝建立吴国，三国鼎立局面形成。

263年，魏灭蜀。265年，司马炎废魏自立，建立晋朝，定都洛阳，史称西晋。280年晋灭吴，南北统一。316年匈奴兵攻占洛阳，西晋灭亡。317年，西晋皇族司马睿在建康（今南京）称帝，史称东晋。与此同时，北方各族的统治者先后建立起包括前赵、前燕、北燕、南燕等十六个国家，史称十六国。

420年东晋灭亡后，南方经历的宋、齐、梁、陈四朝均定都建康（南京），总称南朝。439年，北魏统一黄河流域，后分裂成东魏、西魏。以后，又分别被北齐、北周取代。北魏、东魏、西魏、北齐、北周总称北朝，它与南朝并存，史称南北朝。

（3）封建社会的繁荣——隋、唐

581年，杨坚建立隋朝，定都长安。589年，灭陈，重新统一中国。在隋文帝杨坚统治期间，实行均田，改革官制，减轻徭役，使社会安定、经济繁荣，史称"开皇之治"。但其继位者杨广奢侈腐化、穷兵黩武，造成民怨四起，农民大起义爆发，埋葬了隋王朝。

在隋政权土崩瓦解时，隋太原留守李渊举兵反隋，于618年建立唐朝。唐太宗李世民即位后，吸取隋朝灭亡的教训，调整政策，善于纳谏，任用贤臣，轻徭薄赋，社会安定，经济发展，文化繁荣，史称"贞观之治"。唐中叶以后，朝政腐败，先后发生"安史之乱"、藩镇割据和宦官之争，唐由盛转衰。唐末农民起义瓦解了唐的统治，致使朱温篡夺了唐政权。

特别提示

掌握中国封建社会繁荣时期隋唐的情况。

（4）民族融合的进一步加强和封建经济的继续发展——五代、辽、宋、夏、金、元

907年，朱温废掉唐朝皇帝，建立梁朝，史称后梁。到北宋建立为止，在北方中原一带，先后经历过五个朝代，合称五代。在南方和山西则先后出现了10个割据政权，史称十国。

960年，赵匡胤发动"陈桥兵变"建立宋朝，建都东京（今开封），史称北宋。赵匡胤消灭周的残余势力和其他割据政权，结束了分裂局面。北方的契丹国、金国和西北的大夏与北宋长期对峙，发生过多次战争。1127年，金军攻陷北宋都城东京，北宋灭亡。

北宋灭亡的同年，赵构在应天府称帝，后定都临安（今杭州），史称南宋。南宋与金政权长期对立。

北方的蒙古汗国崛起。成吉思汗在统一蒙古各部后，发动大规模战争，1227年，灭西夏，1234年，灭金，1271年，忽必烈建立元朝，1279年，灭南宋。元的疆域在中国历史上是空前的，其"行省制度"对后世影响深远。元的统一使民族融合进一步加强。元朝末年，政治黑暗，阶级压迫深重，民族矛盾尖锐，灾荒连年，红巾起义爆发，元朝灭亡。

（5）统一的多民族国家的巩固和封建制度的逐渐衰落——明、清（鸦片战争以前）

1368年朱元璋在应天府（今南京）称帝，建立起明朝。1421年明成祖朱棣迁都北京。

明太祖朱元璋改革官制，加强中央集权的封建君主专制统治。同时采取休养生息的政策，使经济得到恢复和发展。在繁荣的江南地区，出现了资本主义的萌芽。郑和七次率船队出使"西洋"，增强了与亚非许多国家和地区的经济文化交流。郑和下西洋是我国也是世界

航海史上的壮举，显示了明朝国力的强盛。明后期统治腐朽、宦官专权，人民无法忍受，爆发了高迎祥、李自成、张献忠等领导的农民起义。1644年，李自成在西安建立大顺政权，同年攻占北京，推翻了明朝统治。

特别提示

掌握郑和下西洋的壮举。

崛起于东北的女真族首领努尔哈赤于1616年建立金（史称后金）政权，其子皇太极于1636年称皇帝，改国号为清。1644年清军击败李自成进入山海关，迁都北京。清初，鼓励垦荒屯田，重视兴修水利，多次减免租税，经济繁荣，国家富裕，史称"康乾盛世"。后来，皇帝荒淫无度，高官贪赃枉法，大兴"文字狱"，在思想文化上对知识分子和人民进行迫害和压制。同时，对外实行"闭关自守"政策，使我国长期与世隔绝。

1.2.3　半殖民地半封建社会

（1）鸦片战争至"五四"运动时期

从1840年的鸦片战争到1919年的"五四"运动，是中国人民反帝反封建的旧民主主义革命时期。在这期间，西方列强先后对我国发动了两次"鸦片战争"、"中法战争"、"甲午战争"和"八国联军"的侵略等。侵略者烧杀抢掠，并通过各种不平等条约，掠夺了中国大量的财富和大片土地。对此，中国人民奋起反抗，先后有广州三元里人民抗英、太平天国革命运动、义和团反帝爱国运动等发生。同时统治阶级内部也出现了"自强"、"求富"的洋务运动。1911年，孙中山领导的辛亥革命爆发，1912年"中华民国"建立，清统治宣告结束。1919年反帝反封建的"五四"运动爆发，标志着中国旧民主主义革命结束。

（2）新民主主义革命时期

"五四"运动开始，中国转入新民主主义革命时期。1921年中国共产党成立，1924年，中国共产党和孙中山领导下的国民党实现了第一次合作。1927年国民党右派发动反革命政变，第一次国内革命战争失败。1927年8月1日，中国共产党举行南昌起义，并开始创建革命根据地。1931年"九一八事变"发生，日本侵占了东北。1934年中国工农红军进行长征。1935年的遵义会议，确立了以毛泽东为代表的中央正确领导。1937年"卢沟桥事变"发生，国共两党实行第二次合作，抗日战争开始。1945年日本宣布无条件投降，抗日战争结束。经过3年战争，中国共产党取得了解放战争的胜利。1949年10月1日，中华人民共和国在北京宣告成立。

1.3　中国历史小常识

故宫三大殿

故宫三大殿坐落在三层汉白玉台基上。中国建筑的主体是木结构，受材料限制，本身不可能很高，聪明的古代人民采用高大的石台基将大殿托起以增强气势。而如此大的广场前没有一棵树，其原因也是为烘托三大殿的高大，故意制造一个开阔的空间；另一原因就是五行相克的体现，金木水火土五行学说中，土居中，树为木，而木克土，如果种树恐怕不利于中央统治。古人在建造故宫时可谓用心良苦。殿前三层汉白玉台阶上有铜鼎18个。露台上分列两旁的铜龟、铜鹤寓意龟鹤延年。东面的日晷是古代的计时器，西面的嘉量是中国古代的标准量器，放在这里象征皇帝公正平允。殿前左右各有一对镏金铜缸，是清乾隆年间铸造的，每缸重约2吨，也称门海，放在这里用于防火，取意缸置于土上，土生金，缸中贮水，金生水，而以水克火。正中的大殿是太和殿，就是人们常说的金銮宝殿，明朝叫奉天殿、皇极殿，清顺治二年改叫太和殿。大殿面宽11间约64米，进深5间约38米，高26.92米，加上台基高度，通高35.03米，大殿面积2377平方米，是我国现存最大的木结构建筑物。殿内宝座四周的六根大柱为蟠龙金漆大柱，金光灿灿，因为这里是宫内最神圣的地方，所以殿顶、彩绘等都采用官式建筑中最高等级。殿内金漆大柱当中就是皇帝的宝座，设在地平床上（也叫三才紫宸台）。宝座左右有对称的宝象、甪（lù）端、仙鹤、香筒等陈设，这些都是铜胎嵌丝珐琅制品。座旁有孔雀翎做的翣（shà，意为掌扇）。甪端是神话中的独角神兽，日行一万八千里，通四夷。宝座上方是金漆蟠龙藻井，藻井为覆斗式，井中有盘龙，龙头下的圆球叫轩辕镜。相传轩辕镜为轩辕氏黄帝所造，将它悬于宝座上象征江山正统，但现在宝座与轩辕镜并不上下相对，据说是复辟皇帝袁世凯登上宝座，抬头见轩辕镜悬在头顶，怕球掉下来将他砸死，于是将宝座后移。轩辕镜下紫宸台上就是楠木金漆雕龙宝座，它是皇权的象征。太和殿内外装饰壮丽豪华，但皇帝并不是天天在这里，只有元旦、冬至、万寿节（皇帝生日）及重大庆典（如册立皇后、派大将出征）才来此登临宝座以示尊严。❶

问题研讨

1. 你知道故宫三大殿的名称吗？
2. 你知道五行是如何相生相克的？
3. 关于轩辕镜有何传说？

知识研修

1.3.1　国号名称的主要来由

中国历史上的国号名称的来由主要有以下几种。

有的根据原来的部族名定国名，如商、周、秦。其中商部落的始祖名契，居于商（今河南商丘南），传到汤时，灭夏桀，建立商朝。

有的根据建立者的发迹地特产定国名，如辽。"辽"即契丹语"镔铁"，镔铁指精炼的铁。

有的以建立者的封爵或姓氏定国名，如隋（杨坚曾封隋王）、唐（李渊袭爵唐国公）、陈（南朝为陈霸先建立）。其中李渊祖籍陇西成纪（今甘肃秦安），贵族出身，袭封唐国公。617年任太原留守。时隋朝在农民起义打击下土崩瓦解，他乘机起兵反隋，攻取长安，立隋炀帝之孙杨侑为帝，后逼其让位，建立唐朝。

❶ 中华人民共和国国家旅游局.走遍中国——中国优秀导游词精选（综合篇）.北京：中国旅游出版社，1997：22.

有的以社会上流行的口号或按同音通假定国名，如明（"弥勒降世，明王出世"）、清（"清"即"后金"之"金"）。

1.3.2　帝王、皇族、皇戚称谓及君位继承制度

1.3.2.1　后、王、天子、皇帝

奴隶社会中最高统治者可称"后"、"王"、"天子"。"后"、"王"的称谓源自原始社会。夏、商、周三代的最高统治者都称为"王"，"天子"一称在西周时出现。

秦王嬴政认为自己"德兼三皇，功高五帝"，把"皇"和"帝"连起来始称"皇帝"，为封建社会中历代君主所沿用。皇帝对其父尊称为"太上皇"。

1.3.2.2　太皇太后、皇太后、皇后、嫔妃

皇帝的祖母称太皇太后；皇帝的母亲称皇太后；皇帝的正妻称皇后；皇帝诸妾通称嫔妃，有美人、贵人、才人、昭仪、婕妤、贵妃、贵嫔等称号。

1.3.2.3　皇太子、皇太孙、公主、驸马

皇帝诸子中皇位的法定继承人称皇太子，也称为"太子"；由皇帝册立的有皇位继承权之嗣孙称皇太孙；皇帝之女称公主，魏晋以后称皇帝的女婿为驸马，清代称"额驸"。

1.3.2.4　君位继承制度

（1）父死子承

自夏朝建立，直到清朝灭亡，历代王朝实行的都是君位世袭制。所谓世袭制度，就是帝王生前在自己的儿子中挑选一人作为继承人，死后将君位传给他。

（2）兄终弟及

兄终弟及即由弟弟继承兄长的王位，多发生于商代。周朝以后，皇位多由皇帝的嫡长子继承。

（3）嫡长子继承制

宗法社会中称正妻为嫡，嫡妻所生为嫡子。皇后所生的长子为嫡长子。嫡长子继承制于周初确立，其主要内容为：天子即周王，是全国的最高统治者，其王位由嫡长子继承，余子封为诸侯；诸侯之位也由嫡长子继承，余子封为卿大夫；卿大夫之位仍由嫡长子继承，余下为士，士以下则为庶人。

（4）秘密建储

清朝的雍正皇帝为避免皇子为夺取皇位继承权而互相残杀，精心设计了秘密建储制度。雍正将其所选皇太子的名字写成密诏，一式二份，分别封存于两个匣内。一份命人放于紫禁城乾清宫"正大光明"匾之后，另一份另行保存。同时宣布，待他驾崩后，须由文武大臣公开将两份谕旨打开，核对无误后，方能生效。

特别提示

掌握君位继承制度。君位继承制度包括父死子承、兄终弟及、嫡长子继承制、秘密建储。

1.3.3　帝王的谥号、庙号、尊号、全称、年号、陵号

1.3.3.1　谥号、庙号

谥号是古代对死去的帝王、大臣、贵族按其生平事迹评定后，给予褒贬或同情的称号。

谥号是一些固定的字，大致分为三类。属于表扬的，有文、武、景、惠、烈、昭、穆、英、成、康等；属于贬义的有炀、厉、灵、幽等；属于表同情的有哀、怀、愍、悼等。如明朝皇帝朱棣的谥号为"文"；朱祁钰的谥号为"景"。

帝王死后，其继承者立庙奉祀，追尊为"某祖"、"某宗"的名号即为庙号。汉代以后，每一个朝代的第一个皇帝称"祖"，之后的嗣君称"宗"。如明朝皇帝朱元璋的庙号为"太祖"；朱祁镇的庙号为"英宗"。

1.3.3.2 尊号、全称

封建社会对帝后在生前或死后奉上的尊崇颂扬性称号即为尊号。有时也称为"徽号"。

全称即庙号、尊号、谥号的合称。如乾隆皇帝全称为"高宗法天隆运至诚先觉体元立极敷文奋武钦明孝慈神圣纯皇帝"，其中"高宗"为庙号，"纯"为谥号，其余均为尊号。

1.3.3.3 年号、陵号

年号是封建帝王即位后为纪年而设置的称号。年号始于西汉武帝即位之年的"建元"（公元前140年）。新君继位，于次年改用新年号，叫"改元"。一个皇帝在位期间，遇到重大事件如祥瑞灾异等，也常改元。年号一般用两个字，也有用四个字的。如武则天曾用"天册万岁"、"万岁通天"等年号。

明、清两代的皇帝除明英宗两次即位当皇帝用了两个年号外，其余的均用一个年号，所以人们以其年号来称呼在位的皇帝，如"嘉靖皇帝"、"乾隆皇帝"。

封建帝王陵寝的名号叫陵号，始于西汉，如长陵、阳陵、杜陵、霸陵等。

想一想

皇帝为何要改年号？

1.3.4 职官与管理制度

1.3.4.1 历代中央官制

秦汉时期，为适应君主专制制度的要求，确立了以三公、九卿为主的一套完整的官僚机构。三公指丞相、太尉、御史大夫。九卿指奉常、郎中令、卫尉、太仆、廷尉、典客、宗正、治粟内史、少府。汉武帝以后，历代皇帝以各种手段扩大内廷的权力，而外朝的权力逐渐被削弱，专制皇权不断加强。

隋唐时期，确立了三省六部制度。其中三省包括中书省、门下省、尚书省，中书省是秉承君主宗旨，掌管机要、发布政令的机构；门下省与中书省共议国政，还负责审查诏令、签署奏章，有封驳之权；尚书省为中央执行政务的总机构。六部指吏、户、礼、兵、刑、工，为尚书省的组成部分。

宋代设宰相掌行政、枢密使掌军务、三司使掌财政。三者各有所专、互相牵制，便于皇帝的控制。

明初为加强专制统治，废丞相，设华盖殿、谨身殿、武英殿、文渊阁、东阁诸大学士，为皇帝顾问。成祖即位，命官品较低的翰林院编修等官进入午门内的文渊阁当职，参与机务，称为内阁。仁宗以后，内阁职位渐高，入阁者多为尚书、侍郎，实际掌握宰相权力。

清代中央官制基本上承袭明朝，清初最高决策机构为议政王大臣会议，后依明制设立内阁。雍正七年（1729年），为用兵西北，设军机房。雍正十年（1732年）始正式改称为办理军机处，简称军机处。置军机大臣若干，由亲王、大学士、尚书、侍郎等充任。负责承旨草诏及处理军政事务。军机处是专制皇权高度发展、君权绝对的产物。

> **知识之窗**
>
> 天安门广场东侧宫墙外，基本上是各文职机关所在地。明代设有吏部、户部、礼部、兵部、工部、宗人府、鸿胪寺、钦天监、太医院等；清代增设了翰林院等。天安门广场西侧宫墙外，大体是武职和司法机关所在地。明代设有五军都督府、锦衣卫、太常寺、通政使司等；清代改设銮仪卫、太常寺、通政司、大理寺、刑部等。

1.3.4.2 勋、爵、品级、补子

（1）勋

勋也称勋官，为授予有功者的官号，但无实际职权，如上柱国、上护军等。柱国为战国时楚国设置，原为保卫国都之官，后为楚国的最高武官。北魏、西魏均设柱国大将军，北周增置上柱国大将军，隋设上柱国及柱国，以酬功勋。护军在秦汉时临时设立，以调节各将领的关系。魏晋以后，成为重要军事长官之一。唐朝以上护军及护军为勋官的称号。勋官之制始于南北朝，清代废除。

（2）爵

爵是古代贵族封号的等级。周代分封诸侯，分为公、侯、伯、子、男5等。汉承周制。以后历代沿袭，具体规定则不尽相同。凡受封者皆有食邑。明代宗室封爵分为8等，包括亲王、郡王、镇国将军、辅国将军、奉国将军、镇国中尉、辅国中尉、奉国中尉等。其中亲王其名始于南朝末期，隋代以皇帝的伯叔兄弟和皇子为亲王，唐代以皇帝的兄弟和皇子为亲王。宋明各代，因袭不改。郡王之名始于西晋。唐宋以后，郡王皆为次于亲王一等的爵号，除皇室外，臣下亦得封郡王。

（3）品级

品为古代官员的级别。周代官员级别分为九命。从魏晋开始，将官员分为九品，一品最高，九品最低。北朝时又将每品分出正、从两级，从此，官员品级定为九品十八级。如清代的知县是正七品，知府是从四品。

（4）补子

补子是指古代官员所穿官服的前胸和后背上用金丝和彩丝绣成的标志其品级的图饰。补子在明代出现，清代规定：文官绣鸟，如一品仙鹤、二品锦鸡、三品孔雀、四品雁、五品白鹇、六品鸬鹚、七品鸂鶒、八品鹌鹑、九品练鹊；武官绣兽，如一品麒麟、二品狮、三品豹、四品虎、五品熊、六品彪、七品犀牛、八品犀牛、九品海马。

> **特别提示**
>
> 掌握古代官员的级别。品为古代官员的级别。周代官员级别分为九命。从魏晋开始，将官员分为九品，一品最高，九品最低。北朝时又将每品分出正、从两级，从此，官员品级定为九品十八级。

1.3.5 天干、地支、时辰、节（气）、生肖

1.3.5.1 天干、地支

天干：甲、乙、丙、丁、戊、己、庚、辛、壬、癸。通常用作表示次序的符号。

地支：子、丑、寅、卯、辰、巳、午、未、申、酉、戌、亥。古代用以计时。

十天干和十二地支两者都可以说明季节的变动。如"甲"就是"铠甲"，指万物冲破其"甲"而突出的意思；"子"就是"孳"，表示万物繁茂的意思。

天干和地支合称"干支"。干支按照一定的规则搭配，成为60组，通称60甲子，60年后周而复始。

1.3.5.2 时辰、节（气）、生肖

时辰：古代以一昼夜为一日，分一日为十二个辰，也叫"时辰"。记辰用十二地支。每日24小时，每2小时为一个时辰。和现在的时间相对应如表1-2所示。

表1-2 古代时辰与现代时间对应表

子	丑	寅	卯	辰	巳	午	未	申	酉	戌	亥
23时 | 1时	1时 | 3时	3时 | 5时	5时 | 7时	7时 | 9时	9时 | 11时	11时 | 13时	13时 | 15时	15时 | 17时	17时 | 19时	19时 | 21时	21时 | 23时

节（气）：一年分24个节，也称"气"或"节气"。24个节气是：

立春、雨水、惊蛰、春分、清明、谷雨；

立夏、小满、芒种、夏至、小暑、大暑；

立秋、处暑、白露、秋分、寒露、霜降；

立冬、小雪、大雪、冬至、小寒、大寒。

二十四节气中每一个节气都有其特定的意义。节气的名称便已说明这段时间的气象条件及万物之变化。如夏至和冬至，表示炎热的夏天和寒冷的冬天快要到来；春分和秋分表示昼夜平分，这两个节气又正处在立春与立夏、立秋与立冬之间，把春季与秋季一分两半；清明天气晴朗、温暖，草木开始现青。

生肖：也称十二属相。生肖发端于战国，东汉时已有明确记载。以十二地支配十二种动物构成：子鼠、丑牛、寅虎、卯兔、辰龙、巳蛇、午马、未羊、申猴、酉鸡、戌狗、亥猪。

想一想

生活中人们为什么要过六十大寿？

1.3.6 阴阳、五行、八卦

1.3.6.1 阴阳

阴阳原指向日为阳、背日为阴的日照向背，后引申为气候的寒暖。古代思想家看到一切现象都有正反两方面，就用阴阳这个概念来解释自然界两种对立和相互消长的物质势力。故阴阳指相互对立或消长的两种现象、事物、联系等。如天为阳、地为阴，日为阳、月为阴，男为阳、女为阴等。

1.3.6.2　五行

古人认为构成万物的基本要素是金、木、水、火、土五种物质，称为"五行"。中国古代思想家企图用日常生活中习见的上述五种物质来说明世界万物的起源和多样性的统一。战国时代五行说颇为流行，并出现"五行相生相克"的原理。

五行相生：木生火，火生土，土生金，金生水，水生木。"相生"意味着相互促进。

五行相克（胜）：水克火，火克金，金克木，木克土，土克水。"相克"意味着相互排斥。

这些观点具有朴素唯物论和自发的辩证法因素，对中国古代天文、历数、医学等的发展起了一定作用。

1.3.6.3　八卦

八卦是我国古代的一套有象征意义的符号，源于中国古代对基本的宇宙生成、相应日月的地球自转关系、农业社会和人生哲学互相结合的现象。八卦中的八种符号，象征着八种基本自然现象：

乾卦象征天，坤卦象征地，震卦象征雷，艮卦象征山，离卦象征火，坎卦象征水，兑卦象征泽，巽卦象征风。

特别提示

掌握五行和八卦。

1.3.7　姓、氏、名、字、号与避讳

1.3.7.1　姓、氏、名、字、号

姓在中国古代早期是一个氏族的号，如黄帝姓"姬"，炎帝姓"姜"等。在奴隶社会中贵族有姓，平民和奴隶无姓。

氏是姓的分支。姓不变化而氏的变化很大。战国后人们往往以氏为姓，氏和姓逐渐混同，汉代通称为姓。

上古婴儿出生3个月后由父亲命名。男子20岁举行成人礼，女子15岁举行许嫁礼时取字。名和字往往有意义上的联系，如屈原，名平，字原。

号也叫别号、别字，是指人名字以外的自称。可以自取，字数较自由。陶潜在《五柳先生传》中说："宅边有五柳树，因以为号焉。"因为住宅边有五棵柳树，而以"五柳"为号。

1.3.7.2　避讳

"避讳"，就是不直接称君主或尊长的名字。在封建社会里，尤其是在上层社会，君父观念神圣不可侵犯，避讳是非常重要的大事。凡遇到和君长名字相同的字，必须避开，用其他方法表示。常用的方法有改字、空字、改音或缺笔等。如汉高祖名刘邦，汉代改《论语》中"何必去父母之邦"为"何必去父母之国"；为避太宗李世民之讳，唐代"世"字作"卅"，连观世音菩萨也只能叫观音菩萨了；为避康熙皇帝玄烨之讳，将紫禁城北门"玄武门"改为"神武门"。

皇帝和孔丘之名全国均回避，称为"国讳"或"公讳"。长上之名是全家的"家讳"或"私讳"。一般认为，避讳制度开始于汉代，隋唐以来越来越盛行，两宋以来，特别是清代最为严苛，民国以后宣布废除。避讳制度给今天的读者阅读古代文献造成诸多不便。

1.4 中国文化科技发展概述

学习情境

隋朝教育

隋朝虽然是一个短命王朝,但它所创立的学校教育制度对以后朝代有重要的影响。隋初统治者为革新政治、扭转风俗,特别重视统治人才的培养,很注意学校的建设和发展,从中央到地方,都设有官学,在中央设立国子寺,置祭酒,专门管理全国的学校教育工作。这是我国历史上设立专门教育行政部门和设置专门教育长官的开始。在国子寺下设五学:国子学、太学、四门学、书学、算学,五学学生合计980人。前三者是儒学,后二者是以教授学科知识为目标的专门学校。培养数学人才的算学是隋首创的,其余四学是继承前代的。当时,还有些专门学校与行政业务机构结合在一起,尚未分离独立。隋代地方学校也有发展,特别是黄河中下游一带的州县,学校教育的发展较快,讲诵之声不绝,出现了初步繁荣的局面。

问题研讨

1. 你知道隋朝设置的管理全国教育工作的机构名称吗?
2. 隋朝国子寺下设哪五学?
3. 算学主要培养什么样的人才?

知识研修

1.4.1 中国文化教育发展简况

1.4.1.1 中国教育的起源

中华民族从原始人群打制和使用石器开始,便产生了以传授劳动经验和原始仪礼为内容的教育。但没有专门的组织形式,表现为自然形态。

据文献考察,中国古代学校的萌芽是在原始社会末期,而到夏代,贵族为培养自己的子弟,建立了学校,主要进行伦理教育和军事训练。

商代设立了贵族学校,教师由国家职官担任。教育的内容包括宗教、伦理、军事和一般文化知识。

西周继承了夏商的学校教育制度,建立了典型的政教合一的奴隶制官学体系,形成了文武兼备的"六艺"教育。

春秋战国时期,贵族官学没落,私学兴起,出现了一批私学大师,如孔子、墨子、孟子、荀子等。从此以后,中国古代学校教育史上便出现了两种学校教育制度,一是官学,一是私学。

想一想

古代为什么要建学校？

1.4.1.2　中国古代的官学教育

中国古代的官学教育，是指中央朝廷以及按地方行政区划的地方官府所直接创办和管辖的旨在培养各种统治人才的历代学校教育体系。前者称中央官学教育，后者称地方官学教育。

（1）中央官学教育与地方官学教育

由朝廷设立中央官学正式创始于汉朝。

中央官学教育可分为四大类型，即最高学府——太学和国子监，专科学校，贵族学校，短期学校。其中汉代太学规模之宏大，为世界罕见。

中国古代的地方官学自西汉景帝时文翁在蜀郡设学官开始。唐代前期地方官学繁盛。明代在全国诸府州县设立府州县学，在边防区卫所设立卫学，乡村设立社学。清代基本上沿袭明代学校的规模。

（2）官学的学习内容及科举考试

①官学的学习内容

以儒学经籍为主，以四书五经为主要教材。四书是《大学》、《中庸》、《论语》、《孟子》的合称，宋代所定。五经《诗》、《书》、《礼》、《易》、《春秋》五部儒家经典的合称，汉武帝时定。也是科举考试必读书。

②科举考试

从隋代开始，封建统治者通过科举考试选拔官吏。下面以明清科举考试为据，对所涉及常识作一介绍。

院试又称郡试、道试，是参加过县试、府试后的童生取得生员资格的考试。由朝廷所派官员主考。考中者称秀才，才有资格"入泮"（进学）学习。

乡试是每三年一次在各省省城举行的考试。取中者称"举人"，已有做官资格。第一名称"解元"。

会试是每三年一次会集各省举人在京城举行的考试。取中者称"贡士"（或"中式进士"）。第一名称"会元"（或"会魁"）。

殿试亦称"廷试"，是皇帝或钦臣在殿廷对会试考中的贡士所进行的面试。按成绩分为"三甲"（即三等）。一甲有三名，叫"赐进士及第"，第一名称"状元"（亦称"殿元"），第二名称"榜眼"，第三名称"探花"。三人同称"三鼎甲"。二甲有若干名，均叫"赐进士出身"。三甲有若干名，均叫"赐同进士出身"。

在乡试、会试、殿试中均考取第一名者，就叫"连中三元"或称"三元及第"。

据专家考证，科举考试从隋炀帝大业三年（607年）开始，（另一说法始于大业二年）至清朝光绪三十年（1904年）最后一次科考止的近1300年间，全国文武状元近600人，而"连中三元"者仅13人。

光绪三十一年（1905年），清统治者决定推行新的学校制度，科举制度宣告废除。

科举制度自产生至废止，延续了1300多年。作为封建国家选拔官吏的主要途径，扩大了选拔人才的范围，也确实选拔出大批统治者需要的人才，特别是科举考试打破了官僚、贵族对仕途的垄断，为普通知识分子入仕做官提供了机会，而受到一般知识分子的普遍欢迎和历代统治者的高度重视。但是科举制度本身也存在严重的弊端。

知识之窗
▼

　　明代科举制度的一个特点是重视学校的教育，朱元璋认为，治国以教化为先，教化以学校为本。他对教育非常重视，1365年就在应天（今南京）设立国子学，后又令各府、州、县设立学校。当时的国子学建于鸡鸣山下，后改称国子监。1420年，朱棣迁都，又在北京建国子监。这两座国子监被称为"南监"、"北监"。

　　③古代官学教育的特点
　　第一，官学的办学宗旨是培养各种封建统治人才，所以不仅具有阶级性，而且具有明显的等级性。
　　第二，封建朝廷设置了专门教育行政机构和教育长官来管辖官学，学校制度比较完备，形式多样，名目繁多，是封建国家培养人才的主要场所，在承继中国古代文化遗产等方面，曾起过重要的作用。
　　第三，官学的教学内容，以儒学经籍为主，以四书（《大学》、《中庸》、《论语》、《孟子》）、五经（《诗》、《书》、《礼》、《易》、《春秋》）为主要教材。
　　第四，在中央官学中有来自邻国的留学生，在促进中国与国外的文化交流方面，也曾起到积极作用。

1.4.1.3　中国古代的私学教育

　　中国古代的私学教育产生于春秋时期，其中以孔丘的私学规模最大、影响最深远。到唐代，私学遍布城乡。
　　唐代以后的宋、元、明、清私学教育的发展包括两个方面：一是书院制度的产生和发展，成为私学的重要形式；二是蒙学教育，主要是私人设立的学塾、村学和蒙学。书院起源于唐代，兴盛于宋代，是中国古代教育史、学术史上具有重要地位的教育组织形式。书院是中国传统私学长期发展的结果，是一种高级形态的封建制度化的私学。著名的书院包括岳麓书院、白鹿洞书院、嵩阳书院等。
　　中国古代书院的教学研究和学风特色如下。
　　第一，教学特色。自由讲学，学术研究和教学活动相结合，注重自学、问难论疑以及读书指导。
　　第二，书院的学术研究形式。著述，学术讨论，建立学派。
　　第三，书院的学风特色。强调德育目标，反对为科举而学；提倡学术创见，反对死守章句陈说；开门办学，兼收各家之长；尊师爱生，建立融洽的师生关系。
　　综上所述，书院是中国传统私学长期发展的结果，是一种高级形态的封建制度化的私学。

想一想

　　古代私学教育方式对今天的素质教育有何启示？

1.4.2　中国著名的文艺、科学著作

1.4.2.1　文学艺术著作

（1）《诗经》

中国最早的诗歌总集。编成于春秋时代，共305篇。分为"风"、"雅"、"颂"三大类。诗篇的形式以四言为主，普遍运用赋、比、兴的手法，其中的优秀篇章描写生动，语言朴素优美，音节自然和谐，富有艺术感染力。

（2）《西厢记》

元王实甫作，杂剧剧本。描写书生张生在河中府普救寺遇见崔相国的女儿崔莺莺，两人产生爱情，通过侍女红娘的帮助，终于冲破封建礼教的约束而结合。

（3）《三国演义》

元末明初罗贯中著，长篇小说。小说描写了东汉末年和整个三国时代封建统治集团之间的矛盾和斗争。

（4）《水浒传》

元末明初施耐庵著，长篇小说。全书以描写农民战争为主要题材，塑造了李逵、武松、林冲等梁山英雄人物。

（5）《西游记》

明吴承恩著，长篇小说。在民间流传的唐僧取经的故事和有关话本、杂剧的基础上，经过再创作而成。

（6）《红楼梦》

清曹雪芹著，长篇小说。内容以贾、史、王、薛四大家族为背景，以贾宝玉、林黛玉的爱情悲剧为主要线索，着重描写贾家荣、宁二府由盛到衰的过程，抨击了封建制度的罪恶。是我国古代长篇小说中现实主义的高峰，在世界文学史上也占有重要的地位。

（7）《清明上河图》

宋张择端作。作品反映了北宋东京汴河两岸的风光和繁华景象，真实生动，是一件有重要历史价值的优秀风俗画，是古代美术史上的珍品。

此外，元关汉卿的杂剧剧本《窦娥冤》、清洪昇的传奇剧本《长生殿》、清孔尚任作的传奇剧本《桃花扇》、有"书圣"之尊的东晋王羲之的《兰亭序》等也很有名。

1.4.2.2　历史著作

（1）《史记》

西汉司马迁著。其是我国第一部纪传体通史，叙述了从黄帝到汉武帝时期的历史，是一部伟大的史学名著和文学名著。被誉为"史家之绝唱，无韵之《离骚》"。

（2）《史通》

唐刘知几著。中国历史上第一部史学理论专著。此书共49篇。内篇36篇，多论史书源流、体例和编撰方法；外篇13篇，多论史官建置沿革和史书得失。

（3）《通典》

唐杜佑著。中国历史上第一部分门别类记载历代典章制度的新体例史书，上起传说中的唐虞，下迄唐肃宗、代宗时。分为食货、选举、职官、礼、乐、兵、刑、州郡、边防九典。

（4）《资治通鉴》

北宋司马光著。编年史，记述了从战国到五代1300多年的历史。内容以政治、军事为

主，兼及经济、文化。书名"资治"，目的在于供封建统治者从历代治乱兴亡中取得鉴戒。

1.4.2.3 军事著作

最值得一提的是春秋末年孙武著的《孙子兵法》和战国时齐国孙膑著的《孙膑兵法》。前者总结了春秋末期及其以前的作战经验，揭示了战争的一些重要规律，被称为"兵经"，是中国现存最早的兵书。而后者则继承和发展了《孙子兵法》的军事思想，包含着朴素的唯物论和辩证法。

1.4.2.4 科学著作

（1）天文学著作《甘石星经》、《授时历》

《甘石星经》，由战国时期楚人甘德、魏人石申的天文学著作合编而成，是世界上最早的天文学著作。

《授时历》，元代天文学家王恂、许衡、郭守敬共同编订。其一年的周期与现行公历相同，但比现行公历的确立早300年。

（2）地理学著作《水经注》、《徐霞客游记》

《水经注》，北魏郦道元著。书中记载大小水道一千多条，详细介绍了所经地区山陵、城邑的地理情况，建置沿革和有关历史事件、人物等，是6世纪前我国最全面而系统的综合性地理著作。

《徐霞客游记》，明徐弘祖著。主要按日记述作者1613—1639年间旅行观察所得。对西南边区地理研究提供了不少稀有资料。徐弘祖是世界上第一个研究岩溶地貌的人。

（3）农业著作《齐民要术》、《农政全书》

《齐民要术》，北魏贾思勰著。此书比较系统地总结了6世纪以前黄河中下游地区劳动人民的丰富的农业生产经验，是我国现存的最早、最完整的农书，也是世界农学史上的优秀著作。

《农政全书》，明徐光启著。记述了我国古代有关农业的理论和科学方法，还介绍了欧洲的水利技术，是明末的一部农业科学巨著。

（4）综合学科著作《梦溪笔谈》、《天工开物》

《梦溪笔谈》，北宋沈括著。内容涉及天文、数学、物理、文学、音乐等学科。其中自然科学部分，总结了我国古代特别是北宋时期自然科学的成就。被李约瑟誉为"中国科学史上的里程碑"。

《天工开物》，明宋应星著。全面系统地记述了我国古代农业和手工业的生产技术与经验，并附有大量插图。被誉为"中国17世纪的工艺百科全书"。

（5）医学著作《黄帝内经》、《伤寒杂病论》、《本草纲目》

《黄帝内经》，编成于战国时期，是中国现存最早的中医理论专著。该书包括《素问》81篇，《灵枢》81篇，分别从阴阳五行、天人相应、脏腑经络、诊法、针灸等方面，结合当时哲学和自然科学的成就，作出了比较系统的理论概括和认识，迄今在诊断学上仍有指导意义。

《伤寒杂病论》，东汉张仲景著。该书阐述了中医理论和治疗原则，奠定了中医治疗学的基础。后世尊称张仲景为"医圣"。

《本草纲目》，明李时珍著。书中收录了1800多种药物，新增加药物370多种，收入医方1万多个，是一部具有总结性的药物学巨著，也是当时世界上内容最丰富、考订最详细的药物学著作。

此外，成书于东汉的数学著作《九章算术》、被尊为"茶圣"的唐陆羽的《茶经》、被尊为"药王"的唐孙思邈的《千金方》在我国历史上都占有重要地位。

1.4.2.5　类书与丛书

类书是辑录各门类或某一门类的资料，按照一定方法编排，便于寻检征引的一种工具书。始于魏文帝的《皇览》。

丛书即编印各种单独著作而冠以总名。其形式早期多为综合性的。始于南宋。

（1）《永乐大典》

明成祖命解缙等辑。类书名。收各类图书七八千种，辑成22877卷，凡例、目录60卷。是我国最大的一部类书。

（2）《古今图书集成》

清陈梦雷等原辑，蒋廷锡等重辑。类书名，全书1万卷，目录40卷，分6编，32典，6109部。内容繁复，区分清晰，是我国现存的规模最大的类书。

（3）《四库全书》

清乾隆时开馆纂修，经十年始成。丛书名。共收书3503种，79337卷，分经史子集四部，故名四库。内容极为广泛，是当时我国也是世界上最大的一部丛书。该全书编纂、搜集和整理了大批珍贵的古代典籍，对保存和发扬祖国优秀文化遗产，促进文化事业的繁荣起了重要作用。但在编纂过程中，也对书中很多不利于清朝统治的记载作了大量的纂改和销毁。

特别提示

掌握《永乐大典》、《古今图书集成》、《四库全书》。《永乐大典》为明成祖命解缙等辑，是我国最大的一部类书。《古今图书集成》为清陈梦雷等原辑，蒋廷锡等重辑，是我国现存的规模最大的类书。《四库全书》为清乾隆时开馆纂修，经十年始成，内容极为广泛，是当时我国也是世界上最大的一部丛书。

1.4.3　中国历代具有世界意义的科学发明

1.4.3.1　造纸

关于造纸术的起源，过去根据《后汉书•蔡伦传》中的说法，认为造纸术是蔡伦发明的。但大量的考古发掘证明，我国早在公元前2世纪的西汉初期就发明了造纸术。早期的西汉麻纸，质地粗糙，不便书写。到公元2世纪初，东汉宦官蔡伦任尚方令，主管制造御用器物。他在总结前人造纸经验的基础上，组织造纸工匠成功地用树皮、麻头、破布、旧渔网等为原料，造出了质地精良的纸。公元105年，蔡伦将这种纸和造纸方法上报朝廷，当朝皇帝（和帝）下诏全国推行。中国的造纸术在魏晋时期开始外传。

1.4.3.2　印刷术

在印刷术发明之前，书籍的流传全靠手工抄写。隋唐之际，人们发明了雕版印刷术。所谓雕版印刷，就是在整块木板上刻字后，进行印刷。刻出一部雕版，就可以印出几百部甚至更多的书籍。雕版印刷并不是最理想的印刷术。北宋时期，毕昇于庆历年间（1041—1048

年）发明了活字印刷术。毕昇的活字印刷术分三道工序，即制字、排版和印刷。以后，人们对毕昇的活字印刷术不断改进，元代的王桢于1314年前后，制成了木活字印刷。15世纪末叶，铜活字印刷在江苏无锡出现。15世纪末到16世纪初，又有人在江苏苏州制成了铅活字。13世纪活字印刷术开始外传。

1.4.3.3　指南针

指南针是利用磁铁的南北指极性而制成的一种指明方向的仪器。我国最早的指南针，是战国时期的"司南"，样子像一只勺子，是用天然磁石制成的，指极性能不是很理想。经过长期的实践，人们发现了人工磁化的方法，并在北宋时期制成了具有更高指极性能的指南鱼和指南针。指南鱼获得的磁性还是比较小，实用价值不大。指南针是以天然磁摩擦钢针，使之磁化而成。这种被磁化的钢针磁性强、性能稳定、使用方便，因此得到广泛应用。指南针发明以后，被广泛地应用于军事、生产、日常生活、地形测量和航海事业等方面。我国是世界上最早把指南针应用于航海的国家。我国在北宋时期，已将指南针用于航海事业。北宋时期，指南针开始外传。

1.4.3.4　火药

据史书记载，我国至迟在唐朝就发明了火药。唐初医学家孙思邈曾明确地记下了用硝石、硫黄、木炭混合在一起，制成火药的方法。火药发明后，不久便被应用到军事上。唐末宋初时，人们制造出火药箭，就是将火药附着在箭头上，用以射杀敌人。北宋时期，徐福、石普二人发明火箭、火球、火蒺藜等火药武器奉献给朝廷。南宋时，又发明了管形火器——火枪和突火枪，都是用竹筒做枪身，内装火药和子窠（即原始子弹）。元代，管形火器进一步发展为金属制造的筒式大炮，名为"火铳"，内装火药、铁石等物，射程远，威力大。火药在生活和生产中也发挥了很大作用。南宋时，即用火药制作爆竹和焰火，后来又用于采石、开山和狩猎。13世纪初，火药开始外传。

特别提示

掌握四大发明的情况。造纸术源于西汉，东汉宦官蔡伦在总结前人造纸经验的基础上，组织造纸工匠成功地用树皮、麻头、破布、旧渔网等为原料，造出了质地精良的纸。隋唐之际，人们发明了雕版印刷术。北宋时期，毕昇于庆历年间（1041—1048年）发明了活字印刷术。人们对毕昇的活字印刷术不断改进，元代的王桢于1314年前后，制成了木活字印刷。15世纪末叶，铜活字印刷在江苏无锡出现。15世纪末到16世纪初，又有人在江苏苏州制成了铅活字。我国最早的指南针，是战国时期的"司南"。经过长期的实践，人们发现了人工磁化的方法，并在北宋时期制成了具有更高指极性能的指南鱼和指南针。指南针发明以后，被广泛地应用于军事、生产、日常生活、地形测量和航海事业等方面。我国是世界上最早把指南针应用于航海的国家。据史书记载，我国至迟在唐朝就发明了火药。唐末宋初时，人们制造出火药箭，就是将火药附着在箭头上，用以射杀敌人。火药在生活和生产中也发挥了很大作用。南宋时，即用火药制作爆竹和焰火，后来又用于采石、开山和狩猎。

1.5 中国古代对外文化交流

学习情境

中国境内发现的中亚和西亚的遗物

中亚是指葱岭以西今阿富汗、哈萨克斯坦等国家；西亚是指上述地区以南，西迄地中海沿岸的亚洲部分。这两个地区的人民和葱岭以东的中国各族人民之间很早就开始了友好往来。公元前2世纪，张骞出使西域后，随着中国丝绸的大量西运，西亚的特产也不断逾葱岭而东。其中较重要的有货币、饰物、金银器、织锦和玻璃器。货币主要集中在新疆地区，西安、广州也有发现；饰物主要是阿富汗特产的青金石饰件，在江苏徐州、河北赞皇、陕西西安、山西寿阳的墓中都有出土。中国5—8世纪，在统治集团上层盛行使用金银器皿的风气，应是受到中亚、西亚的影响。在山西大同北魏平城遗址的窖藏中，内蒙古呼和浩特市西郊的一座古墓中都出土有金银器。7世纪中期以后，中国金银器工艺逐渐发展。中亚、西亚的织锦纹样，多以联珠圆圈分隔为各种花纹单元，花纹题材多猪头、立鸟、大鹿和对禽、对兽、狩猎等，这些花纹新颖的中亚、西亚织锦，在9世纪以前曾博得中国人民的喜爱，在新疆吐鲁番阿斯塔纳古墓中有出土。西亚玻璃器大约自4世纪以后，从陆海两途输入中国。萨珊玻璃器在20世纪初即不断在新疆各地发现。

问题研讨

1. 你知道中国境内发现哪些中亚和西亚的遗物吗？

2. 这些遗物主要分布在哪些地区？

3. 织锦有何特点？

知识研修

1.5.1 中国文化对外来文化的吸收

1.5.1.1 对外来物质文化的吸收

随着中国丝绸、瓷器的西传，来自异域他邦的农作物、珍禽异兽、宝物等也传入中国。农作物包括葡萄、胡萝卜、胡椒和姜等。珍禽异兽包括封牛（瘤牛）、象、狮子、犀牛、大雀、鸵鸟等。宝物包括埃及的玻璃制品、印度的琉璃马鞍、大秦的夜光璧、明月珠、珊瑚、琥珀等。其中，很多植物被引种，在汉朝都城长安的离宫别苑内，到处都能看到葡萄、石榴等植物。玻璃制造工艺也被中国工匠所吸收，并制造出绚丽多彩的玻璃饰物。

人们的生活习俗也受到境外的影响。模仿外来服饰成为当时的社会风尚，波斯、吐火罗、突厥等服饰都成为模仿的对象。境外的饮食习俗与食品的制作方法也很流行，很多食品因受到人们的喜爱而成为家常便饭。葡萄酒在社会上也很受欢迎。

想一想

我们生活中的哪些食品来自异域？

1.5.1.2　对外来精神文化的吸收

（1）在宗教方面

随着中国文化与外国文化的不断接触，越来越多的外国文化，以越来越大的规模传入中国。佛教、袄教、摩尼教、景教、伊斯兰教等宗教先后传入中国。

袄教是波斯人琐罗亚斯德于公元前6世纪创立的。因为崇拜火，故被称之为拜火教。北魏后期已经开始在中国传播，隋唐时期大规模涌进中原地区。唐时，长安、洛阳、凉州、沙州等都建有袄教寺庙。此后，袄教继续存在，特别是在西北地区聚集的信徒很多，高昌、于阗在10世纪还有袄教寺庙存在。

摩尼教是波斯人摩尼在3世纪创立的，它吸收了袄教、基督教和太阳神教等思想，其主旨为宣扬光明与黑暗斗争。7世纪末摩尼教传入中国。摩尼教在回纥聚居的地方颇为流行。长安、洛阳及太原皆设置摩尼寺。摩尼教对贫苦民众有着相当的吸引力，在中国封建社会后期，一些农民起义披着宗教的外衣，就是用摩尼教明暗相斗的学说来动员群众的，例如，宋朝时期的方腊起义，就是用该教号召民众的。

> **特别提示**
>
> 掌握外来宗教对中国的影响。随着中国文化与外国文化的不断接触，越来越多的外国文化，以越来越大的规模传入中国。佛教、袄教、摩尼教、景教、伊斯兰教等宗教先后传入中国。

（2）在艺术方面

西方的音乐、舞蹈、绘画、雕塑等文化艺术也日益东渐并融进中国文化中。

在汉代，西方的乐器大量涌入中国，如琵琶、笛等外来乐器加入了中国乐队。与此同时，西方的曲调也传入中国，汉代军中所用的短箫铙歌，都是来自西域的乐曲。唐代的十部乐，也是在广泛吸收融合西域音乐的基础上形成的。唐代流行的舞蹈有来自西域的胡旋舞、柘枝舞等，其舞姿刚健，旋转如星，盛行于长安，后风靡全国。

西方的雕塑、绘画艺术也流传到中国，给中国的绘画、雕塑及工艺美术带来了生机和活力。汉代的石雕像中，已出现希腊、罗马盛行的有翼的人物和动物，唐代浮雕也受到了萨珊波斯浮雕术的影响，特别是佛教建筑石窟中的雕塑和绘画，吸收了印度佛教艺术的特点，发展成为具有中国民族风格的造型艺术。敦煌、龙门、云冈等石窟荟萃了绘画、雕塑等艺术精品，成为举世闻名的艺术宝库。

> **特别提示**
>
> 掌握外来舞蹈、雕塑对中国的影响。

（3）在科技方面

明末清初，西方传教士为传播宗教来到中国。他们向中国传播了大量的西方文化，特别是耶稣会士传入中国的西方科学技术，经过中国有识之士的不断吸收、融合，为中国文化注入了新的血液。这一时期，中国的天文历法、数学等方面出现了从未有过的新气象。

在天文学及数学方面，欧洲传教士们来到中国后，不仅翻译介绍了许多西方天文历法及数学方面的书籍，而且引进、制造了一批天文仪器，这些仪器被安置在北京观象台，曾发挥过重要的作用。在耶稣会士的参与下，中国学者编制了介绍西方天文、数学知识的著作《崇祯历书》和《数理精蕴》。《崇祯历书》，又称《西洋新法历书》，是一部比较系统地介绍欧洲天文学知识的卷帙浩繁的著作，对我国天文学的发展产生了较大的影响。《数理精蕴》是一部介绍西方数学知识的百科全书，其主要内容是介绍17世纪初年以来传入的西方数学，包括几何学、三角学、代数以及算术的知识。此书出版后得到了广泛的流传，成为人们学习和研究西方数学知识的重要书籍，对后一时期数学的发展产生了重大的影响。

清初一些学者接受了西方传来的科学知识，积极展开了天文学和数学的研究工作并取得了卓著的成绩。例如，王锡阐深入钻研西法并从实践和理论上证明西法并非是完善的。梅文鼎以毕生的精力从事天文学和数学的研究。他的天文学著作有40余种，对中西历法的融会贯通做了大量的工作。他的数学著作也有10余种。王锡阐和梅文鼎的工作，使明代以来传统数学和天文学重获生机，使新移植过来的西方数学和天文学在中国这块土地上结出新的果实。

在物理学方面，王徵根据西方物理学原理制作了各种式样的奇器，包括运重机器、龙尾车等。方以智著有《物理小识》一书，也采纳西方科学理论。黄履庄大胆应用西方的物理学、机械学的原理，发明、仿造新式机械达27种之多。

在地理学方面，由康熙皇帝主持，聘用西方传教士，对全国山川地理进行了大规模的测绘，从北京近郊开始，然后到河北、东北、蒙古、新疆、陕西、山西、浙江、福建、广东、广西、四川、贵州等地，经过十余年的勘察测量，编成《皇舆全览图》，成为当时世界上工程最大、制图最精确的地图。

知识之窗

康熙喜欢学习科学知识。西方传教士中，只要是有学问的，都被召到官中当老师。康熙对自己的要求也十分严格。他是学生，但又是皇帝，除了学习，还有许许多多国家大事等着他处理。他只好把听课、请老师解答疑难问题安排在早晨，以便上完课再去上早朝。他的外国老师也必须跟着他这样辛苦。他们常常是半夜起身，天不亮就得赶到官中去上课。康熙对学习是非常认真的。无论多忙，只要老师布置了作业，他都要按时完成，所以进步很快。

1.5.2　中国文化对外部世界的影响

1.5.2.1　中国文化对东方国家的影响

在漫长的岁月中，中国文化曾对世界文化发展产生重大的影响。中国文化对东方世界的影响更为直接、更为全面、更为深入。在历史上相当长的一个时期内，中国文化与日本、朝鲜等国的文化关系，达到了十分密切的程度，极大地影响了这些国家的历史和文化。

（1）对东方世界物质文化的影响

最早受到中国文化影响的国家是朝鲜。据传说，周武王灭殷商后，殷王族箕子率领5000族人避居朝鲜。战国时代，燕赵等国许多人为避战祸迁居朝鲜，他们把中国的金属器具和工具带到朝鲜。两汉时期，中国的丝绸、漆器和铜镜输入朝鲜。魏晋南北朝时期，朝鲜半岛高句丽诸国居民的生活习俗，也明显受到中国历史文化的影响。隋唐以后，中朝物质文化交往的规模更大，也更为频繁。此外，中国的养蚕制丝技术、造纸术、印刷术、陶瓷及火药，皆传入朝鲜。

日本也是最早受中国文化影响的国家之一。秦代已有中国人越海到达日本，他们带去了先进的生产工具和技艺。秦汉以后，移居日本的人更多，日本的养蚕、丝绸等业开始发展起来。从秦汉到隋代，从中国移植到日本的原始工业有制陶、造船、冶炼、造纸等。在器物方面，中国的铜铁器、金银器和陶器大量涌入日本。隋唐时期，中国物质文化更大规模地传入日本，中国丝绸、瓷器、铜镜等大量输入日本，中国茶种、围棋也传入日本。在城市建筑中，日本飞鸟、奈良时代的都城，就是模仿唐长安城、洛阳城建造的。宋代以后，中国物质文化继续传入日本。日本人在消化中国文化的基础上，注意给予发展和创造。例如，13世纪，加藤四郎来中国学习制陶，回国后烧造了黑釉瓷器。

此外，越南、柬埔寨、缅甸、泰国、老挝、菲律宾、印度尼西亚、新加坡、马来西亚等国也不同程度地受到中国物质文化的影响。

（2）对东方世界制度文化的影响

古代中国在制度文化方面也是先进的，是适应当时社会生产力发展的。因此，中国封建社会的文化，特别是中国唐代所确立的制度文化，包括官制、学制、法制、礼制、田制和税制，为周边国家所学习、模仿。

日本是最早较为全面地学习和模仿唐代制度文化的国家。日本大化革新的内容，就是学习唐代的先进制度，确立适应当时日本封建社会发展所需要的各个方面的制度。例如，大化革新所确立的田制与税制，力求唐制，规定全国土地为天皇（国家）公地，实行班田收授法，受田者负担租庸调：租为田租，交纳稻米，庸为徭役，调为一种实物税，一般交纳绢布。

古代朝鲜的制度也深受中国制度文化的影响。早在三国时期，朝鲜半岛上的高句丽、百济和新罗就开始学习中国的制度文化。10世纪，高丽统一朝鲜半岛以后，在各方面都积极吸收中国唐宋时代的制度。如在教育制度方面，在高丽王朝（公元918—1392年），儒学成为教育的基本内容，科举制度成为基本的选官制度。

越南中古时代的许多制度，也是在中国的影响下形成的，而且中国制度文化对中古时代越南的影响，在某些方面超过了对日本、朝鲜的影响。越南中古时代的官制、法律、兵制、田制皆直接受到中国的影响。

（3）对东方世界精神文化的贡献

中国文化中的精神文化对东方世界精神文化的发展作出了特别巨大的贡献。汉文字曾对朝鲜、日本和越南的文字以及用文字表达的各种文学艺术形式，产生过深远的影响。日本人在使用汉字的过程中，不断改造和简化汉字，利用汉字的偏旁创造了日本楷书字母——片假名，又模仿汉字草体创造草书字母——平假名。日本、朝鲜等国还出现了大量用汉字写作的文史著作。中国的小说《三国演义》《水浒传》等对东方世界也有广泛影响。中国古代史学对朝鲜、日本也影响很大，司马迁的《史记》在600—604年间传入日本，在日本的影响尤为深广。

中国儒家思想和佛教对邻国也产生了很大的影响，儒家思想对古代朝鲜的影响尤为深远。1世纪时，就有朝鲜人能背诵《诗经》《春秋》等经书，三国两晋时期，儒家经典在朝鲜广为流传。10世纪，朝鲜科举制度确立后，儒家经典成为考试的主要内容。佛教在4世纪传入朝鲜，6世纪时在朝鲜半岛已得到广泛的传播。

3世纪，百济博士王仁至日本，将中国儒学传到日本。5—6世纪，佛教也从中国传入日本。7世纪初，圣德太子派遣留学生入隋，直接引进儒、法、佛家思想。9世纪初，日本僧人最澄和空海到中国留学，回国后，分别创立了天台宗和真言宗。宋代禅宗僧人赴日本，对禅宗在日本的传播产生了影响。12世纪末到13世纪初，朱熹的理学传到了日本。理学和禅宗思想为镰仓时期的幕府和武士封建主接受，经融合和改造，形成日本中古后期独特的封建道德观念，参禅究道在武士中也蔚然成风。明代王阳明的心学，对日本学者也产生了深远的影响，后来形成了日本的阳明学派。

中国古代思想对东南亚国家也有广泛的影响。19世纪下半叶以后，大量中国古代通俗小说被译成当地语文，中国古代的一些思想文化著作和童蒙读物，也有不少被译成当地语文。

1.5.2.2 中国文化对西方世界的影响

（1）交通路线的开辟

①陆上交通

a. "西域"一词的含义

"西域"一词，最早见于西汉，其含义有广义、狭义之分。狭义的西域是指玉门关（今敦煌西北）、阳关（今敦煌西南）以西，葱岭（今帕米尔高原）以东，即今天巴尔喀什湖东、南和新疆广大地区；广义的西域，包括葱岭以西的中亚、西亚和南亚的一部分，乃至东欧、北非地区，是中国当时对西方的统称。

b. 丝绸之路

丝绸之路是古代横贯亚洲的交通道路。约自公元前2世纪及以后的1000余年间，中国大量的丝和丝制品皆经此路西运，故称丝绸之路。

c. 具体线路

在汉代，西出玉门关、阳关以后，通往西域有两条路线。北道自车师前王庭（今吐鲁番西）沿天山南麓西行，经过危须（和硕）、焉耆、乌垒（今轮台东）、龟兹（今库车）、姑墨（今阿克苏）、尉头（今阿合奇）、疏勒（今喀什），越过葱岭，到达大宛（今费尔干纳一带）；由此向西北行，可达康居（约在今巴尔喀什湖和咸海一带）、奄蔡（今咸海和里海之间），往西南则经大月氏、安息（今伊朗），可达犁轩（亚历山大港，一说在今叙利亚一带）。南道是沿昆仑山北麓西行，经鄯善（若羌）、且末（今且末西南）、拘弥（今于田东）、于阗（今和田）、皮山、莎车等地，越过葱岭，向西到大月支、安息、条支（伊拉克）、犁轩，向南到身毒（印度）。

在魏晋南北朝时期，丝绸之路发展为三条，原来的北道称中道，新增的北道，从玉门关西北绕过白龙堆沙漠，经高昌、龟兹、疏勒、大宛，抵达波斯、拂菻国（东罗马帝国），最后到达西海（地中海）。

在唐代又开辟了两条新的路线，一路由龟兹经姑墨、温宿、勃达岭（今别迭里山口）、热海（伊塞克湖）南岸，到碎叶（今吉尔吉斯北部托克马克附近）和怛罗斯（哈萨克斯坦东部江布尔）；另一路由庭州（吉木萨尔北），经青海军（沙湾东）、黑水守捉（乌苏）、弓月城（霍城）到碎叶和怛罗斯。两路汇聚怛罗斯后，向西达西海，向南经石国（塔什干）、康国（撒马尔罕），可到波斯和大食等地。

唐代还开辟了中印藏道，即由长安经青海、吐蕃、泥婆罗（尼泊尔）至印度。唐代以后，海路交通成为中西往来的主要途径。

②海上交通

早在公元前3—2世纪，就有大批中国移民渡海去日本。汉武帝曾派人探查海上向南方和西方的通道。汉代使臣的航线，大致经今天越南、柬埔寨、泰国，进入暹罗湾，在缅甸靠岸登陆，走一段陆路以后，再乘船沿江而下，进入孟加拉国湾；又向西行至印度次大陆东岸，最后到达斯里兰卡。

在唐代，中西海上丝绸之路繁荣起来。此航线从广州出发，越过南中国海，横穿马六甲海峡，到室利佛逝（今印度苏门答腊地区的古国），经马来半岛西岸，到达狮子国（今斯里兰卡）、印度。由印度再驶向阿曼湾，抵达波斯湾的巴士拉（今伊拉克境内），最终到达阿拉伯帝国首都报达（巴格达）。这条航线把中国、东南亚、南亚和阿拉伯地区连接起来，成为沟通经济文化的又一重要通道。

宋元时期，国家重视发展海上丝绸之路。当时的华商足迹遍及东南亚、南亚、西亚、西非等国家和地区，来华经商的外国商人也很多。从波斯湾到泉州、广州的海路极为活跃，由波斯湾的忽鲁谟斯（今伊朗霍尔木兹）向西航行至波斯湾（今伊拉克巴士拉），向南航行至祖法儿（今阿曼佐法尔），再向西可至亚丁湾，入红海；由祖法儿向南则可经亚丁湾，前往东非沿岸的木骨都束（今索马里首都摩加迪沙）和层摇罗（今坦桑尼亚的桑给巴尔岛）。

明初时，中西海路交通曾大放异彩，主要表现在郑和1405—1433年的下西洋活动。郑和曾七次西航，遍访东南亚、南亚、西非和东非30多个国家和地区。《郑和航海图》记录了郑和经南海、印度洋，直到东非海岸的详细航线。

15世纪末—16世纪初，西方殖民者绕过好望角来到亚洲，开辟了通往东方的新航线。随着西方殖民者的东来，中国直通印度洋的海道逐渐被阻断。

想一想

陆上丝绸之路为什么会衰落？

（2）中国文化对西方世界物质文化的影响

在物质文化方面，中国对西方世界影响比较大的是丝绸、瓷器。

从西汉开始，中国的丝绸沿着丝绸古道，流向中亚、南亚、西亚和北非，直到地中海地区。中国丝绸运到地中海地区后大受欢迎，很快成为那里各个民族、各个社会的普遍追求，丝绸贸易成为古代世界最大宗的贸易。南北朝时期，中国的养蚕和丝织技术传入西域、波斯及东罗马帝国。由于长期受中国丝绸的影响，到4—5世纪，埃及人开始仿造中国丝绸。唐以后，中国丝绸文化西传，更多地表现为丝织技术的西传。在今天的叙利亚、伊拉克等地的许多城市，都办起了工艺高超的作坊，织造色泽鲜艳的锦缎、壁毯等，阿拉伯地区的丝织物几乎垄断了9世纪以后的欧洲市场。丝织技术还由阿拉伯人传入西班牙和西西里并从西西里岛向欧洲各地传播。元代，蒙古西征时，把中国织匠带到穆斯林世界，中国丝织品的西传再次掀起高潮。中国的图纹花样被引入到穆斯林的丝织花样之中。中国丝绸产品再次传到西欧。13世纪末以后，中国的丝绸锦缎又成为意大利各地显贵及罗马教廷的时兴服饰。到了17世纪，丝绸才在欧洲得到普遍流传并为平民所拥有。仿制中国丝织品的生产规模日益扩大，在法国、荷兰等国都有制造各种绘花和印花丝织品的工厂。法国生产的丝织品完全按照中国的花色装潢，各种技术也都取法于中国。

从唐代开始，瓷器在中国对外输出品中逐渐成为大宗货物，并得到亚、非、欧广大地区人民的青睐。阿拉伯人十分喜爱中国瓷器，特别赞赏其制作工艺。丝绸古道的各国人民不仅喜爱中国瓷器，而且还纷纷仿制，如埃及人瓷器的形状、花纹都模仿中国。到11世纪，其仿制品已达到很高水平。以埃及为基地，华瓷和陶瓷技术又向欧洲流传，一路经马格里布传入西班牙，另一路经西西里传入意大利，传播到欧洲各地。在17世纪以前，瓷器在欧洲只是一种新奇的珍玩，到了18世纪初，瓷器开始走入千家万户并成为当时上层社会的收藏品及装饰品。欧洲各国出于对中国瓷器的羡慕，开始了仿制工作。在欧洲最早仿制中国瓷器的是威尼斯人，他们在1540年制造出蓝色阿拉伯式的装饰品。18世纪初，仿制华瓷风靡欧洲，这些仿制品不但大量采用中国纹饰，而且还仿效中国的款式。欧洲人掌握了制瓷方法后，制瓷厂相继建立，德国、法国、英国都有制瓷厂。

中国的丝绸和瓷器不仅成为西方各族人民生活中不可缺少的物品，美化了人们的生活，而且在精神上大大拓宽了古代西方各族人民追求美的视野。

（3）中国文化对西方世界精神文化的影响

在思想方面，欧洲17—18世纪的"启蒙运动"受到中国文化的影响。中国以儒家经典为核心的文化，经过传教士们的消化和吸收被介绍到欧洲，被欧洲各国的思想文化界根据自己的国情加以吸收，对欧洲17—18世纪的"启蒙运动"产生了一定的影响。儒家学说不仅成为启蒙运动的重要来源之一，而且成为反对宗教、主张哲学的武器。例如，德国启蒙运动的思想先驱莱布尼茨，较早认识到中国文化对于西方文化的发展具有重要意义，并倾注了毕生的精力，致力于中国文化特别是中国哲学的研究。他努力贯彻中国的实践哲学，倡导成立了柏林、维也纳等科学院，并将对中国的研究列入研究院的研究项目。法国的伏尔泰也热心研究中国文化，通过对中国思想和政治的赞美，反对神权的残暴统治，而把一个具有崇高理性、合于道德、宽容而有节制的政治制度作为理想的目标。中国儒家的自然观、道德观和政治思想成为他的有力武器。欧洲思想界受到中国文化影响的还有重农学派。重农学派以中国文明为欧洲思想界的旗帜，在政治经济领域加以推广。重农学派的创始人魁奈因在1767年发表《中国的专制制度》，被誉为"欧洲的孔子"。他认为自然秩序是人类理性的根源，而人类理性又是人的自然权利的依据。他提倡以农为本，认定只有农业能够增加财富，贬低货币和商业资本的作用。他非常赞赏中国的重农主义和历代君主重视农业的政策。中国古代思想和政治制度对于重农学派的政治思想和经济学说的形成，产生了重要的影响。

在艺术方面，在欧洲特别是在法国艺术发展中出现的"洛可可时代"或"洛可可风尚"，明显地受到来自中国的影响。17—18世纪的法国流行"中国风格"、"中国趣味"，以使用中国的物品、模仿中国式样为时尚。这一时尚也影响到欧洲其他国家，使当时的欧洲社会流行中国的茶、丝绸、绣品和漆器。连广告、书籍插图、舞台布景、演员化妆也都追求中国风尚。洛可可艺术风格的特点是追求飘逸活泼、线条丰富、色调淡雅，重自然雅趣而不重人工雕琢。在洛可可时代，最明显受到中国影响的就是园林艺术。中国园林崇尚自然的造园风格，在欧洲引起人们极大的兴趣。从18世纪后期起，法国贵族开始模仿中国园林。英国、德国、荷兰、瑞士等国也竞相修筑中国式钟楼、石桥、假山、亭榭。例如，英国建筑师威廉·查布斯早年曾到过中国，1757年出版了一部《中国建筑、家具、衣饰、器物图案》，风行全欧。他还设计了中国式的庭园，即丘园。园内有湖，湖中有亭，湖旁有塔，塔旁更有孔子楼，图绘孔子事迹。

在科技方面，中国的四大发明对欧洲的影响最为突出。造纸术、印刷术、火药、指南针四大发明，不仅是中华民族智慧的结晶，而且是中华民族对世界文明作出的重大贡献。它在欧洲获得推广，并得以流传，从而产生了革命性的效应。

中国在西汉时期就出现了植物纤维纸。7世纪，造纸术从新疆传入中亚的撒马尔罕，大约在9世纪末，传入埃及。12世纪时，造纸术由埃及传入摩洛哥并从那里传入西班牙、意大利等欧洲国家。中国在隋唐之际发明了雕版印刷术。北宋时，毕昇发明了活字印刷术。10世纪后，雕版印刷术传入埃及。雕版与活字这两种印刷术，先后经由波斯、阿拉伯传入欧洲，在14—15世纪，欧洲才出现雕版印刷和活字印刷。中国造纸术和印刷术的传入，打破了欧洲长期以来学术、教育皆被基督教修道院一手垄断的格局，刺激并推动了欧洲自由讨论风气的形成和文化知识的广泛普及，为欧洲的文艺复兴提供了强有力的武器。早在9世纪或10世纪，中国已开始将指南针用于航海。12世纪后，逐渐传入阿拉伯和欧洲。指南针传入欧洲后，在航海上加以使用，使海上探险成为可能并取得了举世瞩目的成就，开辟了新的航线。新航路的发现，对于欧洲社会的经济和政治生活都产生了巨大的影响，欧洲"商业上的革命"，带来了世界市场的扩大、流通商品种类的增多、商路及贸易中心的转移和商业经营方式的改变。而由此带来的一切变化与革命，都在加速着欧洲封建制度的解体和资本主义生产关系的发展。中国在唐代就已发明了火药，宋时开始把火药广泛用于军事。13世纪，火药由被俘的蒙古军队传入埃及。13—14世纪，欧洲人从阿拉伯人那里学会使用火药，制造火器。火药传入欧洲后，成为摧毁封建堡垒的利器，加速了封建主义的解体。火药的采用不仅是简单或具体的作战方法的变革，而且对欧洲当时的统治与被统治的政治关系起了变革作用。火药还改变了欧洲的政治格局，在欧洲从封建社会过渡到资本主义社会方面具有划时代的意义。

知识之窗

四大发明具有世界公认的文化价值，马克思在概括其中的三大发明时指出："火药、指南针、印刷术——这是预示资产阶级社会到来的三大发明。火药把骑士阶层炸得粉碎，指南针打开了世界市场并建立了殖民地，而印刷术则变成新教的工具。总的来说，变成科学复兴的手段，变成对精神发展创造必要前提的最强大的杠杆。"❶

本章内容举要

1."中国"一词最早出现在西周，在不同的历史时期有不同的含义。"中华"一词最早大约出现于东汉，魏晋南北朝时期已经普遍使用，在不同的历史时期有不同的含义。"历史"有广义和狭义两种概念之分。广义的历史，是指一切事物的过去的运动发展的客观过程；狭义的历史，仅指人类社会以往的运动发展过程。研究人类社会以往的运动发展过程及其规律性的学科称为历史学。传统即一脉相承或世代相继不断的系统。

2.凡是超越本能的人类有意识地作用于自然界和社会的一切活动及其产品，都属于广义的文化。或者说，自然的人化即文化。按文化形态分类，可将文化分为第一类文化（包括智能文化、物质文化）、第二类文化（包括规范文化、精神文化）；按文化结构分类，可将文化分为物态文化、关系文化、心态文化；按文化在社会发展中的地位可将文化分为主流文化和亚文化。

3.中国历史发展经历了四个阶段。一为原始社会；二为奴隶社会；三为封建社会；

四为半殖民地半封建社会。

4.中国历史上国号名称的主要来由包括原来的部族名称、发迹地特产、建立者的封爵、建立者的姓氏等。

5.帝王称谓包括后、王、天子、皇帝等。皇位继承制度包括父死子承、兄终弟及、嫡长子继承制、秘密建储。帝王有谥号、庙号、尊号、全称、年号和陵号。职官与管理制度包括历代中央官制和勋、爵、品级、补子等。介绍中国古代计时方法，阴阳、五行、八卦及姓、名、字、号及避讳等方面的知识。

6.中国古代出现了两种教育制度，一是官学，二是私学。中国古代官学教育是指中央朝廷以及按地方行政区划的地方官府所直接创办和管辖的旨在培养各种统治人才的历代学校教育体系。中国古代官学以学儒家经典为主，以四书五经为主要教材。私学教育产生于春秋时期，包括书院教育和蒙学教育。从隋代开始，封建统治者通过科举考试选拔官吏，考试分院试、乡试、会试、殿试。

7.中国古代著名的文学艺术著作包括《诗经》、《西厢记》、《三国演义》、《红楼梦》、《清明上河图》等。中国古代著名的历史著作包括《史记》、《史通》、《通典》、《资治通鉴》等。中国古代著名的军事著作包括《孙子兵法》和《孙膑兵法》。中国古代著名的科学著作包括《甘石星经》、《授时历》、《水经注》、《徐霞客游记》、《农政全书》、《本草纲目》等。中国古代著名的类书和丛书包括《永乐大典》、《古今图书集成》和《四库全书》。

8.中国古代的四大发明为造纸术、印刷术、指南针和火药。

9.中国对外来物质文化的吸收包括农作物、珍禽异兽及宝物等。对外来精神文化的吸收，在宗教方面包括佛教、祆教、摩尼教、景教、伊斯兰教等；在艺术方面包括音乐、舞蹈、绘画和雕塑；在科技方面包括天文、数学、物理及地理方面的知识。

10.中国文化对东方国家的影响，在物质文化方面包括中国先进的生产工具和工艺、养蚕制丝技术等先后传到朝鲜、日本等国；在制度方面，中国封建社会的文化，为周边国家所学习模仿；在精神文化方面，中国的汉字、儒家思想对日本、朝鲜等国产生了很大的影响。

11.中国文化对西方世界的影响。早在公元前2世纪就开辟了通往西方的陆上交通，后又开辟了海上交通。中国对西方世界物质文化的影响是丝绸、瓷器和四大发明。对西方世界精神文化的影响：在思想方面，欧洲的启蒙运动受到中国儒家思想的影响；在艺术方面，中国的绘画、装饰、园林建筑艺术影响到欧洲的英国、德国等；在科技方面，中国的四大发明对欧洲的影响最为突出。

思考与练习

一、名词解释

1.文化	2.秘密建储	3.谥号	4.庙号
5.年号	6.品级	7.补子	8.天干
9.地支	10.八卦	11.丝绸之路	

二、问答题

1.按文化结构来分类，可将文化分为哪几层？

2.举例说明国号名称主要有哪些来由？

3.古人将一昼夜分为哪十二个时辰？它们与现代的时间如何对应？

4.什么叫阴阳、五行？五行是如何相生相克的？

5.我国封建官学的学习内容主要是什么？

6.科举考试始于何时？何谓乡试、会试、殿试？中国的书院始于何时？

7.蔡伦为社会作出了哪些贡献？谁发明了活字印刷术？火药于何时发明？

8.从物质文化、制度文化和精神文化三方面说明中国历史文化对东方世界文化的影响。

9.以丝绸、瓷器和四大发明为例说明中国古代物质文化和科技文化对西方社会的影响。

中国的民族民俗文化

中国地域辽阔，民族众多，"千里不同风，百里不同俗"，各民族各地区在长期历史发展中形成了鲜明而独特的民俗。每个民族的风俗习惯从多方面反映着该民族的特点。近年来，民俗旅游蓬勃发展，要做好导游工作，必须了解中国的民俗文化。

1.要考察民族情况，必须掌握民族与民俗的基本知识。

2.在人类社会中，物质生产和生活是人们赖以生存的最重要的条件，无论社会如何发展，民俗文化事象如何变迁，有关衣、食、住、行的传统，总是以相对稳定的形式，一代一代传承下来。

3.婚姻为一定社会制度所承认的男女两性的结合，以此确定夫妻关系以及由此产生的父母子女间的权利和义务，为家庭的基础。家庭是建立在婚姻和血亲基础上的社会组织形式，构成人类最基本的社会生活内容之一。

4.节日是按照历法时序排列而形成的、周期性的、约定俗成的社会民俗文化活动日。研究节日文化是观察了解民族传统文化的良好契机。

5.禁忌是人类普遍具有的文化现象。入乡随俗，入乡问禁，可避免许多不愉快的事情发生。

2.1　民族民俗文化

学习情境

乌孙是汉代连接东西方草原交通的最重要的民族之一。公元前110年左右，乌孙派遣使者献良马，正式要求与汉朝和亲。于是汉武帝派江都王刘建的女儿细君公主嫁到乌孙。细君公主是第一位远嫁乌孙的汉朝公主。汉武帝对这次联姻非常重视，除了赐乘舆及御物之外，有数百人随公主出嫁，赠送的嫁妆极为丰厚。细君公主到了乌孙后，非常思念自己的故乡，写了一首诗：

吾家嫁我兮天一方，远托异国兮乌孙王。

穹庐为室兮旃为墙，以肉为食兮酪为浆。

居常土思兮心内伤，愿为黄鹄兮归故乡。

问题研讨

1.你知道乌孙民族吗？

2.乌孙的习俗与中原有何不同？

3.你还知道哪些有关和亲的知识？

 **知识研修**

2.1.1　民族文化的概念

2.1.1.1　民族的概念

（1）民族的定义

汉语中"民族"一词出现较晚，大约在19世纪后半叶。进入20世纪以后，随着中国近代民族民主革命的发展和国外民族主义思潮的传入，"民族"一词便在国内开始普遍使用。"民族"一词的含义有两种，一种是广义的，认为"民族"是指处于不同社会发展阶段的各种人们的共同体，如古代民族、现代民族；还有人在习惯上把"民族"一词用于指一个国家或一个地区的各民族，如中华民族。另一种是狭义的民族概念，即指人们在一定的历史发展阶段形成的具有共同语言、共同地域、共同经济生活以及表现于共同的民族文化特点上的共同心理素质的稳定的共同体，如汉族。

（2）民族的形成、发展

民族是在从原始社会进入阶级社会的时期形成的。在原始社会末期，随着社会生产力的发展，两次社会大分工的发生和私有财产的出现，原始社会加速崩溃，从而也破坏了氏族部落的血缘关系，氏族部落逐渐瓦解，属于不同氏族部落的人们，打破狭小范围的局限性，在较大的范围内展开了氏族间的混合和融合，出现了一种新的人们的共同体——民族。民族是一种社会历史现象，其形成、发展等受社会发展规律的制约。因为所有的民族都存在于一定的社会之中，而社会的人在一定的社会发展阶段又都属于一定的民族，民族的成员也是社会成员，所以，社会的发展决定了民族的发展。

2.1.1.2　中华民族多元一体格局

（1）中华民族的形成过程表明，统一是中国历史发展的大趋势

中国统一多民族国家形成和发展的历史过程也就是中华民族多元一体格局形成的过程。

170万年前至公元前221年，从文化的多元起源到秦朝的统一，为统一多民族国家的形成奠定了基础。此后，统一多民族国家形成和发展的历史过程，也就是中华民族多元一体格局的形成和发展，大约经历了以下四个阶段。

第一阶段，公元前221年到公元196年，为统一多民族国家的形成时期。秦始皇统一中国，初步奠定了我国统一多民族国家的基础，秦的版图是"东至海……西至临洮、羌中，南至北向户，北据河为塞，并阴山至辽东"。在这样辽阔的国土上，除了居住着我国自春秋战国以来原有的众多民族，还吸收了不少新的民族参加进来，如百越。两汉除继承秦的版图外，东北则已到达松花江、图们江流域；西则抵葱岭，在西域设置都护府；西南的怒江、澜

沧江流域也已广设郡县。在这样广大的地域上居住的民族比秦时更多。自秦至汉，是我国统一多民族国家形成的第一个时期。

第二阶段，196年至907年，是统一多民族国家进一步发展时期。这一时期，经过了三国、两晋、南北朝的分裂割据后，出现了隋唐的大统一，唐朝时的版图，北方已到大漠南北，回纥臣服，东北的奚、契丹也悉朝贡；西方则设安西都护府和北庭都护府，加强了对西域诸族的管辖；唐与南诏的臣属关系以及唐与吐蕃的"舅甥"关系，都表明了我国统一多民族国家的进一步发展。唐太宗被各族首领尊奉为"天可汗"，反映了大唐一代的民族关系。

知识之窗

公元641年，松赞干布派使者禄东赞，从逻些（拉萨）出发，经过数千里的跋涉，到了唐朝京城长安，向唐太宗献了5000两黄金，还有其他珠宝为聘金。唐太宗以汉藏友好为重，答应了这门亲事，他把宗室女文成公主嫁给松赞干布，并派礼部尚书江夏王李道宗护送入藏。松赞干布到河源亲迎公主。文成公主嫁到西藏以后，汉族的先进的生产技术便源源不断地传入西藏高原。正如藏族一首歌里唱的：

从汉族地区来的王后文成公主
带来不同的粮食共有三千八百类
给西藏的粮食打下了坚实的基础

从汉族地区来的王后文成公主
带来不同手艺的工匠五千五百人
给西藏的工业打开了发展的大门

从汉族地区来的王后文成公主
带来不同牲畜五千五百种
使西藏的乳酪酥油从此年年丰收❶

第三阶段，自五代到清代中期（907—1840年），是我国统一多民族国家的大发展时期。元、清两朝，对我国统一多民族国家的发展作出了重大贡献。蒙古族建立的元朝的疆域"北逾阴山，西极流沙，东尽辽左，南越海表"，大大超过了汉唐盛世；清朝政权是由满族建立的，对我国统一多民族国家的发展也作出了贡献。当时清朝的疆域，除顺天府和盛京外，还包括称为本部的18省和称为藩部的内蒙古、青海蒙古、喀尔喀蒙古、唐努乌梁海、西藏、新疆等地，形成了一个幅员辽阔的统一多民族封建大国。"清朝以前，不管是明、宋、唐、汉各朝，都没有清朝那样统一。清朝起了统一的作用。"❷

第四阶段，自近代到中华人民共和国成立，是统一多民族国家最后完成时期。此时，中国由于受外国的侵略，进入了半殖民地半封建社会。外国帝国主义和中国分裂势力相结合，千方百计地想分裂中国的统一，破坏民族团结，多次策动少数民族反动上层进行叛乱，都没有得逞。经过各族人民的团结战斗，终于推翻了三座大山，建立了现在这样一个空前统一的多民族的社会主义中国。

❶ 中华人民共和国国家旅游局.走遍中国：中国优秀导游词精选（文物古迹篇）.北京：中国旅游出版社，1998：395.

❷ 周恩来选集.下卷.北京：人民出版社，1980：262.

几千年的历史表明，中国的统一是由各民族共同完成的。不仅汉族在统一大业中起了主导作用，而且各少数民族，尤其是蒙古族、满族起了重要作用。其他少数民族的局部地区的小统一，为全国的大统一准备了必要条件。在中国历史上，虽然出现过几次大的分裂，但每次分裂最后都被新的、更大的统一所代替。每一次新的统一都促进了各民族社会制度的进步，促进了各民族经济、文化的发展，促进了各民族的互相联系和往来。由此可见，今天我们伟大的祖国之所以拥有50多个民族，空前团结，空前统一，是我国历史长期发展的必然结果。

统一始终是中国历史发展的大趋势。

（2）中国各民族共同创造中国的历史文化

几千年来，在共同创造光辉灿烂的中国历史文化的进程中，各民族都建立了不可磨灭的功绩。例如，元代回族天文学家札马鲁丁著《万年历》，制造浑天仪等7种科学仪器，在元大都（今北京）建立了观象台。元代维吾尔族农学家鲁明善著的《农桑衣食撮要》、清代蒙古族数学家明安图著的《割圆密率捷法》都具有相当高的科学水平。在医学方面，蒙古、藏、维吾尔、彝、白等民族创造了各自的民族医学。在文学艺术方面，满族曹雪芹的《红楼梦》、藏族的《格萨尔王传》、蒙古族的《江格尔》、柯尔克孜族的《玛纳斯》、维吾尔族的《十二木卡姆》（十二部大曲）、壮族的花山崖壁画、白族的剑川石钟山石窟等，在祖国的文化宝库中放射异彩。中国少数民族还以能歌善舞著称于世，如维吾尔族、哈萨克族、蒙古族、朝鲜族，他们的舞蹈艺术极为丰富多彩。

特别提示

掌握少数民族在文学艺术方面取得的成就。

2.1.1.3　中国民族概况

（1）民族识别

民族识别是民族研究的一项重要课题。新中国成立后，由于废除了民族压迫制度，实现了民族平等，许多过去在反动统治时期隐瞒民族身份的少数民族要求恢复自己的民族成分。到1954年普选时，自报的民族名称多达数百种。国家为了弄清这些族称是单一民族还是某一民族的分支，曾组织大批专家学者在全国范围内开展了大规模的民族识别工作。根据马克思主义的民族和民族问题理论，对各族单独的语言、地域分布、经济生活和文化传统以及各族人民的意愿，进行了深入的调查。1956年，国务院根据民族识别工作的成果，公布了51个少数民族的名单。此后，经过继续识别，至1979年经国务院正式确定基诺族为止，中国共有56个民族。但尚有70多万人的民族成分有待确认。

（2）族称

民族的名称，简称为族称。56个民族的族称的确定，是在新中国成立以后的事情。

党和政府在族称的确定上一向遵循"名从主人"的民族自愿原则，经充分协商，最后由中央政府发文确认。

我国是一个多民族的国家。汉族是中华民族中人口最多的民族。除汉族之外的其他55个民族为：壮族、满族、回族、苗族、维吾尔族、彝族、土家族、蒙古族、藏族、布依族、侗族、瑶族、朝鲜族、白族、哈尼族、哈萨克族、黎族、傣族、畲族、傈僳族、仡佬族、拉祜族、东乡族、佤族、水族、纳西族、羌族、土族、锡伯族、仫佬族、柯尔克孜族、达斡尔族、景颇族、撒拉族、布朗族、毛南族、塔吉克族、普米族、阿昌族、怒族、鄂温克族、京族、基诺族、德昂族、乌孜别克族、俄罗斯族、裕固族、保安族、门巴族、鄂伦春族、独龙族、塔塔尔族、赫哲族、高山族、珞巴族。因为他们人口少而被称之为少数民族。

① 汉族

汉族先民经夏商周三代，至春秋战国时已形成为以"华"、"夏"单称或"华夏"连称的族体，以与周边各族相区别。尤其是在战国，七雄兼并，共称"诸夏"。公元前221年，秦统一诸夏又出现了"秦人"的族称，直到汉代，匈奴、西域等处各民族仍称中原人民为"秦人"。汉继秦兴，巩固并发展了秦开创的统一国家。汉以后，周边各族即以"汉人"称呼中原人。逐渐地，汉族成为中国主体民族百世不易的族称。汉族是因汉朝而得名，是以先秦华夏为核心，在秦汉时形成的统一的、稳定的民族；又经秦汉以来2000余年的繁衍生息并不断吸收其他民族的血统与文化，进而发展成为拥有灿烂的古代文明和众多人口的民族。

想一想

汉族是单一血统的民族吗？

② 少数民族

我国55个少数民族，其族称来源主要有以下几种情况：以本民族自称为族称，如蒙古族、傣族皆以自称为本民族的族称；以他称作为民族称呼，如苗族等；以地名作为民族名称的，如黎族、东乡族、独龙族；与本民族经济生活有密切关系的民族名称，如畲族、达斡尔族等；与族源传说有关的民族名称，如柯尔克孜族、哈萨克族等。

（3）人口

根据国务院最新公布的全国第六次人口普查结果，截至2010年11月1日零时，全国人口为133972万。其中，汉族人口占91.51%；55个少数民族占8.49%。

（4）语言文字

中国各民族的语言统称为中国民族语言。我国各民族共使用60多种语言（亦说85种），分属5大语系，10个语族，16个语支。此外，还有一小部分语言所属的语系或语族、语支未定。由于历史的原因，有的民族使用两种或两种以上语言，有的几个民族共同使用一种语言。

5大语系是：汉藏语系、阿尔泰语系、南亚语系、南岛语系（马来—波利尼西亚语系）、印欧语系。在5大语系中，主要是汉藏语系与阿尔泰语系。

汉语是中国汉族的共同语言，是全国的通用语。普通话是以北京语音为标准音，北方方言为基础方言，典型的现代白话文著作为语法规范的现代汉民族的共同语言。汉语方言林立，可归纳为7大方言区：北方方言区、吴方言区、赣方言区、湘方言区、粤方言区、闽方言区、客家方言区。也有将闽方言区分为闽南方言区和闽北方言区的，共称8大方言。方言之间的差别主要在语音方面，词汇次之，语法又次之。

中国民族文字是中国当代民族和古代民族的现代与过去使用或曾经使用过的所有文字的总称。据统计，中国各民族，当代和古代在使用或使用过的文字共约60种，其中已经不再使用的历史文字近20种。我们可以将中国各民族使用和使用过的文字分为两大类：一类是非拼音文字，可分为图画象形文字、汉字及其变体、音节文字3个分支；另一类是拼音文字，可分为6大字母体系，即回鹘字母体系、印度字母体系、阿拉伯字母体系、斯拉夫字母体系、朝鲜字母体系、拉丁字母体系等。

（5）中国各民族的分布状况

中国人口的分布，一般以瑷珲—兰州—腾冲线为界，呈东南密、西北疏的格局，汉族多聚居在人口稠密的东南部，少数民族多住在人口稀疏的边疆地区，但两者之间并无明显界线。在少数民族聚居区，一般都有一定数量的汉族居民；有的地区，汉族居民甚至还占多数。各少数民族除有或大或小的聚居区外，与汉族及其他少数民族交错杂居。此外还有2100多万的少数民族人口散居在全国各省市大小城镇和乡村。因而形成了以汉族为主体的大杂居、小聚居、交错居住的格局。这种居住格局是经过几千年民族人口的迁移、游徙、调动而逐渐形成的。我国少数民族人口所占的比例虽小，但分布地区很广，分布面积约占全国总面积的60%以上，少数民族人口居住地区地大物博、资源丰富并处于国防要冲，在祖国的社会主义现代化建设中占有极为重要的地位。这种分布格局决定了各民族之间，特别是汉族和少数民族之间，在政治、经济、文化等方面相互依存的密切联系。

> **特别提示**
>
> 掌握中国各民族的分布状况及特点。中国各民族形成以汉族为主体的大杂居、小聚居、交错居住的格局。

2.1.2　民俗文化

2.1.2.1　民俗的概念

（1）民俗的定义

民俗就是民间的风俗习惯。它是广大中下层劳动人民所创造和传承的民间社会生活文化，是普遍存在于社会生活中的一种悠久的历史文化传承事象。

在先秦典籍中"俗"、"风俗"等词已很通用，在《礼记·缁衣》中出现了"民俗"一词（"故君民者，章好以示民俗，慎恶以御民之淫，则民不惑矣"）。但民俗学的研究对象"民俗"一词源于对英国学者W.J.汤姆斯提出的"Folklore"一词的意译。

（2）民俗文化形成的原因

民俗文化是随着人类社会的产生而产生的，随着人类社会的发展而发展，与人类社会生活的联系极为密切。民俗形成的原因是多方面的，其中，经济、政治、地域、宗教、语言等因素决定和影响着民俗的产生和发展。

2.1.2.2　民俗文化的主要特征

民俗文化除了具备一般文化现象的共性之外，还具有自己的独特个性。社会民俗现象虽然千差万别、种类繁多，但作为一种人类社会文化现象，其大体具有以下特点。

（1）社会性和集体性

社会性指风俗习惯是人们在共同的生活中形成和约定的社会行为模式；集体性指社会民俗现象的产生是集体创作的结果，其流传也需依靠集体的行为来完成。

（2）类型性或模式性

如果把不同的社会民俗性或模式性文化现象加以分类、比较，就会发现其共性，这说明社会民俗文化现象的存在是类型性或模式性的。社会民俗文化现象一旦形成，大都具有相对的稳定性，并在稳定的发展中形成一定的模式，之后就按照这一模式代代相传。

（3）相对稳定性和变异性

民俗文化是广大民众在长期的社会生活中所创造、传承和享用的文化。一方面，它与上层文化相比较，一般具有较大的相对稳定性，特别是在社会不太发达的时代尤为明显；另一方面，民俗文化在时空中的传承、播布和演进，也必然出现形变或质变以及消亡等现象，从而产生与自己的稳定性相联系的变异性特点。

（4）传承性和播布性

民俗文化的传承性是民俗文化在时间上延续的特点。民俗文化是历史的创造，它的传承在各个时代留下十分明显的轨迹。民俗文化的播布性是民俗文化在空间上流传的横向的传播特点。

（5）规范性和服务性

民俗文化是一种适应性文化，它表现为适应民众集体心理和生存需要的相对稳定的模式。这种模式的稳定性和约定俗成，使它具有不成文法的强制或约束力量，起到对民众的行为、语言和心理的制约性作用，这就是民俗文化的规范性。服务性是指民俗文化在规范民众的同时又具有民众需要的实用功能。

2.1.2.3 民俗文化的类型

社会民俗文化现象的分类，取决于民俗文化学所研究的对象和范围。民俗文化学研究的对象是社会民俗文化现象，其范围十分广泛，几乎包括了人类生活的各个领域，通过心理的、语言的和行动的三种方式表现出来，内容还在不断变化或扩大着。所以，民俗文化事象的分类也十分庞大和复杂，几乎无所不包，是一个包罗万象的宝库。这给社会民俗文化现象的分类带来很多困难。

对社会民俗文化现象的分类最早始于1890年，出现在英国。以后法国、日本的学者也对社会民俗文化现象进行了分类。不同国度的学者，出于本国民俗文化现象的表现和各自理解，分类并不完全相同。其中，英国人、法国人的分类，对中国民俗文化学的影响很大。下面介绍两种分类方法。

第一种分类方法的范围十分广泛，其外延几乎包括了人类生活的各个领域的民俗的内容，按表现形式分为三大类。

第一类是心理民俗，以信仰为核心，是包括各种禁忌在内的反映在心理上的习俗。

第二类是行为民俗，是心理民俗的反映，更多地表现在仪式、节日、游艺等活动上，通过各种特有的有形活动表现各种无形心理的民俗活动。

第三类是语言民俗，主要是以语言为手段，表现人们的理想、愿望与要求的艺术，包括神话、传说、故事、诗歌及说唱、戏剧等。

第二种分类方法，是按照内容分类。按照这种分类方法，民俗文化可分为四大类。

第一类是物质民俗文化，也称经济民俗文化。它包括生产民俗文化（采集民俗文化、狩猎民俗文化、畜牧民俗文化、农业民俗文化和手工业民俗文化等）、消费民俗文化（服饰民俗文化、饮食民俗文化和居住民俗文化等）、流通民俗文化（市商民俗文化、交通运输民俗文化和通信民俗文化等）。

第二类是社会民俗文化，它包括家族、亲族民俗文化，村落民俗文化，民间社会经济政治组织民俗文化、个人人生仪礼习俗文化（诞生礼、成年礼、婚礼和葬礼等）、岁时节日民俗文化。

第三类是口承语言民俗文化，它包括民间神话、民间传说、民间故事、民间歌谣、民族史诗、民间叙事诗、谚语、谜语、民间小戏等。

第四类是精神民俗文化，它包括俗信民俗文化（含民间宗教信仰、巫术迷信、礼俗禁忌等）、民间艺术民俗文化（含民间音乐、民间美术、民间舞蹈等）、民间游戏娱乐民俗文化（含民间游戏、民间体育竞技和民间杂艺等）。

特别提示

掌握民俗文化的分类方法。第一种分类方法按民俗表现形式分为三大类，第一类是心理民俗；第二类是行为民俗；第三类是语言民俗。第二种分类方法是按照内容分类。按照这种分类方法，民俗文化可分为四大类。

2.1.2.4　民俗文化的功能与作用

（1）民俗文化的功能

民俗文化现象是适应一定的社会生活，首先是物质的生活和相应的心理需要而产生、传播、继承的。同样，它也会对产生它的母体产生反作用。各种民俗文化现象的性质、结构不一样，其社会功能也不一样。同一个民俗文化现象，由于所处的社会形态及历史阶段不同，其功能也会起一定变化。但总的来说，民俗文化现象的功能主要有如下几个。

①历史功能

民俗文化现象是历史发展的产物，在人类社会发展的每一个历史阶段中，都曾产生和形成过许多的民俗文化现象，对每个历史阶段的人们的生活产生过影响。所以，民俗文化学有时被学者们称之为"历史之学"。

②教育功能

民俗文化是社会的、集体的创造。民俗文化的产生，起初总是带有一定功利目的，即与教育的功能联系在一起。在现实生活中，我国各民族人民总是通过丰富多彩的民俗文化活动，对本民族人民进行传统的思想教育，帮助人们学会许许多多有关生产和生活的知识，使本民族人民熟悉自己祖先所创造的历史文化，产生强烈的民族自豪感和民族自信心。

③娱乐功能

民俗文化不仅是人民群众的创造和智慧结晶，同时也供人民群众享受和利用。所以，传承于民间的大部分民俗文化活动，都带有极其浓厚的娱乐性质，其中，以节日民俗文化和游艺民俗文化最为突出。民俗文化现象的娱乐功能还与各民族人民的审美意识结合在一起，常表现出积极、健康、向上的进取精神和审美情趣。

（2）民俗文化的作用

民俗文化的社会作用表现在下列两个方面。

首先，对广大民众的规范制约作用。民俗文化作为社会文化的一个重要部分，它的主要功能之一就是对社会成员的行为和仪态起规范化作用。这种作用在对人们生活和心理的普及与深入的程度上，比起法律、道德来，要更进一步。它是社会生活中普遍存在而又较潜隐不露的一种社会文化规范。

其次，与规范制约作用同时并存又相关联的，是民俗文化的凝聚作用。在民族传统文化中，对民族具有凝聚力的是语言、道德、艺术、宗教及民俗等文化现象。而民俗文化，由于它的广泛存在和潜在作用，在凝聚、团结民族成员的作用方面，显得特别重要。它不仅将朝夕相处的民族成员凝聚在一起，而且还能将分散于各地，甚至世界五大洲的具有相同文化心理素质的人们也团结在一起。

> **特别提示**
>
> 掌握民俗文化的功能与作用。民俗有三大功能，即历史功能、教育功能、娱乐功能。民俗对广大民众有规范制约作用和凝聚作用。

2.1.2.5 民俗文化传承事象的性质和移风易俗

社会民俗文化现象中既有进步的成分，也有糟粕部分。那些在历史上有进步意义，对人们的身心健康有利，对今天的生产、生活有利，对发展科学文化事业有利的社会民俗文化现象，被称之为良俗，应发扬光大。那些严重摧残或伤害人身、毒化思想的反动愚昧、原始、封建、迷信的习俗，是社会民俗文化现象中的糟粕部分，被称之为陋俗，应予革除。

移风易俗要在认真贯彻执行"各民族都有保持或改革自己风俗习惯的自由"的政策下，积极稳妥地进行。必须在各民族自愿的前提下，自己动手，改革那些不良的风俗习惯。任何政府部门、其他民族，都不能仓促行事、越俎代庖。

介于良俗与陋俗之间的被称为中性民俗。这种民俗文化现象在实际生活中大量存在。对待中性民俗，应持不干预、给予照顾和保障物质、保障供应的态度，特别是对少数民族节日用品和食品的需求、节日放假和节日活动等，政府有关部门要注意安排，满足其要求。

想一想

我们为什么要移风易俗？应该注意些什么？

2.2 衣食住行民俗

学习情境

彝族的服饰擦尔瓦

擦尔瓦，彝语称"瓦拉"或"瓦拉勃"，是指滇、川大小凉山彝族男女所着的披衫。用羊毛织成，有白、灰、青三种颜色，并织有方格纹、斜纹、水波纹及南瓜籽纹等纹样。擦尔瓦的形式分为有流苏和无流苏两种。有流苏的流行于甘洛、越西、喜德、冕宁等县；无流苏的流行于美姑、雷波、马边、峨边等地。缝制一件擦尔瓦，需七幅或九幅毛料，上端用羊毛绳缩口，下端有为数众多的长达30厘米的流苏。从剪、弹、撕羊毛，拧、缠毛线到上架织成毛料，缝成披衫，都由彝族女子操作，无专门制造的作坊。制造一件披衫，往往需要数月至半年不等。无论男女老少，终年披着擦尔瓦，白天用以抵御风寒，夜间用作被盖。

问题研讨

1.擦尔瓦是哪个民族的服饰？

2.制作擦尔瓦的原料是什么？有哪些制作工序？

3.擦尔瓦有何作用？

 **知识研修**

2.2.1　服饰民俗

2.2.1.1　服饰民俗的形成

服饰民俗，是指人们有关穿戴衣服鞋帽、佩戴装饰等的风俗习惯。服饰源于御寒保暖和防止野兽侵袭，之后才逐步产生了审美观念。服饰的产生和服饰民俗的形成与人类居住的环境、人们的生产生活方式及文化传统关系密切。例如，生活在寒带和温带地区的居民，由于气候寒冷，服装样式变化多，制作复杂；生活在热带和亚热带地区的居民，由于气候温暖，服装样式变化少，缝制较简单。

想一想

服饰起源于审美吗？为什么？

2.2.1.2　服饰民俗的类型

服饰民俗的内容复杂，不同的服饰款式，在不同的地区、民族和个人本身，都体现出不同的含义，这就形成了不同的类型，并由此形成不同的服饰民俗。我国有56个民族，服饰各异。但是，无论服饰的样式及民俗多么复杂，最原始的样式也只有"围"、"披"、"套"三种简单的形式。"围"即将兽皮或布围在腰部，后发展成裙。"披"即将兽皮或布披于肩背，后发展为披肩、斗篷。"套"是开洞套头的整片衣服，分布于人体的各个部位。因此，可将服饰及其民俗分为头衣、体衣、足衣和装饰四大部分。

头衣，是古代称谓。我国古代贵族与平民的头衣区别十分严格，一般贵族戴冠、弁、冕，平民戴帻。男子二十行加冠礼，表示从此已成人。

体衣，包括平常所说的上衣和下衣。上衣有长短之分，长及腰者为短襦，长及膝者为长襦。将上衣与下衣连为一体，长及踝部者，称为深衣。短衣为平民所穿，统治阶级以深衣为常服。上衣由衣领、衣襟、后身、衣袖、腰带等构成。衣领常见的是交领，另一种是直领。衣襟，又称衽。古代将衣襟右掩的称左衽，认为是异服，即蛮夷之服。现代我国各民族中流行的上衣，包括长袍，多为左衽。蒙古族长袍为左衽，藏族长袍为右衽。此外，在一些汉族及少数民族地区，还流行对襟上衣。衣袖是上衣的主要部件，古代流行长而宽大的衣袖，宗教法衣及藏族长袍和衬衣保持了这种古老衣袖的特色。下衣，古代有裳、绔。裳指裙子，古代男女皆可穿用。绔，即今之裤子。古代的绔，无前后裆，只有两条裤筒。还有短裤，古人称犊鼻裈。

足衣，指鞋袜。鞋，古人曰屦，汉以后曰履，今曰鞵（鞋）。履是草鞋。木制的鞋称为木屐。穿鞋之前还要穿袜子或用布包脚。

装饰可分为头饰、衣饰及鞋饰。头饰除发型变化外，还佩戴各种首饰，如插花戴簪、戴耳环等。头饰除美观外，还有特定的含义。衣饰，一般多为领口、袖口、襟沿、下摆加边。腰带制作讲究，除可系扎上衣外，还可佩戴各种饰物。鞋的装饰主要是在鞋面上绣以各种花卉和图案，既美观又实用。

2.2.1.3　少数民族服饰

（1）蒙古袍

蒙古族的传统服装，分夹、棉、皮三种。袍长而宽大，直领左衽，下摆不开衩，衣襟及下摆多用绒布镶边，腰部用彩色绸带系扎。牧区男女均穿用。穿此袍骑马放牧，能护膝防寒，夜宿可当被盖，瘦长袖筒可防蚊，束上宽大腰带，能保持腰肋稳定垂直。

（2）褚巴

藏袍。其为藏族、门巴族的主要服装。多以氆氇缝制，多黑色、赭红色和本白色。右衽，斜襟，中系腰带，内衬长袖短褂。男子穿着特别肥大，束腰后腰际成兜囊，用以装物件。一般袒出右臂以利动作，天热时则袒出上身，将两袖系披腰间，夜晚可充被盖。

（3）裕祥

维吾尔族男子长袍。齐膝对襟，无纽扣，无旁衩，腰身肥大，用长方巾扎腰。喜用白色、黑色和茶色的衣料。夏天多穿白色单袍，冬天穿黑色棉袍。

（4）旗袍

初为满族妇女服装，故称旗袍。后满、汉妇女皆穿用。最初是直筒式，腰部无曲线，下摆和袖口较大，外罩马甲。

（5）百褶裙

彝、傈僳、苗等族妇女的衣裙。以流行于滇、川大小凉山的最具特色，一般系用三种不同色彩的布缝制而成。裙面折叠很多，长曳到地。苗族妇女的百褶裙较短，但褶很多，有的在500褶以上。

想一想

为什么每个民族都有自己独特的服饰？

2.2.1.4　服饰民俗的表现

服饰与自然天气关系密切。人们为了适应不同季节的变化，创造了不同的服饰款式，包括单衣、夹衣、棉衣、皮衣等。服饰还具有节日色彩，每逢佳节来临，男女老幼都要穿上盛装，参加庆祝活动或走亲访友。例如，苗族的节日盛装绚丽多彩。

男女服饰在样式和质料的选择上明显不同。男式服装讲究实用，质料结实，款式变化较少；妇女的服饰式样多，讲究装饰，质料以轻为主。随着年龄的增长，在不同的年龄阶段，服饰民俗也不相同：幼儿期，男孩女孩的服装几无差异；稍大一点，女孩子开始留长发，服饰、色彩与男孩都有区别；等到成年时，要举行一定的仪式，服饰上也相应地加以标志；结婚后，服饰又有不同。此外，中年、老年服饰样式也有区别。

知识之窗

朝鲜族童装的样式基本上与大人的衣服相同。但不论男女，以颜色绚丽为特色。童装的衣料喜欢选用粉、绿、黄等色彩鲜艳的锦缎。值得一提的是，童装上衣的袖筒，多用"七色缎"料做成，穿上以后，好像彩虹一样。朝鲜族人民认为彩虹是光明和美丽的象征，用"七色缎"给孩子做衣裳，意味着希望孩子们更加美丽和幸福❶。

不同的职业分工，形成了不同的服饰民俗。鄂伦春族的猎装适合于狩猎；蒙古族的蒙古袍、藏族的褚巴则适合于牧业民族的游牧生活。此外，宗教职业者的服饰也别具一格。

服饰带有鲜明的地域特色和民族特色，与各民族的经济生活、审美意识紧密相连。经济生活不同，服饰原料有所不同。例如，赫哲族从事渔猎生产，其服饰原料常取材于鱼类；蒙古、藏、哈萨克等族从事畜牧业生产，其服装制作多用牲畜毛皮；农耕民族多用棉、麻缝制衣服。由于审美观念不同，人们在服饰色彩、样式、装饰上也有差异。

2.2.2 饮食民俗

2.2.2.1 饮食民俗的形成

饮食包括食物和饮料两大部分。有关食物和饮料加工制作及食用的风俗习惯丰富多彩。

饮食习惯的历史可以追溯到远古时代，在学会用火前，人类过着茹毛饮血的生活。随着学会用火，人类的饮食习惯才渐渐得到改变。人类的饮食习俗经历了生食、熟食和烹饪三个阶段。以上这些饮食习俗在民间仍都有传承。

生食是指无论植物的果实、兽肉、鲜鱼等，均不用火烤，稍加处理直接食用。赫哲族喜吃"生鱼片"；云南大理地区的白族曾有"吃生皮"（生猪肉）的习俗；藏族将羊肉风干后生食；侗族擅长腌生鱼。这些都是古老的生食习俗的遗留或变异传承。

熟食分烤食和煮食两类。烤是最古老的食俗，方法多种多样，包括用烧红的石片烤肉、在石板上烙饼等。云南傣族的香竹饭，就是用烤制法制作的。煮食以石烹法最有特色，即用烧红的石头，放入盛有水和食物的木桶或其他器皿中，放取数次，食物自熟。东北的鄂伦春族，云南的傣族、普米族、纳西族等民族过去都曾用过此种方法煮熟食物。

烹调是在熟食基础上发展起来的。制作方法包括煎、炒、烹、炸、煮、蒸、烧、烤等几十种，调味品有酸、甜、苦、辣等各种味道的百余种。

饮料的制作也十分古老，包括鲜奶、酸奶、酒和茶。

想一想

人类的饮食习俗为什么经历了三个阶段？

2.2.2.2 饮食结构和类型

饮食结构，是指日常生活中一日三餐的主食、菜肴和饮料的搭配。在我国，粮食作物为主食的主要原料，米饭和面食是主食的两大类型。

菜肴是饮食结构的重要组成部分。菜是蔬菜的总称，肴是做熟了的鱼肉，菜肴泛指饮食

❶ 中华人民共和国国家旅游局.走遍中国——中国优秀导游词精选（民俗风情篇）.北京：中国旅游出版社，2001：96.

结构中的素菜和荤菜。用来配制菜肴的原料有蔬菜、鱼肉、禽蛋和调味品。这四样原料合理地搭配和烹制，产生了我国丰富多彩的烹调技术，形成了不同的菜系。

饮料包括瓜果汁、茶和酒等。茶的种类很多，各地饮茶的习俗不相同，如藏族人民喜喝酥油茶、蒙古族人民喜喝奶茶、白族人民喜喝"三道茶"。饮酒是我国各民族普遍盛行的习俗。酒可分果酒和粮食酒两大类。北方地区的人们喜饮烈性白酒，南方地区的人们喜饮低度米酒和果酒。不同的民族还有自己特制的酒类饮料和饮酒习俗，如哈萨克族人民喜喝马奶酒、贵州的布依族家家户户皆自酿米酒。

2.2.2.3 饮食习俗及其传承

饮食习俗包括居家饮食习俗、节日饮食习俗及其传承以及嗜食与禁忌。

居家饮食习俗包括：每天用餐的次数和时间，每次进餐时家庭成员座位安排和程序，一年四季主、副食结构的调整和变化，对客人的招待，家中特殊的用餐习俗。我国居家食俗，大部分地区和民族均实行早、午、晚三餐制，牧业民族一般是三茶一饭或两茶一饭，主食是米和面，副食是奶和肉。农业民族一般早餐比较简单，午、晚两顿正餐，除主食大米、白面等外，配以炒菜，形成主、副食的明显结构。居家食俗一般比较随便。但如果家中有老人或来客人时，进餐时的座位就有一定讲究，体现出对老人或客人的尊重。

节日饮食习俗丰富多彩并具有浓郁的民族特色。节日食品可分为三类，一为用做祭祀的供品；二为供人食用的特殊的食物制品；三为节日馈赠亲友的礼品。节日食品的食用和一般的饮食惯制不同，大都有一定的程序和仪式。人们还给各种节日食品赋予不同的含义和象征，如正月十五吃元宵、八月十五吃月饼、大年三十吃饺子等，都是节日习俗传承下来的独特食品和食俗。

特别提示

掌握节日饮食习俗。节日食品可分为三类，一为用做祭祀的供品；二为供人食用的特殊的食物制品；三为节日馈赠亲友的礼品。

嗜食是指某一地区、某一民族在饮食上的特殊喜好，如苗族人民喜吃酸菜、酸汤；朝鲜族喜食狗肉和冷面。形成饮食嗜好的原因是多方面的，气候、生产方式、土特产品、食物的独特的制作方法和储存方法等，都有可能造成口味上的差异和嗜好。饮食习俗中的禁忌，有的源于宗教信仰，有的来自于对生活经验的总结。

知识之窗
▼

冷面是朝鲜族著名的风味小吃。朝鲜族自古即有在正月初四中午吃冷面的习俗，据说这一天吃上长长的冷面，就会长命百岁。故冷面又被称作"长寿面"。它味道独特，甜辣爽口、清爽不腻，深受人们的喜爱。冷面的制作比较复杂，要按适当比例将荞麦粉、面粉、淀粉等掺和压制成面条，以精牛肉和鸡肉熬制成汤，待汤冷却后撇去浮油，佐以香油、胡椒、辣椒、味素等调料，再放入牛肉片、鸡蛋、苹果片或梨片，吃起来格外开胃、爽口。❶

---

❶ 中华人民共和国国家旅游局.走遍中国：中国优秀导游词精选（民俗风情篇）.北京：中国旅游出版社，2001：94.

2.2.3　居住民俗

2.2.3.1　民居类型

我国各民族的民居建筑丰富多彩，主要可以分为帐篷型、干栏型和上栋下宇型。

（1）帐篷型

帐篷是我国许多民族的一种古老的居住形式，其特点是容易拆迁。帐篷的形状很多。我国东北地区的赫哲、鄂伦春、鄂温克等民族的帐篷呈圆锥形，被称为"撮罗子"（又称歇人柱）。蒙古族、哈萨克族住在圆形帐篷里。蒙古族的蒙古包平面为圆形，里面用木条编成框架，外面包以羊毛毡，顶部留有圆形的天窗，以便采光和通风。蒙古包便于搬运，是牧人理想的住宅。

（2）干栏型

干栏型居室是一种下部架空的建筑，流行于我国南方少数民族地区。干栏型建筑可防潮、散热通风及避虫兽侵袭和洪水冲击。干栏型建筑的结构主要有两种，一种是纯木结构，以西双版纳傣族的竹楼最为典型。竹楼一般建在平地或平缓的山坡上，其平面呈正方形，分上下两层，底层架空，多不用墙壁，供饲养牲畜和堆放杂物，楼上有堂屋和卧室。屋顶呈"人"字形，上面覆盖茅草编成的"草排"或片瓦。另一种为土木结构，多建于山区，依靠自然山势，把山坡削成一块"厂"形土台，土台以下用木柱支撑，铺上楼板，作为房屋的前厅，下面圈养牲畜。屋顶呈"人"字形，屋墙用木板装修或用土块砌筑。例如，贵州册亨一带布依族就多住此类干栏型房屋。

（3）上栋下宇型

上栋下宇型建筑是北方和南方各民族流行的一种居住形式。其结构特点是一般都有夯筑坚实的地基，竖木为柱，连柱架梁，梁上搭檩，顺檩搭椽，上铺茅草或屋瓦，山墙用土坯或砖石砌成，窗户门楣为木制。这种类型建筑形式多种多样，包括北京的四合院，河南、陕西等地的窑洞，云南的一颗印，西藏的碉房等。

四合院是北方农业地区的民居的主要形式，其中尤以北京的四合院最为典型。其基本形式是由几幢单体建筑，分别置于东西南北四面，建筑之间用廊子连接，组成一个方形院落。四合院的主要建筑称正房，坐北朝南；两边东西间的房屋称厢房；南面是一排廊子，中间开一道门，称二门；二门内部为四合院的内院，二门外是东西狭长的前院；院南面是一排称作倒座的房屋，四合院的大门就设在东南角上；在正房的北面还有一排后罩房。四合院的门窗大都开在朝院里的一面，形成一个四面封闭的内向的住宅空间，避开了城市的喧哗，创造了一个宁静的环境。

窑洞式住宅流行于我国河南、山西、陕西、甘肃地区。此类建筑利用高原黄土地带土质坚实的特点而建，既省工又省料。窑洞式建筑主要可分为两种，一种为靠崖窑，即在天然的土山崖上横向往里挖洞，洞呈长方形。顶上作成圆拱形，进口安上门窗就成了一间住房。另一种为天井式窑，即在平地上向地下挖一深井，呈方形或长方形，再在方井的四壁横向往里挖洞作住房。从地面经阶梯到井内，井底院子也种植树木花卉，形成一座环境优美的地下四合院。

一颗印为我国南方四合院建筑，特别是在云南中部有许多这种形式的四合院住宅。此类建筑院落较小，正房、厢房连在一起，有的地区作成二层楼房。其正房有三间，左右各有两间耳房，前面临街一面是倒座，中间为住宅大门，四周房屋皆为两层，天井围在中央，住宅外面都有高墙，很少开窗。整个外观方方整整，如一枚印章，所以俗称一颗印。这种建筑占地少、通风好，比较凉爽。

碉房流行于藏族地区。一般以石块或夯土筑墙，室内以木柱支撑，屋顶是用土筑的平顶，顶上可做晒台。为二至三层的小楼房，底层为牲畜房，二层为卧室、厨房，上层为经堂。碉房的整体造型严整，色彩华丽，建筑风格粗犷凝重。

特别提示

掌握帐篷型、干栏型、上栋下宇型建筑的特点。

2.2.3.2　居住民俗的表现

住宅的建筑结构与各地区、各民族的居住习俗有密切关系。住宅的造型与装饰、房间的分配及火塘的位置等，都表现出一定的民族风情。

住房的分配体现着家庭成员之间的尊卑长幼关系。住房分配是一种古俗。母系氏族公社和父系家庭成员集体住在一个"大房子"内。个体家庭产生后，小房子代替了大房子，但居住习俗仍受到大房子的影响。在一个家庭中，尊卑长幼区分得十分清楚。例如，东北地区的满族，屋中有南、北、西三铺炕，西炕为贵，供奉祖宗牌位；南炕为大，家中长辈多住南炕；北炕为小，小字辈的姑娘和媳妇住北炕。

> **知识之窗**
>
> 朝鲜族房屋以火炕取暖。一幢房屋一般分三间，中间是大间，大间的1/3面积做灶间，其余是炕。大间的东侧间作仓库，没有炕。西侧间分成两间，把朝阳的一间作为客房，北面的一间是儿女卧室。由于满屋都是炕，进屋上炕就要脱鞋。客人来访时，男人进客房，女客进灶间大铺炕。客人进房也分男女，可见朝鲜深受儒家男尊女卑思想的影响。❶

火塘在我国许多民族的居住民俗中，占有重要地位。火塘是家庭活动的中心，饮食起居都离不开它。在西南许多少数民族中，火塘位于屋中央，人们在火塘边饮食、取暖、议事，火塘成为全家的活动中心。例如，傣族竹楼中央设火塘，无论冬夏日夜，火塘燃烧不熄。烧饭煮茶，会客议事，皆离不开火塘。火塘有时被视为神圣的地方，火塘的上方一侧是供家神、祖先神的地方，任何人不许触动。平时不许在火塘上方跨过去，不准用脚蹬火塘里的三角架，不许用利器捅火，不许将脏水泼入火中。

在一些建筑技术比较先进的民族中，还十分注意住房的造型与装饰。例如，云南大理白族的民居建筑除追求整体建筑的庄重、大方外，在局部建筑中也精雕细镂，其门窗雕刻和门楼装潢最具特色，并且与带有花坛的院落相配，形成白族特有的恬静、幽雅的民俗建筑特征。

2.2.4　交通民俗

交通是用来代步的工具，分陆路交通和水路交通。陆路交通包括骑用牲畜和以车代步。

---

❶ 中华人民共和国国家旅游局.走遍中国：中国优秀导游词精选（民俗风情篇).北京：中国旅游出版社，2001：96.

交通的最初发展，与驯养动物关系密切，特别是牛、马、骆驼等大牲畜，可供人骑用，成了真正的交通工具。东北地区的赫哲、鄂伦春、鄂温克等民族至今仍用狗或鹿拉爬犁（雪橇）。这可能是陆路交通民俗中最古老的"遗留"。车在古代是生产、生活、交通、运输及战争中的重要工具。据传说黄帝是车的发明者，故名轩辕氏。商周时期，车的制作已相当进步。车为木制，整个车体分车轮和车身两部分。车身由轼、舆、辕、衡构成。舆是车箱；轼是舆的前部供人凭依扶手的横木；辕是驾轴的木杠，后端连在车轴上，前端伸出；衡是架在独辕前边的横木。车轮的主要部件有轴、毂、軎、辐、牙等。轴是穿在轮子中间的圆形物件；毂是车轮中心的用以穿轴的圆木；軎是套在毂外车轴末端的青铜或铁制圆筒状物；辐是车轮中凑集于中心毂上的直木；牙是车轮的边框。

水路交通工具主要是桥与船，过河架桥，涉水用船。桥有独木桥、木拱桥和石拱桥等。在水流湍急的江河之上，还架有溜索桥、藤索桥，后来发展为铁索桥。在我国西南地区的少数民族中，索桥在交通中占有重要地位。船的前身是木排、竹排、葫芦、革囊等。独木舟是船的雏形。这些古老的交通工具，至今仍在使用。

知识之窗

苗族龙舟由三根粗大形直的杉树挖成槽形的独木舟并排捆扎而成。中间一只长约一丈，称母船，两侧船只各长五丈许，称子船。龙头选用7尺多长的轻且韧，宜于雕刻的水柳树雕刻而成。龙头昂首向天，须发漂浮，栩栩如生。最有特色的是，龙头两边安上一对弯弯的硕大的水牛角，角上分别书写"风调雨顺"、"国泰民安"八个大字。

苗族的龙舟节来源于一个动人的故事。从前清水江上出现一条吃人的恶龙，一位痛失独子的老人发动沿河乡亲用铁锅堵水断流，苦战七天七夜，直到五月二十四水干龙现，老人含愤奋斗恶龙，把龙砍成四段，分给沿岸各寨乡亲煮吃，为民除了害。此后，每年五月二十四至二十七，沿江各寨苗族都举行隆重的龙舟节，以纪念这位英雄。❶

2.3　婚姻家庭

学习情境

西双版纳地区的傣族婚礼

婚姻是为一定社会制度所承认的男女两性的结合，以此确定的夫妻关系以及由此产生的父母子女间的权利和义务，为家庭的基础。家庭是建立在婚姻和血亲基础上的社会组织形式，构成人类最基本的社会生活内容之一。

西双版纳地区的从妻居婚礼要在男女两家分两次举行。第一次在女方家举行。结婚之日，新郎由亲友陪同，带着生产工具、耕畜、种子等前往女方家。男方要燃放鞭炮，给礼钱之后才得进入女方家紧关的竹门。女方家的人向新郎及其伙伴泼水。新郎要拿出喜钱央

❶ 中华人民共和国国家旅游局.走遍中国：中国优秀导游词精选（民俗风情篇）.北京：中国旅游出版社，2001：235.

求姑娘们找回被藏起来的新娘。婚礼举行时，新郎新娘并排坐到婚礼桌前，由老人诵祝词，希望一对新人相亲相爱，永不分离。然后举行拴线仪式。一对新人跪在老人面前，由老人用白色长线从男的左肩直围到女的右肩。老人拴完线，再由男女两方的客人拴。拴线意味着把新郎新娘的心拴在一起。拴线仪式结束后，宾主入席。新郎新娘要向客人殷勤献酒，并回答客人们提出的各种问题。新郎新娘敬酒后，赞哈们开始赛歌。按傣家风俗，新婚之夜新人要陪伴亲友欢歌通宵。第二天天亮前，新郎要返回男家，当晚又回到妻家。第三天，新郎的母亲挑着凉粉来女家认亲友。第五天，新婚夫妇挑着凉粉去男方家。然后，新郎新娘返回女家，开始了从妻居岁月。

从妻居期满，再在男方家举行第二次婚礼。新郎新娘将从女方家带回的棉被、褥子等物品展示给前来祝贺的男家亲朋和村寨邻居。男方家要请赞哈唱歌祝贺。一对新人要拜见男方父母，然后举行沾饭仪式。新郎新娘分别拿糯米饭在公鸡、母鸡头上沾一下，然后再向蛋、鱼、肉上沾一下，表示日后日子会过得美满富足，吃穿不愁。接着，新郎新娘同时伸出右手，由一位儿女双全的老人用红色丝线在手腕上拴个扣，再同时伸出左手，在左手腕上拴个同样的扣。两根红线拴起一对夫妻，意味着一对新人将永远相敬如宾、白头偕老。

问题研讨

1. 婚礼有何意义？
2. 傣族的婚礼仪式要举行几次？
3. 傣族婚礼仪式有何特殊的讲究？

2.3.1 婚姻家庭制度的沿革

婚姻家庭伴随着整个人类史经历了一系列的历史变迁。最古时，正在形成中的原始人类的两性关系，没有习俗规定的限制，人们过着群团生活。至旧石器时代早期，完全形成的人出现，开始形成最初的婚姻规则。在共同生活的集团内部实行血缘婚，即按辈数来划分婚姻集团，凡属同辈的男女均互称兄弟姐妹，亦互为婚姻，由此产生了血缘家庭。这是婚姻关系的第一个进步，排除了父母和子女之间相互的婚配关系。旧石器时代中、晚期，血缘集团分化成较小的团体，一般分为两个半边。通婚在两个相邻的血缘集团之间或者一个血缘集团所分成的两个半边之间进行，即实行一个集团的男子与另一个集团的女子互相集体通婚的外婚制群婚，形成普那路亚家庭并产生了氏族制度。这是婚姻关系的第二个进步，排除了兄弟和姐妹间的两性关系。随着社会生产力的发展，通婚范围缩小，到中石器时代至新石器时代，人类进入母系氏族社会，出现了对偶婚，即一男一女共同生活，但结合不牢固，容易离散。初时男子走访女方，后来从妻居，并由此产生了对偶家庭。这是婚姻关系的第三个进步，对偶家庭增添了前所未有的新因素，子女在有确认的生身母亲之外，又有了确认的生身父亲。新石器时代晚期至金石并用时代，父系氏族制代替了母系氏族制，对偶婚向一夫一妻婚过渡，妻子从夫居，男子把自己的财产传给亲生的子女，出现一夫一妻制家庭。在这个过渡阶段，出现了父系家族公社的家庭形式，包括一对夫妻及其子女和后代。随着私有制的产生和发展，曾广泛流行过抢婚、交换婚、买卖婚等婚俗并开始出现一夫多妻制，但不普遍，只是少数富人和显贵人物的特权。

想一想

婚姻发展为什么经历了不同的阶段？

2.3.2　我国各民族新中国成立前的特殊婚姻家庭形式

中华人民共和国成立前，中国各民族虽已普遍过渡到一夫一妻制家庭，但同时还不同程度地残留着先前各式婚姻家庭形态。

2.3.2.1　抢婚

抢婚是原始社会的一种婚俗，即由男子通过掠夺其他氏族部落妇女的方式来缔结婚姻，也称"掠夺婚"。产生于母系氏族向父系氏族过渡或妻方居住向夫方居住过渡的时期。中国古代历史上的室韦、靺鞨等族有抢婚习俗。新中国成立，云南景颇族、傣族、阿昌族等还不同程度地保留这种习俗；不过，由原来的真抢，变为模拟性、象征性的婚礼仪式。云南德宏傣族抢婚就是男女双方事先约定好地点、时间，男方抢亲者携带刀和铜钱来抢夺姑娘，姑娘佯装呼救，女方亲友乡邻按预定方式上前营救，男方装作逃走，事后议定聘金举行婚礼。

2.3.2.2　不落夫家

不落夫家又称坐家或长住娘家。这是我国南方壮、苗、侗、彝、哈尼、布依等13个民族普遍存在的一种婚姻习俗。它是原始社会中从妻居婚向从夫居婚转变的残余。新娘在举行结婚仪式后，当天或过两三天后即返回娘家。每逢农忙、节日或夫家办婚丧等事，由夫家派人接妻子到夫家居住数日或半月，再由夫家送回娘家。妻子留住夫家时，夫家以客人相待，只让参加一般劳动或象征性劳动。妻子在娘家居住的时间通常是一两年至七八年，女子通常是在怀孕以后，或虽未怀孕但年龄已大，才到夫家定居。例如，侗族新娘结婚后回娘家居住，每逢节日、农忙或家中有婚丧大事时，夫家才派人接回新娘，住两三天或十几天不等。这样的情形持续两三年或五六年，新娘生育后才算正式建立一夫一妻制的小家庭，称为成家。

2.3.2.3　从妻居

从妻居是母系氏族制繁荣时期流行的一种婚姻居住形式。男子迁往妻方氏族公社居住，双方共同生活在一个共产制的经济单位之中。这种婚姻是暂时的结合，夫妻并未组成独立的经济单位，因而，无论结合或离异都十分容易。到了父系氏族制时代，虽然从妻居逐渐过渡到从夫居，但其残余一直保留下来。在中国，部分拉祜族地区盛行从妻居。从结婚之日起，男子带上生活用具、生产工具及家畜去女家。男子上门的期限一般为1-3年，有的长达15年，还有的男子终生上门。已基本实行一夫一妻制的汉、布朗、傣、达斡尔、高山等民族的某些地区，也还保留着短期或长期从妻居的习俗。这种从妻居有的具有买卖婚性质，赘婿在妻家居住，实际上是以劳动作为聘礼，偿付妻子的身价钱。

2.3.2.4　夫兄弟婚

夫兄弟婚即一个女子当其丈夫死后必须转嫁给亡夫的兄弟，而亡夫的兄弟也有娶她的权利和义务。这种婚俗出现于原始社会母系氏族制后期，在古今许多民族中广泛流行。有些民族还有寡妇转嫁给亡夫的长辈或晚辈的习俗。匈奴、鲜卑、突厥、契丹等族都有这种婚俗。夫兄弟婚是原始社会群婚的残余形式。私有制产生后，赋予这种婚俗以不同的意义，妻子被当作夫家财产，寡妇须留在夫家转嫁，由族内继承，以免财产和劳力外流。

2.3.2.5　姑舅表婚

姑舅表婚亦称交错从表婚，指兄弟子女与姊妹子女之间的婚配关系。从原始社会母系社会的氏族外婚发展而来，到了父系氏族社会，转变为姑舅表婚。中华人民共和国成立之前，汉族一些地区还以姑舅表兄弟姊妹为理想的配偶。白、彝、侗、布依、傈僳、佤、苗、瑶、土家等民族也盛行此婚俗。其中，苗、瑶、土家等民族一般实行单方面的姑舅表婚，即舅家有优先娶外甥女做儿媳的权利，通常是把舅舅家娶外甥女做媳妇当作是姑姑当年出嫁的一种补偿。土家族有"姑妈女，顺手娶"，"舅舅要，隔河叫"的说法。苗族也有"还姑娘"习俗。另外，还有一种单方面的姑舅表婚，即姑母的儿子有优先娶舅父的女儿的权利，但舅父的儿子不得娶姑妈的女儿，称为舅表婚，此俗流行在景颇族、独龙族、德昂族及部分纳西族、拉祜族、汉族地区。中华人民共和国成立以后，姑舅表婚的习俗仍有流行。为保证子孙后代的健康，提高人口质量，《中华人民共和国婚姻法》规定禁止直系血亲和三代以内的旁系血亲通婚。

2.3.2.6　一夫多妻

一夫多妻指一个男子同时有两个或两个以上的妻妾。它是随着私有制的发展，男子在生产中起主导作用和掌握了社会财富的结果，是对偶婚向一夫一妻制过渡的产物，并一直存在于阶级社会中。一夫多妻制从未普遍通行，只是富人和显贵人物的特权，平民中偶亦有之。汉族、藏族、门巴族、珞巴族、独龙族及佤族的部分地区，曾不同程度地保留着一夫多妻制。

2.3.2.7　一妻多夫

一妻多夫指一个女子同时有两个或两个以上丈夫的婚姻家庭形式。这种形式在对偶婚向一夫一妻过渡时产生。一妻多夫通常有兄弟共妻和朋友共妻两种形式。西藏某些地区的"差巴"阶层中曾残存着这种制度。"差巴"是农奴阶级中地位较优越的阶层，拥有一些家庭财产，害怕因分家而导致家庭财产的分散和社会地位的下降。因此，在一个家庭中兄弟几人同娶一个妻子便成为"差巴"阶层的主要婚姻形式，故不受社会歧视。

知识之窗
▼

　　位于川滇交界的泸沽湖畔住着摩梭人，摩梭人坚守着他们独特的风俗习惯——阿夏走婚。阿夏在摩梭语中是"亲密的朋友"的意思，阿夏婚即朋友婚，即男不娶，女不嫁，男女双方各自在母系大家庭中生活劳动，所以结交阿夏关系的夫妻没有实质上的经济联系，男子夜晚到女家过夜，白天回到母家，所生子女由母亲抚养，父亲不抚养孩子。在农忙季节，女方需要帮忙，男方可以前去帮助。男女之间的爱情是阿夏婚的基础，双方一旦产生了爱情，就可以结交为阿夏关系。一旦双方感情不和，就可以自己解除，另外寻找更合适自己的阿夏。这就叫阿夏走婚。❶

2.3.3　婚礼程序

2.3.3.1　汉族古代的"六礼"

我国汉族古代讲究"六礼"。"六礼"之俗由来已久，其名目见于《仪礼·昏礼》。其后，如《唐律》、《明律》中都有类似的规定。"六礼"是中国古代婚姻成立的手续。包括纳采、

---

❶ 中华人民共和国国家旅游局.走遍中国：中国优秀导游词精选（民俗风情篇）.北京：中国旅游出版社，2001：246.

问名、纳吉、纳征、请期、亲迎六个程序。纳采：就是择配、提亲的意思。问名：俗称"讨八字"。就是讨回女方的出生年月和时辰，请阴阳先生推算。男女八字相合，才可定亲。纳吉：就是正式提亲，男方通过一定的仪式告诉女家。纳征：就是送聘礼。送过聘礼之后，婚姻才算正式成立。请期：就是议定婚期，用口头或书面形式通知女方，征求女方同意。亲迎：就是指男家派人或新郎亲自迎娶新娘。"六礼"以男方付给女方的身价为主要特征，是旧礼教下变相买卖婚姻的具体表现。我国少数民族的婚礼程序大体上和汉族所行"六礼"差不多。

特别提示

掌握汉族的六礼。

2.3.3.2　中国各民族的婚礼程序

（1）择偶

我国各民族的择偶方式主要有两类。

第一类为封闭式择偶。这种择偶方式大都发生在封建家长制和买卖婚姻形态之下。子女无权过问自己的婚姻大事，要听从"父母之命，媒妁之言"，选择配偶对当婚人来说完全是封闭式的。例如，汉族家庭是以血缘关系为纽带组成的，家长在家庭中享有至高无上的权力。儿女婚事要由家长来决定。另外，在传统的婚姻习俗中很重视门第观念，家长为子女择偶，讲究"门当户对"。在统治阶级内部，联姻往往含有政治目的。维吾尔族和蒙古族在新中国成立前，儿女婚事也多由父母包办。

第二类为开放式择偶。指凡已达到成婚年龄的男女青年，可以自由地选择配偶。这种婚姻在我国少数民族中较为普遍，而且创造了各种形式。民间的节日集会、婚丧仪礼等场合，均为青年男女提供了谈情说爱、选择配偶的机会。有些民族还有其他一些求偶方式，如苗族的游方、侗族的行歌坐月、傣族的丢花包等。

（2）订婚

订婚是一项重要仪礼，它标志着婚约正式成立。旧式订婚，多是由男方送些金银首饰、绸缎布料及茶酒食品等礼物。女家收到男家的礼物，要送嫁妆和陪奁。

居住在内蒙古西部、新疆、青海、甘肃等地的西部蒙古族，其订婚仪式相当隆重。吉日那天，说亲人带上哈达、银饰、火石、白糖、胶、茶叶和干果等物，来到女方家。女方家则由父亲或其他长辈出面盛情接待男方来人。说亲人将哈达涂上胶水，用双手捧于胸前，口诵祝词，愿亲家之间永远和好美满，愿孩子们如胶似漆，白头偕老。然后，说亲人将哈达献给女方的父亲或舅父，同时，将带来的羊肉等食品分敬于女方家亲人面前。女方家也有人代表姑娘的父亲唱祝词，表示同意亲事，祝愿两家吉祥幸福。然后，宾客相互敬酒，庆祝两家联姻。结婚前夕还要举行送聘礼仪式，此仪式也很隆重，男家要带上哈达、酒肉及礼品，礼品包括送给姑娘的首饰、鞋帽、衣物、梳妆用品等。女方家要有客人及长辈在场。男女两家还要唱祝词，敬酒欢庆。收聘礼后，姑娘便在父母带领下，到各位亲戚家中做婚前的告别，亲戚向姑娘祝福并送各种礼品。

（3）婚礼

婚礼是婚姻和仪礼相结合的产物。婚礼始于何时现已无据可考。许多古籍记载，伏羲氏创造了嫁娶仪礼。婚礼本身的意义在于祝贺和通过举行仪礼的方式向族人和社会宣布婚姻的成立，以便得到社会的承认和监督。

我国各民族的婚礼丰富多彩，大致可分为两部分内容，即在女方家举行的仪式和在男方家举行的仪式。由于存在"从妻居"、"从夫居"等不同习俗，男女两方的婚礼仪式是不同的。

在实行"从妻居"习俗的民族中，男方家的仪礼从简，女方家的仪礼比较隆重。例如，西双版纳的傣族实行"从妻居"，男方家的仪礼就比较简单。结婚当天，杀猪宰鸡，宴请宾客。晚上，新郎穿上新娘亲手缝制的衣服，由媒人、亲戚和年青伙伴陪同，到女方家成亲。女方家在寨门口、院门口设置一道道关卡，讨喜钱、泼水，阻止新郎进入竹楼；将新娘隐蔽起来，男方花钱敬酒才可请出新娘；婚礼上为新郎新娘举行拴线仪式。拴线仪式结束后，开始正式婚宴，请民间歌手唱《赞哈》。

在"从夫居"家庭中，无论是嫁姑娘或娶媳妇都同等重要，所以嫁娶两种仪式，在男女双方家庭中都受到重视。

2.3.3.3　几个民族的婚礼

（1）汉族婚礼

汉族民间结婚的日子多选择在秋冬季节。结婚前一天，女方家要派人前往男家送嫁妆，嫁妆多为家具、衣服等日用品，以备一对新人成家立室之用。结婚这天，男女两家张灯结彩，宴请宾客。新郎由亲人陪同，抬轿去女家迎娶新娘。迎亲时，原用花车，到宋代逐步被花轿所代替，并为后代沿用。新娘将发式梳成成年妇人型，戴上"盖头"，大都是一块红巾。此俗始于汉魏之际。新娘上轿前和到男家下轿后都要撒谷豆。此俗源自两宋时代，据说可以赶走青羊、乌鸡、青牛三煞神，避邪免灾，求得吉利太平。汉族有哭嫁的习俗，出阁时，新娘大都啼哭。新娘上轿时，不能足踏红尘，大都由其父兄或抱或背送进花轿。若新娘走着上轿，要在红缎绣鞋外套上父兄大鞋，上轿后将大鞋脱掉。新娘进男家门时，所经过的地上要铺席子或红毡。新娘还要在内室门槛上跨马鞍，以求以后日子过得"安安稳稳"。进门之后，举行拜堂仪式：拜天地，拜高堂，新婚夫妇互拜。拜完天地后，新婚夫妇牵"同心结"进入洞房。牵巾礼节始于唐宋时期。此结由彩缎制成，象征夫妻恩爱。新婚夫妇进入洞房前，由男方亲属长辈妇女中选一吉祥人，将枣、栗子、花生等撒向寝帐，边撒边吟唱"撒帐歌"："摸个枣，领个小（即男孩）；撒个栗，领个妮（即女孩）；一把栗子，一把枣，小的跟着大的跑。"枣子、栗子取其谐音，有早得贵子之意。花生意味着生男又生女，有儿女双全之意。撒帐之后，一对新人进入洞房，行合卺礼。卺就是瓢，由匏瓜分割而成，新婚夫妇各执一瓢共同饮酒。匏，味苦，用来盛酒必是苦酒。此礼象征夫妇合二为一，并含有让新婚夫妇同甘共苦之意。到了宋代，合卺仪式演变成了喝交杯酒：将两杯用红线拴在一起，夫妻对饮后，将杯掷于床下。若酒杯一仰一合就认为是大吉，象征着天覆地载，男俯女仰，阴阳和谐，婚姻美满。

新婚之夜，各地还有闹房和听房的习俗。闹房之风，始于汉代。闹房时，多由男方邻里小伙参加，其内容大都是出一些令新郎新娘难为情的题目。听房是新郎的侄子、弟弟等在窗外偷听新婚夫妇在洞房花烛夜的谈话。

结婚第二天，新娘拜见本家长辈。第三天，新郎与新娘同去女方家，日落之前，新娘与新郎一起返回夫家。

（2）蒙古族婚礼

蒙古族遍布祖国的北部和西部边疆，东部与西部婚俗不尽相同。西部蒙古族婚礼多在万物萌生的初春季节举行。结婚那天，新郎背负弓箭，腰挂短刀，骑马与迎亲队伍奔向女方家。夜幕降临时来到女方家。

女方家客人排成扇形人墙，拦挡迎亲队伍。双方开始对歌，女方祝词家提问，男方祝词家回答，直到女方家满意为止。对歌结束后，新郎献上礼物，女方请迎亲队伍入蒙古包。

大家落座后，新郎向大家致礼问候，向女方父母、舅父献上哈达，并向客人们逐一敬酒。

酒宴将散之时，新郎和伴娘来到新娘房间。姑娘们端来煮熟的羊颈骨，新郎与新娘当众分食。在新娘即将离家的时刻，姑娘们解下各自的围腰带，连在一起，与新娘拴在一起，企图留住新娘。新郎和伴郎文武并用，最后将新娘"抢"出蒙古包。东方破晓时，新娘和亲人告别。送行的人们唱起送嫁歌。

当太阳升起时，迎亲队伍和送亲队伍启程。迎亲队伍回到新郎家，新娘与新郎来到大红毡上，两人在司仪主持下，共捧一条羊肩胛骨，交拜天地。然后，新娘在伴娘的引导下，拜见公婆。新房前点燃两堆火，新娘要拉住新郎递过来的鞭梢，从两堆火中间走过去。据说，这表示新建的家庭红火兴旺，男女双方爱情坚贞不渝。晚餐后，新娘拜见亲朋，并与新郎给客人们敬酒。客人一定要喝下新人敬的酒，并祝愿新人新婚美满，白头偕老。

居住在内蒙古东部以及黑龙江、吉林、辽宁等地的东部蒙古族，还有抢太阳的习俗。此仪式在新婚的第二天举行。黎明，当太阳喷薄欲出时，女方家的送亲队伍与男方青年男女及新婚夫妇竞相驰骋，奔向东方，去迎接火红的太阳。谁的马跑在前头，谁就被视作迎来光明的英雄。人们会故意把荣誉让给一对新人。

（3）藏族婚礼

藏族新人订婚之后，择吉日完婚。吉日这天，新郎盛装打扮，由亲友陪同，骑马前往岳父家。女方家备盛宴款待。

新娘从天明到迎亲队伍到来，应一直哭唱抒情长歌《娥妮》。女方请来的歌手在迎亲队伍到来后唱《哭嫁歌》。新娘拜过父母后，手握十双崭新的筷子，每向外走几步，便向后丢一双。有的地方把最后一双别入新人马鞍，象征男女两家兴旺，不愁吃穿。新娘上马，送嫁女眷哭唱起《送嫁歌》。

迎亲归来，路上行人会站立路旁祝贺，新娘把糖果撒向路旁。

新娘到来前，男方家必须在离家不远的路旁设迎亲路席。新郎新娘来到男方家时，男方家门前早已燃起一堆火。新娘下马后，绕火堆三圈，然后走进帐篷。古俗认为，走过火堆的新娘从此便成为男方家的正式家庭成员。进门后，一位吉祥人用柏枝蘸清水洒向新郎新娘，祝福新婚吉祥。男方接亲的女眷要向新娘献上一桶牛奶，象征畜牧业兴旺。婆婆赠给新娘一把钥匙，表示交予财权。结婚仪式在帐篷里举行，新郎新娘并排蹲坐在毛毯上，各自用双手紧紧地捂着脸、低着头。主婚人祝福新郎新娘新婚幸福愉快，吉祥如意。前来贺喜的宾客向新婚夫妇祝贺，并将洁白的哈达献给新人。新郎的父母代替新人接受礼物并向每位宾客道谢。

按习俗，人们祝福结束后，要吃一顿象征性的饭，即吃一种用多样佐料煮成的面条，香美的面条意味着新郎新娘互敬互爱，白头偕老。然后，宾客便进入筵席，唱起悠扬的祝酒歌。

新娘还要献给婆婆"九毛救拉"，即新娘出嫁前制作的一件长盘袄，表示对长辈的尊敬和体贴。

当老人们吃过酒时，青年人便跳起了优美的舞蹈。新郎新娘敬罢酒后，也加入舞蹈行列，婚礼舞会进入高潮。深夜，宴罢舞止，一对新人带着大家的祝福进入洞房。

（4）维吾尔族婚礼

维吾尔族的婚礼简朴而隆重。结婚前一天，新郎和新娘在各自家中，与客人们歌舞相庆。结婚这天，新郎穿着新装，与伴郎和亲友们，吹吹打打，骑马或乘车前往女方家举行婚礼。

新娘将原来的很多发辫梳成两根大辫子，穿上宽袖连衣裙。

人们随着手鼓的节奏，载歌载舞。歌舞完毕，头戴面纱的新娘和新郎走出。阿訇开始询问新郎新娘是否同意结合。他先问新郎："你愿意娶某某为妻吗？"接着又问新娘："你愿意嫁给某某为妻吗？"在得到肯定回答后，阿訇诵《古兰经》有关章节，为一对新人祈福，并勉励新婚夫妇尊老爱幼，互敬互爱，白头偕老。然后，阿訇让新郎新娘各吃一块用盐水浸泡过的、咸得发苦的馕，表示从今以后，两人同甘苦、共患难。

新娘离家前难免要哭泣，乡亲及好友们会唱起劝嫁歌，劝姑娘不要悲伤。

结婚仪式结束后，新郎去拜见女方宾客。女家的男宾客把新郎打扮一番，为其拴上衣料和锦缎。新娘头蒙红色面纱，被迎亲的小伙子们用地毯抬出来。迎亲者和送亲客拥着一对新人启程。一路上，娘家村子里的少男少女，随意在各处拦路设卡，新郎不断施礼、讨饶、散发喜糖或送些小礼物方可通过。

新娘来到男方家门前，要从门前的火堆上跳过。表示为了崇高的爱情，赴汤蹈火在所不辞。小伙子们唱歌、跳舞，欢迎新人进门。接着，男女双方亲友依次入席。喜宴后继续唱歌跳舞，直至深夜。当晚，一对新人度过甜美的新婚之夜。

第二天为新娘举行"揭盖头"仪式。人们围坐在庭院中，新郎新娘座位下放几块大鹅卵石、几块盐巴和一把扫帚。鹅卵石表示爱情坚如磐石，盐巴象征夫妇永远在一起，扫帚则意味着扫除疾病，健康长寿。新郎手拿一支筷子挑下红色面纱。众人欢呼祝福，与新人一起欢舞。

婚后三四天或六七天，女方家再来把新人接回欢宴一次。岳母赠"袷袢"给女婿。

2.4　节日娱乐

学习情境

那达慕大会

草原上的节日有许多，但最有名的是草原盛会——那达慕。"那达慕"蒙古语是娱乐、游艺、玩的意思。一般活动包括赛马、摔跤、射箭和民族文艺表演等。那达慕历史悠久，早在700年前就闻名于世。现在的那达慕一般都在六七月间举行。这时正是草原牧草茂盛、牛羊肥壮的丰收季节。牧民需要出售牲畜和畜产品、购买生活用品和生产资料，但草原辽阔，牧民游牧，聚集一起的机会不多，所以，那达慕大会自然也就成了物资交流的大会。

说到那达慕，不能不说"祭敖包"。"敖包"是蒙古语的音译，意思是"堆子"，它是由人工堆积起来的石堆或土堆，一般建在山顶或丘陵之上。茫茫草原，辽阔无边，方向和道路难以确认，于是人们就想到了一个办法，垒石成堆，当作标志。但在漫长的历史发展中，它逐步演变成了祭祀山神和路神的地方。祭敖包是蒙古族人最为隆重热烈的祭祀活动。祭祀时，敖包上要插树枝，上挂五颜六色的布条或写有经文的纸旗。祭祀礼仪一般有4种，即血祭、酒祭、火祭、玉祭，但不论哪种，都要请喇嘛焚香点火、诵经念咒。人们都要从左向右围着敖包转3圈，有的要向堆上扔几块小石头等，祈神降福，保佑六畜兴旺。礼仪结束，人们便进入了无拘无束、自由欢乐的阶段。牧民不仅要举行传统的赛马、摔跤、射箭等活动项目，还要引吭高歌，翩翩起舞，开怀畅饮。此刻，有些青年男女便悄悄避开人群去谈情说爱了，这就是人们常说的"敖包相会"吧。不过，现在的"祭敖包"往往是为了旅游的需要而举行的，礼仪也就更为简单了。❶

问题研讨

1.你知道那达慕是什么意思吗？

2.你了解那达慕大会的起源吗？

3.那达慕大会主要有哪些活动？

2.4.1　民间节日文化概述

2.4.1.1　节日的概念

节日是按照历法时序排列而形成的、周期性的约定俗成的社会民俗文化活动日。节日民俗是岁时民俗的一种独特的表现形式，带有强烈的人文因素和浓厚的文化色彩。

研究节日文化是观察了解民族传统文化的良好契机。因为许多平日不举行的活动及特有的习俗，包括人们的衣食住行、人与人之间的关系、民间的传统游艺活动以及民间信仰等，纷纷出现在节日的大舞台上。通过节日这个窗口，可以对民族文化进行较直接的、多方面的探索。节日又是衡量民族文化变异程度的一个标志，人们可以通过对节日文化的观察，来探索社会文化和民族文化的变化程度。

2.4.1.2　节日的类型

中国地域辽阔，民族众多，是多节日的国家，几乎每天都有不同的民族在欢度节日。这些众多的节日可以划分成若干类型，主要有以下几种划分方法。

（1）从节日的性质来看，可分为单一性质的节日和综合性质的节日

单一性质的节日，其习俗活动的目的是单一的，规模小，内容较单纯。单一性质的节日又可划分为生产性节日、纪念性节日、宗教性节日和社交娱乐性节日。生产性节日：一般是指在生产实践中，伴随岁时变换和生产习俗所形成的群众性活动，如藏族的"望果节"，是藏族人民预祝丰收的节日。纪念性节日：主要是纪念历史上的重大事件和追念缅怀民族英雄及地方历史上受崇拜的人物，如锡伯族的西迁节，是为了纪念锡伯族从东北迁到新疆察布查尔而形成的。宗教性节日：包括两类，一类是原始宗教节日，另一类是现代宗教节日。与原始宗教有关的节日，如广西瑶族的"盘王节"、"达努节"，是祭祀瑶族地区盘瓠和密洛陀（始祖母）的节日。与现代宗教有关的节日如圣诞节，是基督教纪念传说中的耶稣诞生的节

❶中华人民共和国国家旅游局.走遍中国：中国优秀导游词精选（民俗风情篇）.北京：中国旅游出版社，2001：104.

日。社交娱乐性节日：为社交而举行的民俗节日。其主要内容是歌舞游艺，如大理白族的传统盛会"绕山灵"、哈萨克族的"阿肯弹唱会"等。

综合性质的节日是指那些具有多种目的的节日。这类节日规模较大，内容较复杂。各民族的年节是典型的综合性质的节日。年节是以各种历法的年的开端为周期的综合性质的节日，内容繁杂多样，在各民族中普遍受到重视。例如，藏族的藏历年，节日期间，男女老少见面互道"扎西德勒"（吉祥如意）。家家户户屋顶上燃起吉祥的松烟，各家都准备好酥油、糌粑做的点心。妇女们到河边井边背新水。用青稞幼苗、糖果、酥油茶等祭神敬佛，祈求农业丰收。还举行各种文娱活动。此节日内容丰富，节日的目的也有多种，包括辞旧迎新、祭神敬佛、祈求丰收、迎喜接福、祈求神灵保佑等。

（2）从节日的地域分布及参加者来看，可以分为全民性节日、区域性节日、单一民族性节日三种

全民性节日是指在全国范围内除汉族外，还有很多少数民族都欢度的共同的重要节日，如春节、端午节、中秋节等皆为全民性节日。单一民族性节日是指某一个民族独有的民间传统节日，如壮族的歌圩节、景颇族的目脑节、傈僳族的刀杆节等。区域性节日是指一个国家内的某些地区人们所过的节日，如泼水节、花儿会、火把节等。

特 别 提 示

掌握节日的分类方法。

2.4.1.3 节日的特征

（1）时间性

民间节日与一年中时序的变化有关。我国各民族无论采用何种历法，一年中的节日活动都可以按照年月日的顺序排出次序来，有关的民俗活动都按这一时序周期性地进行。

（2）地域性和民族性

由于地域不同，民族不同，民俗活动的形式和内容产生很大差异。即使是同一个节日，在全国范围内也有明显的地区差异和民族差别，形成其地域和民族特点。

（3）活动形式的多样性

节日活动丰富多彩，既有分散，又有集中，具有多样性。例如，春节、元宵节等都伴有大规模的群众性集会。中秋节则以各家各户的庆丰收、赏月为主。

想一想

节日为何与历法关系密切？

2.4.1.4 节日期间的文化娱乐活动

（1）概念

节日文化娱乐活动是指民间传统节日中的游艺活动。这些游艺活动广泛流行于民间并为群众所喜闻乐见，人们都积极参加。

（2）节日文化娱乐活动的类型

节日文化娱乐活动，可以分为口承语言表演活动类（亦称口头文学）、歌舞乐活动类、

游戏活动类、竞技活动类和杂艺活动类五大类型。

口承语言表演活动类包括讲故事与说笑话、唱歌谣、说唱史诗和猜谜语四个方面的表演。在我国民间说唱史诗是一项重大的游艺民俗活动。英雄叙事诗在我国许多民族中很发达，藏族的《格萨尔王传》、蒙古族的《江格尔》和柯尔克孜族的《玛纳斯》，被誉为我国三大史诗，在国际上也享有很高声誉。说唱史诗的活动主要是通过史诗演唱艺人、歌手来进行的，他们支配着史诗传播的全部过程。这些演唱艺人及歌手除部分有师承之外，多数是在听众中自发成长的。

歌舞乐活动类包括三种基本的表演形式，即歌舞、乐舞和民乐。歌舞即边歌边舞，如藏族的"锅庄"、壮族的扁担舞、高山族的杵舞等，都是无伴奏的唱歌跳舞。乐舞是在乐器伴奏下舞蹈，是一种十分古老的舞蹈形式，如满族的单鼓舞、汉族的腰鼓舞、傣族的象脚鼓舞等。民乐指民间乐器的演奏，主要可以分为三类，即打击乐器、管乐器和弦乐器。打击乐器又可分为皮打击乐器、金属打击乐器和竹木玉石打击乐器。皮打击乐器有满族的八角鼓、维吾尔族的手鼓、朝鲜族的长鼓及傣族的象脚鼓等。金属打击乐器有锣、镲及南方少数民族的铜鼓等。竹木玉石打击乐器有木鱼、梆子、石磬、玉磬等。管乐器包括簧管乐器和无簧管乐器。簧管乐器有唢呐、巴乌和侗笛等。无簧管乐器有曲笛、梆笛及塔吉克族的鹰笛。弦乐器包括击弦乐器、拨弦乐器和拉弦乐器。击弦乐器有扬琴。拨弦乐器有筝、琵琶、大三弦、小三弦、朝鲜族的伽倻琴、哈萨克族的冬不拉、塔吉克族的热瓦普等。拉弦乐器有胡琴、板胡、京胡等。

游戏活动类，是指流传于广大人民生活中的嬉戏娱乐活动，种类繁多，大致可分为五类，即室内生活游戏、庭院活动游戏、智能游戏、助兴游戏及各种博戏。其中，助兴游戏有行酒令、击鼓传花等。博戏有骨牌、掷色子等。

竞技活动类，指民间各种形式的体育、技巧的比赛，包括赛力竞技、赛技巧竞技和赛技艺竞技三个方面。赛力竞技是以力量为主要竞赛内容的竞技，包括举重、摔跤、投掷和拔河等项目。赛技巧竞技是以技巧为主要竞赛内容的民俗项目。可分为单一技巧和综合技巧两大类。单一技巧类有踢毽子、跷跷板、荡秋千及抽陀螺。综合技巧竞技类有赛马及各种马术，包括骑射等项目。赛技艺竞技是以技艺为主要竞赛内容的游艺活动，以各种民间棋类为代表，包括围棋、象棋等。

杂艺活动类，包括要玩动物，有斗鸡、斗雀、斗蟋蟀、斗羊、斗牛及斗狗等娱乐活动；要玩器物，有放风筝、抖空竹等活动；要玩魔术、戏法，如吞刀、吞火、飞刀、幻术、变戏法等。

> **特别提示**
>
> 掌握节日文化娱乐活动的类型。节日文化娱乐活动，可以分为口承语言表演活动类（亦称口头文学）、歌舞乐活动类、游戏活动类、竞技活动类和杂艺活动类五大类型。

2.4.1.5 节日的社会功能

（1）加强亲族联系，调节人际关系

中国的民间传统节日，通常是家庭和家族成员团聚在一起而进行的，家庭、家族与节日密不可分。节日中的合家团聚与走亲习俗加强了亲族之间的联系。同时，节日期间的许多活动也都是以加强人际关系为直接目的的。例如，春节期间的拜年，逢年过节的请客送礼，皆可联络感情，加强相互之间的关系，并可使因为各种原因而淡化了的人际关系得到恢复和调整。中国传统节日成为调节人际关系的重要途径。

（2）强化社会集体意识

节日期间，人们在合家团圆之后，便要举家外出，观看和参加节日期间的各种活动，如春节有舞狮、耍龙、扭秧歌、逛庙会等民间传统活动。特别是传统节日活动中的集体竞赛或竞技项目，如舞龙、划龙舟等，多以村寨、乡为参赛单位，需要集体协作配合方可取胜。这种社群荣誉感强化了社会集体意识，提高了群体的内聚力。

（3）保存民族的文化传统

中国传统节日都是以各民族的传统历法来计算日期的。这些节日年年不断、循环往复，使人们熟悉与节日有关的历法、气候知识及年节习俗，受到民族民俗文化的熏陶，以持续保持民族的文化传统。

（4）调适社会群体生活

各种节日的交替出现，可使人们的生活出现起伏，变得张弛有度，能使社会群体成员身心处于放松状态，同时，为社群成员的婚恋创造选择机遇。

（5）促进商品经济的发展

中国的封建社会是一个自给自足的自然经济社会，商品交换主要是通过年节、庙会、赶圩等社群集会来进行的。节日为商品交换提供了机会。节日期间，商贾云集，赶集者摩肩接踵，购销两旺。现在，在许多民族的传统节日中，商品经济占有重要地位。

想一想

在现实生活中节日有何社会功能？

2.4.2 中国的主要民间节日

2.4.2.1 全民性节日

（1）春节

春节旧称"新年"，即农历年节，是中国最隆重的传统节日。除汉族外，蒙、壮、布依、朝鲜、侗、瑶等族都过此节。日本、朝鲜、越南等国也有过春节的习俗。

春节起源于原始社会的腊祭。我国古代居民在岁尾年初之际，用一年的收获物来祭祀众神和祖先，并歌舞戏耍，举行各种娱乐活动，逐渐形成了新春佳节。

春节活动从腊月二十三过小年开始，经过除夕、大年初一，直到正月十五元宵节结束。春节活动内容因时因地而异，主要有操办年货、做新衣、掸尘、祭灶、祀祖、吃团圆饭、守岁、贴春联、挂年画等，节日期间人们互相拜年，放爆竹，吃年糕，吃饺子，吃元宵，开展舞狮、扭秧歌、玩花灯等活动。

除夕之夜，即年三十，家家团聚，吃团圆饭，闭门团坐待旦，谓之守岁。据传说，除夕晚上如果彻夜不眠，毫无倦意，预兆来年人的精力充沛。

年画起源于古代的门神画，东汉已经很流行。北宋出现了木版印刷的年画。明末清初，年画的题材越来越广泛，形成了天津杨柳青、苏州桃花坞和山东潍坊杨家埠三大木刻年画产地。对联始于五代十国时期，明代普遍流行而成为一种习俗，一直流传至今。

爆竹始于南北朝时期，当时是以竹节置火中烘烤而爆裂发出响声来惊吓和驱逐恶鬼。随着火药的发明，北宋时出现了纸卷火药炮仗，南宋出现了鞭炮，晚明出现了焰火。

拜年是我国民间的传统习俗，是人们相互走访祝贺春节，表示辞旧迎新的一种形式。源于秦汉以来盛行的岁首朝贺。自明清始，拜年次序是：首拜天地神祇，次拜祖先真影，再拜高堂尊长，最后全家按次序互拜。拜亲朋的次序是：初一拜本家；初二、初三拜母舅、姑丈、岳父等，直至正月十六。

（2）清明节

清明节又称聪明节、踏青节，是汉族民间传统节日，流行于全国各地。除汉族外，彝、壮、布依、满、侗、瑶、白等族皆过此节。节期在农历三月间，公历4月5日前后。

清明原是二十四节气之一，后来演变为节日。清明节前两天为寒食节，所以，人们将其并称为清明寒食节。

清明节的民俗活动主要有扫墓、插柳、踏青、射柳、放风筝、荡秋千等。其中，扫墓在秦朝以前已有，唐代成为定俗，宋代清明扫墓活动得到沿袭，一直延续至今。新中国成立后，扫墓活动增添了新的内容，即人们为革命烈士扫墓，使扫墓成为革命传统教育的形式之一。踏青又叫春游，古时叫探春，起源于唐代，人们趁春光明媚，结伴游玩于郊外。荡秋千习俗盛行于唐代，当时宫中及民间都流行此活动。

（3）端午节

端午节又名端阳节、天中节、女儿节、五月节等，是汉族民间传统节日，流行于全国大多数地区。除汉族外，蒙、回、藏、苗、彝、壮、布依等族也过此节。每年阴历五月初五举行。

关于端午节的起源，各地说法不一。大部分地区认为源于纪念爱国诗人屈原。相传屈原于阴历五月初五投汨罗江而死。

节日期间主要有赛龙舟、吃粽子、挂钟馗像、挂香袋、饮雄黄酒、插菖蒲、采药等。赛龙舟是端午节中一项重要的活动。龙舟大约出现于西周时期，龙舟竞渡这一活动春秋时期已经产生。南北朝时期开始在端午节举行这一活动。龙舟竞渡主要流行于我国南方地区，如广东、广西、湖北、福建、四川、浙江、上海等地，端午节都有龙舟竞渡盛会。端午节吃粽子的风俗，魏晋时已很盛行。到了唐宋时代，粽子已成为端午节的名食。时至今日，每逢端午节，几乎家家户户都要吃粽子。雄黄是含硫和砷的矿石，中医用来解毒、杀虫。饮雄黄酒可驱散瘟疫毒气。菖蒲长在水下，地下有根茎，味香，叶似剑，旧俗认为菖蒲有消除邪气的作用。钟馗原是岁暮时张挂的门神，清代成为端午之神。

（4）中秋节

中秋节又名团圆节、仲秋节、女儿节及八月节，是汉族民间传统节日。除汉族外，蒙、回、彝、壮、布依、朝鲜等族也过此节。中秋节在每年阴历八月十五举行，恰值三秋之中，故名。

每逢中秋佳节，民间有祭月、赏月、吃月饼、吃团圆饭及舞龙灯等活动。

中国古代有帝王春天祭日、秋天祭月的礼制。祭月赏月活动始于周代，北宋始定为中秋节，南宋成为普遍的活动，明清以来，仍盛行不衰。今天祭月习俗已很少见，但赏月习俗仍很盛行。中秋之夜，家家户户吃月饼和瓜果，遥望夜空明月。

月饼是祭拜月亮时最主要的食品，祭供后由全家分食。传说月饼起源于初唐，宋代已出现"月饼"一词，明代始有关于中秋节吃月饼的大量记载，到了清代，月饼的种类越来越多，制作越来越精细。今天，月饼的种类更多，色香味俱佳。

想一想

全国各地过春节、清明节、端午节、中秋节活动内容为何不尽相同？

2.4.2.2　区域性节日

（1）泼水节

泼水节又称"浴佛节"，是傣、布朗、德昂、阿昌等民族的传统节日。流行于云南西部和南部。它源于印度，后随佛教经缅甸、泰国和老挝传入中国。另据传说，泼水活动最初是为洗去为人间谋福利而用计杀死魔王的七位妇女身上的污血而进行的。

泼水节在农历清明前后举行，为期一般3～5天。头两天送旧，最后一天迎新。节日清晨，青年男女上山采摘山花和树枝制成花房，连同供品抬到佛寺，并在佛寺院中堆沙造塔三五座，塔尖插几根缠有彩色纸条的竹枝，然后围塔而坐，听佛爷诵经，有预祝风调雨顺、五谷丰登之意。中午时担清水浴佛。礼毕后，青年男女到寺外互相泼水，以示祝福。人们常因被泼得全身湿透而兴高采烈，以为吉祥如意。此外还举行赛龙舟、丢包、放高升、点孔明灯及歌舞等活动。东南亚一些国家和民族也同时过这个节日。缅甸称此节日为"摩可丁犍"（意为"换岁"），泰国称"宋干"节。

（2）三月街

三月街又称"观音街"、"观音市"。白族人民的盛大街期和传统盛会。流行于云南大理等地。每年农历三月十五日起在西苍山中和峰下举行，为期5～7天。相传唐永徽年间（650—655年）观音菩萨于农历三月十五日来到中和峰下，开辟大理地区，或说是日在此讲经升天。因此每年这天，信徒们礼拜诵经，祭祀观音，后逐渐发展成为物资交流会。新中国成立后更为发展，当地白族人民及附近汉、彝、纳西、藏、傈僳、回等族人民纷纷参加。会期中，街上人山人海，摆满各种货物供人选购，有农具、骡马、日用品及山货、药材、毛皮等。其中，白族人民的大理石制品、刺绣、草帽等最具特色。还举行传统的赛马等文体活动。如今已成为滇西地区各族人民一年一度的盛大物资交流和文娱体育活动大会。

（3）火把节

火把节是彝、白、傈僳、纳西、哈尼、拉祜、基诺等族传统节日。流行于云南、四川、贵州等地。各地节期不一。云南彝、白等族一般在每年农历六月二十四前后过此节。节期3至7天。

关于节日由来有多种传说。较普遍的说法是南诏王皮逻阁邀约五诏首领聚会，邓睒诏首领之妻慈善夫人劝夫勿往，不听，乃以铁镯套于夫臂。皮逻阁火烧松明楼，五诏首领皆死，慈善寻铁镯得夫尸以归。皮逻阁闻其贤，欲妻之。慈善礼葬其夫后，闭城自尽，故滇人于是日燃火炬以吊之。

节日活动的内容，新中国成立前具有浓厚迷信色彩，合村杀猪宰牛祭神，每户都要杀鸡在田头祭"天公地母"并燃点火把挨户巡行，边走边向火把上撒松香，认为可以"送祟"。新中国成立后剔除了封建迷信色彩，节前家家制松木火把，节日晚男女老少燃火把奔驰田间。身穿节日盛装的青年男女在篝火旁载歌载舞，尽情欢唱。白天，杀猪宰牛，饮酒欢聚，并进行赛马、赛歌、斗牛、摔跤、射箭、拔河、荡秋千等活动。

（4）花儿会

花儿会是汉族、回族、东乡族、土族、保安族、撒拉族及裕固族的歌节，流行于青海、甘肃、宁夏等省区，约有二三百年历史，因以演唱花儿为主要内容而得名。

"花儿"是一种山歌，也称"少年"，唱花儿称为"漫花儿"或"美少年"。"花儿"唱词多即兴编成，内容涉及天文、地理、历史和家庭生活，曲调高亢嘹亮、婉转舒展。

花儿会各地会期不一，多在农历四或五、六月间举行。节期一般为5天。以甘肃岷县二郎山、康乐县莲花山、青海大通县老爷山和乐都县瞿昙寺等地的花儿会最为著名。在莲花山，赛歌分四个程序进行，即拦路问歌、游山对歌、夜歌和告别。会上人山人海，悠扬动听的"花儿"此起彼伏。入夜，人们围着火堆，往往唱到天明。不少青年男女在此找到了如意的对象。临别时，人们用花儿互相祝福告别，相约明年再来。此外，花儿会上还有物资交流等活动。

特别提示

掌握泼水节、花儿会的节期及主要活动。泼水节在农历清明前后举行，为期一般3～5天。头两天送旧，最后一天迎新。主要活动有：听佛爷诵经、浴佛、泼水、赛龙舟、丢包、放高升、点孔明灯及歌舞等活动。花儿会各地会期不一，多在农历四或五、六月间举行。节期一般为5天。主要活动是唱花儿。此外，花儿会上还有物资交流等活动。

2.4.2.3 民族性节日

（1）藏族的雪顿节

雪顿节又名藏戏节，"雪"藏语为酸奶子，"顿"藏语为宴的意思，雪顿节是吃酸奶子的节日。流行于西藏、青海、甘肃、云南等地藏区。每年藏历七月初一举行，连续4～5天。

雪顿节最初是一种纯宗教的活动，是藏族世俗百姓向喇嘛们施舍酸奶子和喇嘛们纵情游玩的节日。17世纪中叶开始演出藏戏，并形成固定的雪顿节。

节日期间，各地藏剧团云集拉萨，先在哲蚌寺，后至罗布林卡，轮流上演传统藏戏。人们身穿节日盛装，会集罗布林卡，在树荫下搭起帷幕，铺上地毯，看戏饮酒，唱歌跳舞，摆摊设棚。下午各家串帷幕做客。主人向客人祝酒，并唱祝酒歌，客人一定要喝下这杯酒才行。人们要一直玩到傍晚时分，才离开罗布林卡回家。

（2）藏族的望果节

望果节，又称旺果节。"望"藏语指田地，"果"指转圈，即转地头。望果节是藏族人民一年一度预祝丰收的传统节日。流行于西藏、青海、四川等地。在每年秋收前夕择吉日举行。为期1～3天不等。

此节以村落为单位，全体村民绕本村土地转圈游行。队伍最前面，由捧香炉和高举幡杆的人引路，接着，由苯教主举"达达"（绕着哈达的木棒）和羊右腿领队，意为"收地气"、求丰收，后随手拿青稞穗和麦穗的村民。绕圈后，把谷物插在谷仓或神龛上，祈求好收成。接着便进行竞技式的比赛，有角斗、斗剑、耍梭镖等项目。最后，群众集体唱歌跳舞。

（3）壮族的歌圩节

歌圩节是壮族的民间传统歌节，流行于广西、云南等地。多在春秋两季举行，春季多在春节，秋季多选在中秋节前后，为期数天。

歌圩节的历史，最早有汉刘向《说苑》载"越人歌"。民间盛传唐代歌仙刘三姐，有"如今广西成歌海，都是三姐亲口传"之说。自宋至今，聚众对歌，称为"歌的圩市"。

每逢圩日，方圆十里的男女青年聚会传统的歌场，有数千至万人。各村寨分为男队、女队，以歌传情，至晚方散。有的持续举行3天，也有入夜始唱，通宵达旦者。圩日期间举行抛绣球、碰红蛋、踢毽子、抢花炮等活动。未婚青年常因此找到意中人，交换信物后经父母请媒妁说亲。有的白天还举办各种庙会活动，形成商品集散盛会。新中国成立后发展成群众性的歌唱和社交活动，同时举办物资交流大会。

> **特别提示**
>
> 　　掌握雪顿节、歌圩节的节期及主要活动。雪顿节于每年藏历七月初一举行，连续4～5天。主要活动包括看藏戏、唱歌、饮酒、摆摊设棚等。歌圩节多在春秋两季举行，春季多在春节，秋季多选在中秋节前后，为期数天。主要活动包括唱山歌、抛绣球、碰红蛋、踢毽子、抢花炮等。

2.5 禁忌习俗

学习情境

三角架

　　在湘西一带的苗家，每栋木屋里都有一个四方形的大火塘，火塘中间放着一具生铁铸成的三角架。火塘里的三角架，苗家是不准人用脚踩的，为什么呢？原来在很久很久以前，苗族的祖先住在董代务平原，后来被赶到湘西的深山老林来了。由于当时走得急，把火种忘在老家了。三个苗家青年借来青石凿的果塔去取火种。他们历尽千辛万苦取来了火种。快走到家时，天上下起暴雨。三个苗家青年为保护火种，就手挽手地抱成一个圆圈，围着盛火种的果塔，用自己的身子遮风挡雨。后来，三个苗家青年的身子已被雷电击得漆黑，但依然直挺挺地环抱在一起，只是再也呼唤不应了。而果塔中的火种却燃得正旺。为了让后辈人记住三人用生命换火种的功德，苗族人决定在苗家的火塘里，都要安上一个用生铁铸成的形似三人护火种的三角架。每当人们在铁三角架上烧煮食物时，就会记起为取火种而献身的三位英雄。❶

　　问题研讨

　　1.苗族的祖先原来住在何处？

　　2.苗家三青年为何要去取火种？

　　3.苗家人为何要敬重三角架？

 **知识研修**

2.5.1 禁忌知识概述

2.5.1.1 禁忌的含义

　　禁忌是人类普遍具有的文化现象，国际学术界把这种文化现象统称为"塔布"（Taboo

---

❶ 黔东南州文艺研究室.风俗的起源.第一版.上海：上海文艺出版社，1988：138.

或Tabu）。"塔布"意为对具有玛那（mana）即灵力的人和事物不能随便接触。"玛那"源于美拉尼西亚语，认为宇宙内有一种超自然的无形无影的神秘力量。凡被认为附有玛那的人或物，即被视作"塔布"而神圣不可侵犯，否则将受到某种惩罚。这一观念曾广泛流行于大洋洲土著民族中。

在中国，与"塔布"相对应的词便是禁忌。"禁忌"一词早在汉代史籍中就已经出现。"禁"是禁止，即不允许；"忌"是一种因害怕或憎恶而力求避开的心理状态。禁和忌组成"禁忌"一词后，代表了一种约定俗成的禁约力量，是人们为了避免某种臆想的超自然力量带来的灾祸，而对某种人、物、言行等的限制或自我回避。

2.5.1.2 禁忌的由来

禁忌的由来，主要有四种说法，即灵力说、欲望说、仪式说和教训说。灵力说认为禁忌起源于对灵力的崇拜，这一学说主要从人类信仰发展史方面阐述对禁忌的认识；欲望说从心理学上对禁忌的来源进行了追溯，认为禁忌起源于对欲望的克制和限定；仪式说从社会学角度对禁忌来源作出了说明，认为禁忌来源于对仪式的恪守和服从；教训说从认识论的角度对禁忌的起源进行了追溯，认为禁忌起源于对教训的总结和记取。

综合来看，禁忌主要来源于人们对某种神秘力量的畏惧，是人们在与大自然作斗争中长期积累的经验以及在长期的社会发展中所形成的社会礼俗。

2.5.1.3 禁忌的体系

禁忌的体系由预知系统、禁忌系统和禳解系统三部分组成。

预知系统是禁忌系统的先导，其任务是判定和预知吉凶。在中国，有许多预知信仰，其形式大体可分为"兆"和"占"两类。兆，是预兆现象的统称，指事物发生前的征候或气象。在预知信仰中，兆被认为是上天或者鬼神的告示。占，就是占验。占验的过程，就是判定预兆是吉是凶的过程。通过占验兆示，可以预知胜负、生死、得失、晴雨等。占验的结果，导致禁忌。

禁忌系统的任务是在吉凶的征兆尚未形成或吉凶祸福尚未到来之前，以避开、禁止某些行为的方式达到逢凶化吉、遇难呈祥的目的，提供使凶祸不再来临的一种方法。禁忌系统是一种无行为表现的心意民俗形态，在外观上通常没有，主要是以消极的无行为表现的方式避开祸端，是巫术的一种。禁忌崇信心灵感应，笃信"心诚则灵"、"精诚所至，金石为开"。起自心灵的躲避诚意，是这一巫术的崇信原则。

禳解系统一般是发生了忌讳的事情或违反了禁忌的规则之后而进行的活动，是禁忌重要和必要的补充手段。禳解是一种积极的巫术——法术行为，其手段很多，包括袚禊、符、咒、压胜（厌胜）等。民间还流行着破财、叫魂、请神、驱鬼等消灾解厄的办法。这些方法是用更强大的灵力去对付能够带来灾祸的灵力。还有一些祈祷仪式，即通过乞求的手段，向鬼神献媚、孝敬许愿、乞求，使鬼神怜悯而不再降祸于人。这就是祈、祷、祭，以及民间所谓的烧香、祈祷、求神、上供等方式。在民间，祈祷常与禳解并用而为祈禳。

想一想

生活中有哪些禁忌行为？

2.5.1.4 禁忌的特征

禁忌有危险的特征和惩罚的特征。凡是被禁忌的事物，都含有危险的特征，其危险性可以传递，从而使非禁忌物成为禁忌物；禁忌物也可以去掉其危险性而成为非禁忌物。凡是违禁犯忌者，皆要受到惩罚。其惩罚与违禁犯忌者所具备的反灵力的大小成反比。禁忌的惩罚作用是机械的、不加分辨的。

2.5.1.5　禁忌的性质

禁忌具有先验性、继承性、变异性、消极性及迷信的性质。

禁忌是人们头脑中的产物，是其形成经验的过程。但禁忌一旦被约定俗成后，其基本性质便成为"先验"的了。禁忌的先验性具有警示作用，它提醒人们采取禁止和回避的方法，尽量避开危险的事物。

禁忌是一个地区或一个民族范围内口耳相传、代代相承的。其内容或形式总是保持着一定的特点，表现出一种继承性。许多传统的禁忌一直保留至今。

随着社会的发展，人们认识能力的提高，禁忌的性质或表现形式发生一定程度的变异。例如，有些禁忌在传承过程中，原有的信仰色彩逐渐减弱，而嬗变为某一地域或某一民族约定俗成的风俗习惯。

禁忌是以制止和抑制方式去回避矛盾和斗争的，不能激起人们积极进取的理想和要求。在推动社会向前发展方面，也往往起到消极作用，成为社会发展的障碍。

迷信是指盲目的笃诚的信仰。禁忌中有许多荒谬的东西，为旧文化、旧意识中愚昧落后的信仰的一部分，即迷信的一部分。

特别提示

掌握禁忌的性质。

2.5.1.6　禁忌的分类

禁忌主要有两种分类法，即主体行为分类法和客体对象分类法。主体行为分类法是以人的实践活动来分类，可将禁忌分为行业禁忌、日常生活禁忌和礼仪禁忌。客体对象分类法是对被禁忌的对象进行分类，可分为被禁忌的人、被禁忌的物、被禁忌的名字和被禁忌的数字等。

此外，还可按禁忌的作用分类，将禁忌分为对行为起调整规范作用的禁忌和迷信的、有害无益的禁忌。

知识之窗

交往中人们往往馈赠礼物，有些礼物含有一定的象征意义，所以赠物中也存在一些禁忌。如北京人忌以伞、鞋、钟表等送人，"伞、鞋、钟"分别与"散、邪、终"谐音，有"散伙、送邪、终结"等意，特别不能给老年人送钟。

2.5.1.7　禁忌的功能

禁忌主要有三个功能，即自我保护的功能、心理麻痹的功能和维系社会秩序的功能。

禁忌的原始功能是出于一些直接的目的，起到对人的某种保护作用，提醒人们小心行事，避开危险和祸患，以保护自己。人们往往把严格遵守某种禁忌想象为改善环境、遇难呈祥的有效手段。这种禁忌的信仰麻痹了人们的心理，满足了一种精神上的需要。禁忌的主题意义，就是反对思想上和行为上的自由化。禁忌是原始社会唯一的约束力，是以后人类社会中家庭、道德、宗教、政治、法律等所有带规范性质的禁例的总源头。有些禁忌有利于维系社会秩序。

想一想

现实生活中为什么会有禁忌？

2.5.2　几个民族的禁忌

2.5.2.1　蒙古族禁忌

骑马坐车到蒙古包时，要轻骑慢行，进包时要将马鞭放在门外。入包后坐在右边，离包时走原路，待送你的主人回去后再上车或上马。如果包里有病人，便在门外右侧缚一条绳子，一头埋在地下，表示主人不能待客。

主人献茶时，客人应欠身双手去接。接受礼物时，必须身子稍屈，伸出右手或跪下一腿去接受。对长者要尊敬，禁止有不敬长者的行为。忌讳坐蒙古包的西北角，睡和坐时脚忌伸向西北方。不能在火盆上烤脚。忌讳吃虾、蟹、鱼、海味等食物。平素不能用烟袋或手指指人头。

最忌讳客人有遗尿症。例如，客人遗尿在床，主人会不客气地赶走他并将弄污的褥子让他带走，还要泼凉水在他身后，以表示消除"丧气"；有的还要请喇嘛诵经消灾。

蒙古族对守门的狗和猎犬都很爱护和重视，禁止外人打骂，否则即被认为是对主人的不礼貌。

蒙古族过去家家都有神树，还有神牛、神马、神羊、神骆驼等。外出遇神树，要下马从左向右绕圈，丢上几块石头或割下一束马鬃放在上面。凡是拴上红布的神畜，绝对禁止使用。

实行一夫一妻制，同姓忌通婚。妇女生育，在满月前一般不让其他人来串门。死者的妻子和儿子要服百日丧，在服丧期间，切忌唱歌、跳舞，不准饮酒作乐。

2.5.2.2　维吾尔族禁忌

在屋内坐下来时，要求跪坐，禁止双腿伸直，脚底朝人。接受物品时，要用双手，单手接物品被认为缺乏礼貌。睡觉时忌头东脚西或四肢平伸直仰。在屋内与人交谈时，禁忌吐痰、擤鼻涕、打哈欠、放屁。在麻扎和清真寺以及河坝、伙房等地禁止大小便、随地吐痰和携带污浊物品。探望卧床病人时，只能在病人身体两侧站坐，禁忌站在病人头和脚的方向。

禁止吃猪、驴、骡、骆驼和狗肉；自然死亡的牲畜一律不食；过去未经阿訇念经宰杀的牲畜和家禽也属禁食之列，如今此类禁忌已逐步放宽。维吾尔族喜食抓饭，饭前要洗手，通常要洗三下，然后用手帕或布擦干；若不擦而顺手甩水是对人不敬之举，故以为忌。

衣服禁忌短小，外衣一般都要过膝，裤脚要达到脚面，最忌讳穿短裤在户外活动。室外活动时，男子必须戴帽子，女子必须戴头巾或帽子，头发忌讳全部裸露在外。

2.5.2.3　傣族禁忌

（1）德宏傣族禁忌

忌骑马进寨。骑马进村寨到寨门后要下马。寨门附近的"寨神庙"，平时忌进去。祭寨时，忌外人进寨；寨里的人出来，也必须等祭寨完毕。

客人去参加婚丧或新居落成的典礼，男客只能男的招待，女客只能女的招待，忌女的招待男客，男的招待女客。

忌砍伐郊外或村前的神树，也忌在神树下拴马或大小便。

每寨都有佛寺，进寺要脱下鞋子和袜子。如妇女进佛寺，只能到规定的地方或可以去的地方，忌任意走动。看见小和尚时忌摸他的头顶。

产妇生小孩未满月时，忌外人进入她家。

（2）西双版纳傣族禁忌

忌在傣族村寨中央立的寨心上面坐，也忌脚踏或在上面拴马。有事的村寨，忌外人进入，寨内的人也忌到其他村寨去。

进入傣族村寨时，到楼口要脱鞋子，进门后脚步要轻些，忌用脚跺楼板。房子内的中柱楼上一端忌挂东西和用背靠，楼下一端忌拴马。

忌从家中火塘上面跨过。火塘上的三角架忌别人移动或抬起。在傣族家中睡觉时，忌头的方向朝向主人家的内室。忌在傣族家中剪指甲，忌在室内吹口哨和玩响乐器，他们以为口哨和乐器声能唤鬼入室。忌从妇女脚上跨过或触摸妇女头上的发髻。忌砍伐寨头的"神树"，忌在"神树"下拴马或大小便，忌移动或触弄"神树"下送鬼的鬼匾、鬼盘、鬼台、竹竿等祭品。忌在整理清洁的旱地和菜园里大小便。忌随便敲打佛寺里的鼓，也忌触摸神像及做赕用的戈矛等。

2.5.2.4 藏族禁忌

在平时交往中，忌直呼其名；外出行路时，忌讳抢在他人前边；在牧区忌男女混坐，男女入室后，男坐左，女坐右，就座时忌双脚伸直，脚底朝人；忌讳在家中吹口哨，忌讳在别人背后吐唾沫、拍巴掌；在众人面前，忌讳放屁，更不能放屁出声；扫地时忌讳直接从对方手中接过扫帚；亲人出门后，忌讳马上扫地；对老弱病残者尽力帮助，忌讳幸灾乐祸等不道德行为。

家有病人或妇女生育时，忌生人来访；忌讳别人对自己的孩子过分夸奖；忌讳妇女在人面前抖裙子。

忌吃狗、驴、马肉，忌吃尖嘴动物的肉、有爪动物的肉及鱼虾等水生动物的肉。忌讳用脚蹬踩灶台或坐于灶台上。平时点火时，忌烧猪粪、狗粪或旧鞋、破布等不洁之物。忌把骨头扔于火中。忌讳用有裂缝或豁口的碗、碟等器皿待客，互不熟悉的男女忌讳在一个碗内揉糌粑和吃糌粑。饮食用的碗和茶具忌扣着放置。

藏历新年忌扫地，不能吃水饺、包子等肉馅食品，不准哭泣、骂人、吵架，不准说"空"、"没有"、"病"、"杀"、"穷"等不吉利的语言，认为这会影响全年的吉祥如意。家境再穷，新年也不准向别人借东西。过年过节时所用器皿切忌有缺口、有裂纹，忌讳打破碗、杯子、盘碟等器具。

忌讳当着当事人的面谈及他的婚事。迎亲时，若碰上抬病人的人、倒垃圾或背空筐的人，则认为是不吉利，婚后要请僧人念经消灾。

忌讳在寺院附近砍伐树木、高声唱歌及打猎杀生等。忌别人随便触摸佛像，佛寺里的经书、钟鼓以及活佛的身体、佩戴的念珠等物被视为圣物。摇经转、转寺院、叩长头要按顺时针方向等。

生产中忌打猎杀生，做奶制品的家具上不能放别的东西。接羔羊季节，非亲属不能进入帐篷。拴牲口的地方忌大小便。

2.5.2.5　白族禁忌

白族人忌坐踏或站立在门槛上，尤其忌用刀砍门槛或用刀砧砍物于门槛上，其认为违反者会招致灾祸。火把节的晚上，岳父家不能接女婿来家中过节，否则被认为是不祥之兆。

婚日迎新娘进门，要看当天忌什么，如忌路要沿途打锣，忌地要地上铺席。生孩子时，要请算命先生排八字，若与父母八字正冲，需要请别人取名；孩子生天花，其家门上要挂上柏枝，忌生人人室。

白族在农事生产中也有不少禁忌。初一、十五和小暑、大暑、处暑及火把节的第二天、村中有人死的当天，都忌讳从事生产劳动；夏历七月十五日接送祖先亡灵时，不能出门；而赶马外出做买卖者，说话不能涉及豺、狼、虎、豹等字句，认为如果违反，会惊动地龙神，导致庄稼不好或对人不吉利。

-------------------- **本章内容举要** --------------------

1."民族"一词的含义有两种，一种含义是广义的，认为"民族"是指处于不同社会发展阶段的各种人们的共同体，如古代民族、现代民族；还有人在习惯上把"民族"一词用以指一个国家或一个地区的各民族，如中华民族。另一种含义是狭义的民族概念，即指人们在一定的历史发展阶段形成的具有共同语言、共同地域、共同经济生活以及表现于共同的民族文化特点上的共同心理素质的稳定的共同体，如汉族。

2.民族是在从原始社会进入阶级社会的时期形成的。中华统一多民族国家形成和发展的历史过程也是中华民族多元一体格局形成的过程。中国各民族共同创造祖国的历史文化。

3.中华民族由56个民族组成，汉族人口最多，约为11.8亿，其他55个民族，人口约为1.2亿，称少数民族。

4.民俗就是民间的风俗习惯。民俗形成的原因是多方面的，其中经济、政治、地域、宗教、语言等因素决定和影响着民俗的产生和发展。民俗文化有三大功能，即历史功能、教育功能、娱乐功能。

5.服饰民俗是指人们有关穿戴衣服、鞋帽和佩戴装饰等的风俗习惯。一般可将服饰分为头衣、体衣、足衣和装饰四大部分。饮食包括食物和饮料两大部分，有关食物和饮料加工制作及食用的习惯多种多样。我国各民族的民居建筑丰富多彩，主要可以分为帐篷型、干栏型和上栋下宇型。交通是用来代步的工具，分陆路交通和水路交通。

6.婚姻家庭伴随着人类历史经历了一系列的历史变迁，我国各民族在新中国成立前有许多特殊的家庭婚姻形式。婚礼程序包括择偶、订婚、婚礼。古代汉族讲究六礼。

7.节日是按照历法时序排列而形成的周期性的约定俗成的社会民俗文化活动日。我国是一个多节日的国家。节日有三大特征，即时间性、地域性和民族性、活动形式的多样性。节日的社会功能包括加强亲族联系、强化社会集体意识、保存民族文化传统、调适社会群体生活、促进商品经济的发展等。

8.禁忌是人们为了避免某种臆想的超自然力量带来的灾祸，而对某种人、物、言行等的限制和自我回避。禁忌的体系由预知系统、禁忌系统和禳解系统组成。禁忌具有先验性、继承性、变异性、消极性及迷信的性质。禁忌主要有三个功能，即自我保护的功能、心理麻痹的功能和维系社会秩序的功能。

复习思考题

一、问答题

1.民族	2.民俗	3.旗袍	4.裕袢
5.帐篷型	6.干栏型	7.六礼	8.泼水节
9.花儿会	10.禁忌		

二、问答题

1.简述民俗文化的特征及功能作用。

2.服饰习俗可分为哪几个部分?

3.人类的饮食习俗经历了哪几个阶段?

4.我国各民族的民居主要有哪几种类型?

5.婚礼程序主要分哪几个步骤?

6.节日有哪些特征和功能?

7.节日文化娱乐活动可划分为哪几个类型?

8.那达慕大会、雪顿节、歌圩节、泼水节分别是哪个民族的节日?主要有什么活动?

9.简述禁忌的性质、特征及功能。

中国的文物古迹

　　中国的文物古迹是指历史遗留下来的在人类文化发展史上有价值的古代遗迹，也称不可移动文物。我国的历史古迹多指古代流传下来的建筑物。经过20世纪50年代和80年代的文物普查和复查，已在全国发现各个时期的古建筑81360处。其中有45处被列入《世界遗产名录》，包括北京故宫、颐和园等著名建筑。吸引着来自世界各地的游客。可以说，旅游与建筑密不可分。

　　1.要搞好文物保护工作，必须理解文物的概念及相关文物保护知识。

　　2.中国古代建筑历史悠久，资源丰富，要搞好古代建筑的保护，必须掌握中国古代建筑知识。

　　3.中国古代城市及城防建筑成为重要的旅游资源，要搞好旅游开发，必须掌握中国古代城市规划及城防建筑知识。

　　4.中国的宫殿与坛庙建筑规模宏大、装饰华丽，吸引着世界各地的游客。

　　5.中国古代园林属于自然山水园，在世界上独树一帜。

　　6.中国人重视丧葬，古代帝王墓葬占地面积大，装饰讲究，随葬品丰厚。

3.1　中国文物及保护

 学习情境

文物保护与文化遗产日

　　2006年初，国务院下发《关于加强文化遗产保护工作的通知》（以下简称《通知》），要求进一步加强文化遗产保护，决定从2006年起，每年6月的第二个星期六为我国的"文化遗产日"。《通知》指出，文化遗产是不可再生的珍贵资源，保护文化遗产刻不容缓。文化遗产包括物质文化遗产和非物质文化遗产。物质文化遗产保护要贯彻"保护为主、抢救第一、合理利用、加强管理"的方针；非物质文化遗产保护要贯彻"保护为主、抢救第

一、合理利用、传承发展"的方针。到2010年，我国初步建立比较完备的文化遗产保护制度，文化遗产保护状况得到明显改善。到2015年，基本形成较为完善的文化遗产保护体系，具有历史、文化、科学价值的文化遗产得到全面有效保护；保护文化遗产深入人心，成为全社会的自觉行动。为了制止对文化遗产的破坏，我国将建立文化遗产保护责任制度和责任追究制度。❶

问题研讨

1.你知道我国的文化遗产日是哪一天吗？

2.保护物质文化遗产的方针是什么？

3.保护非物质文化遗产的方针是什么？

 **知识研修**

3.1.1 何谓文物

3.1.1.1 文物的概念

文物是人类在社会历史发展过程中，遗留于社会上或埋藏在地下的、由人类创造或者与人类活动有关的一切有价值的物质遗存的总称。由于它是人类历史遗留下来的遗存，所以它已经成为过去，为历史的残迹，不能再生。各类文物从不同的侧面反映了各个历史时期人类社会活动、社会关系、意识形态以及利用自然和当时生态环境的状况，是人类宝贵的历史文化遗产。虽然"文物"一词在中国古代文献中早已出现，但作为历史文化遗存的专称来统一使用并载于法典，是进入20世纪以后的事。

"文物"一词最初指礼乐典章制度，后来指具有历史科学艺术价值的古代遗物，现在文物的概念则有广义与狭义之分。广义的文物概念是指遗存在社会上或埋藏在地下的历史文化遗物，包括人类在生产劳动中创造的工具、生活用具和工艺品，建立的城堡、村落及各种建筑物等。狭义的文物概念是指某一具体的古代器物。古董，是人们所珍藏并可供鉴赏的古代器物，仅为狭义文物的一部分。

3.1.1.2 文物的范围和分类

（1）文物的范围

文物包括的范围很广，根据《中华人民共和国文物保护法》第2条的规定，在中华人民共和国境内，下列文物受国家保护：第一，具有历史、艺术、科学价值的古文化遗址、古墓葬、古建筑、石窟寺和石刻、壁画；第二，与重大历史事件、革命运动或者著名人物有关的以及具有重要纪念意义、教育意义或史料价值的近现代重要史迹、实物、代表性建筑；第三，历史上各时代珍贵的艺术品、工艺美术品；第四，历史上各时代重要的文献资料以及具有历史、艺术、科学价值的手稿和图书资料等；第五，反映历史上各时代、各民族社会制度、社会生产、社会生活的代表性实物。

具有科学价值的古脊椎动物化石和古人类化石同文物一样受国家保护。

---

❶ 北京市旅游局.当代北京概况.第二版.北京：燕山出版社，2007：58.

（2）文物的分类

人们为了研究和保管的方便，对品类庞杂、内容广泛的文物按照标准进行同类相聚的分析方法，称为文物的分类。

文物分类的方法有时代分类法、存在形态分类法、价值分类法、质地分类法、法定权属分类法（如国家所有、集体所有、私人所有）、使用功能分类法（如农具、生活用具、兵器等）、属性（性质）分类法（如礼制文物、科技文物、宗教文物、民族文物、民俗文物、革命文物等）、来源分类法（如调拨、征集、拣选、交换、捐赠、发掘等）等。下面介绍四种常用的分类法。

时代分类法，是以文物制作的时代为标准，对文物进行分类的方法。把同一个时代的文物结合到一起，进行归类，以便进一步对同时代的文物进行研究。按时代对中国文物分类，总的可分为古代文物和近现代文物。对古代文物，一般按朝代划分而不是按纪年划分，可分为商代文物、周代文物、秦代文物、汉代文物等，其中，每个朝代的文物还可以细分成具体时期。史前文物一般分为旧石器和新石器两个时代，也有分出中石器时代的。

存在形态分类法，是依照文物体量的动与静分类，分为可移动文物和不可移动文物。不可移动文物基本上都是文物史迹，有古代文化遗址、古墓葬、古建筑、石窟寺、石刻、壁画、近代现代重要史迹和代表性建筑等。这些史迹一般体量大，不能或不宜整体移动，不能像馆藏文物那样，可以收藏于馆内或轻易移动。文物建筑不能或不宜移动是对文物史迹整体而言的；至于文物史迹，因特殊情况，则可迁移。例如，山西省芮城县永乐宫、河北省平山县西柏坡中共中央的地址，都是因工程建设的特殊需要而采用科学方法进行拆迁，按原状复原的，但周围环境已不同了。可移动文物主要是指馆藏文物和民间收藏文物，有历史上各时代重要实物、艺术品、文献手稿、图书资料、代表性实物等。它们体量小、种类多，可根据其体量的大小和珍贵的程度，分别收藏于文物库房，甚至文物囊、匣内，并可根据保管、研究、陈列的需要移动、变换地点。这对其本身的价值不仅没有影响，反而能够更好地发挥其作用。

价值分类法是根据文物自身的价值进行分类的方法。根据文物的历史、艺术和科学价值，将可移动文物分为珍贵文物和一般文物。珍贵文物分为一级文物、二级文物和三级文物。根据文物的历史、艺术和科学价值，将不可移动文物分为世界文化遗产名录、全国重点文物保护单位、省市级文物保护单位、县市级文物保护单位以及大量尚未核定公布为文物保护单位的不可移动的文物古迹。

质地分类法是以制作文物的材料为标准，对文物进行归类。质地分类法主要用于对古器物的归类，这种方法有着悠久的历史。在馆藏和民间收藏文物中，以文物质地分类比较普遍。一般分为石器、玉器、骨器（含牙器）、木器、竹器、铜器、铁器、金器、银器、锡铅锌器、陶瓷器、漆器、玻璃器、珐琅器、纺织品、纸类文物等。

想一想

博物馆的文物是如何展示的？按何种方式分类？

3.1.1.3　文物的价值和作用

（1）文物的价值

文物的价值是一种客观存在。从整体来看，它是具有历史、艺术和科学价值的历史遗存。

①历史价值

历史价值也称历史意义。凡是文物，它首先具备历史的价值，因为文物作为历史的遗产，都是在历史上形成的。其历史价值在于每一件文物本身能反映出它所产生的当时社会的情况，如当时的政治情况、军事情况、经济情况、生产力发展水平的情况、科学技术水平的情况、文化艺术的成就与特点以及人民的生活习俗、宗教信仰、国际关系等。文物因为是历史的产物，所以首先具有历史的价值。

②艺术价值

艺术价值是指文物本身所表现的艺术性。具有艺术价值的文物，主要包括建筑、石窟寺、碑刻、绘画、雕塑以及青铜器、玉器、漆木器、金银铜铁器等。艺术价值主要表现为造型的优美、制作工艺的精巧和色彩运用的绚丽等几个方面。

③科学价值

文物的科学价值，一是它反映自身时代的科学技术水平；二是除了作为科学史的例证之外，还为今天的科学技术研究提供借鉴，有许多前人的科技成果尚待我们从文物身上去阐发与探寻。

文物价值是文物本身所固有的客观存在，但人们对文物价值的认识，却不是一次所能完成的，而是随着人们的科学文化水平的不断提高而不断深化的。同一件文物，在不同的时间、地点条件下，其价值也是会发生变化的。这种改变通常不是改变或降低它的固有价值，而是增添了新的价值。当然，这种情况只有在特定的条件下才能发生。

（2）文物的作用

每一种、每一件文物根据它的自身特点，都有其各自的作用。文物作用的大小是由文物价值的高低决定的。文物的作用是文物价值的具体体现。

文物的作用主要有如下几个方面。

第一，史料作用。对无文字记载的史前社会，文物可以作为进行研究和复原其社会面貌的实物史料；在有文字记载的历史阶段，文物可以证实文献的记载，校正文献的谬误，补充文献记载的缺陷。当然，文物传递给后人的历史信息也有失真的现象。

第二，借鉴作用。文物是中国优秀文化遗产的重要组成部分，继承和发扬中国优秀文化遗产，发展新的科学技术和文学艺术，需要从文物中不断汲取营养。任何企图不在前人创造的文化财富基础上去创新和发展的认识与行为都是不正确的。

第三，教育作用。充分利用博物馆、纪念馆以及各文物保护单位拥有的实物，采取多种多样的形式，进行形象教育，进行科学生动、富有说服力的爱国主义、革命传统、唯物主义教育，实行科学普及教育，提高科学文化素质，激发人们的爱国主义觉悟和民族自信心。

第四，旅游观赏作用。文物古迹是旅游事业发展的物质基础，它可以吸引广大中外游客参观游览，使人们在参观中增长见识。

特别提示

掌握文物的价值及作用。文物的价值是一种客观存在。从整体来看，它是具有历史、艺术和科学价值的历史遗存。文物的作用主要有史料作用、借鉴作用、教育作用、旅游观赏作用。

3.1.2 文物保护

文物保护，广义上是指从国家设置各级文物机构、制定文物法规到文物部门所从事的各项工作，都是以保护好国家文物古迹为前提；狭义上是指为了避免自然的和人为的破坏文物因素的发生，利用各种先进科学技术手段对地面遗存的不可移动的各类文物与博物馆收藏的文物藏品进行的保护、保养、修缮，以达到长期保存文物的目的的行动。

3.1.2.1 制定、颁布文物保护法规，确定文物保护方针

1949年中华人民共和国成立以后，中国政府针对旧中国大批文物被盗运外流、重要文物古迹遭到严重破坏的实际情况，发布了保护文物的文件、条例以及颁布《文物保护法》，确定和采取了保护为主、抢救第一、合理利用、加强管理的方针和一系列切实保护措施。

1949年发布了禁止珍贵文物图书出口令；1952年制定了"重点保护，重点发掘，既对基本建设有利，又对保护有利"的方针；1961年，国务院发布《文物保护管理暂行条例》，这是一个综合性的文物法规，以后，根据这一条例，文化部又规定了有关文物保护、古建筑修缮、考古调查和发掘等具体的管理办法，从而为文物保护管理工作的顺利进行打下了坚实的基础。1982年年底，第五届全国人民代表大会常务委员会第二十五次会议通过并公布了《中华人民共和国文物保护法》，将文物工作的方针政策和重要的管理原则，首次用法律的形式确定下来。此法共8章33条，内容包括总则、对文物保护单位保护管理的要求和措施、考古发掘的管理要求和具体措施、馆藏文物的管理、对私人收藏文物的管理规定、文物出境的管理规定和关于奖励与惩罚的规定。1987年，国务院又发出了《关于进一步加强文物工作的通知》，指出"当前文物工作的任务和方针是：加强保护，改善管理，搞好改革，充分发挥文物的作用，继承和发扬民族优秀的文化传统，为社会主义服务，为人民服务，为建设有中国特色的社会主义作出贡献"。1992年4月国务院颁布了《中华人民共和国文物保护法实施细则》，使文物保护法制建设更加健全和完善。1995年全国文物工作会议进一步提出了"有效保护、合理利用、加强管理"的新时期文物保护的指导思想，将文物保护工作纳入当地经济和社会发展计划、纳入城市建设规划、纳入财政预算、纳入体制改革、纳入领导责任制，建立起与社会主义市场经济要求相适应的"五纳入"文物保护管理体制。2002年10月28日，第九届全国人民代表大会常务委员会第三十次会议通过了修订后的《中华人民共和国文物保护法》，并由江泽民主席签署主席令公布施行。修订后的新文物保护法针对旧文物保护法自1982年公布施行以来的新形势和文物工作中出现的新情况和新问题，做了较大规模的调整，扩展到8章80条。新法与原法相比较，在不可移动文物、历史文化名城、历史文化街区村镇保护、考古发掘管理、馆藏文物保护、民间文物收藏与管理、文物进出境管理、法律责任等方面都进行了大幅度的修改、增加和完善。明确指出了文物保护法的制定是为了加强对文物的保护，建设社会主义精神文明和物质文明；进一步将文物工作长期以来实践中行之有效的方针和指导思想以法律的形式写进总则，即以"保护为主，抢救第一，合理利用，加强管理"作为文物工作的方针，要求各级人民政府在基本建设、旅游发展中必须遵守；进一步强调了国家对文物的所有权；进一步将"五纳入"上升为法律规定；进一步强化了文物行政执法部门的行政执法权。

特别提示

掌握《中华人民共和国文物保护法》颁布和修订的时间及内容。

3.1.2.2　文物保护工作的具体措施

（1）确定重点文物保护单位

重点文物保护单位是新中国最早为加强对珍贵文物古迹保护所采取的重要措施。文物保护单位分为国家级、省级、县级三级。全国重点文物保护单位是中华人民共和国国务院公布的国家重点文物保护单位，自1961年公布第一批全国重点文物保护单位以来，截止到2013年，已公布的全国重点文物保护单位六批共4295处。现有的全国重点文物保护单位，分布在除我国台湾地区、香港特别行政区、澳门特别行政区外的各个省、直辖市和自治区。

凡被公布为保护单位的，要求做到"四有"：由各级政府划定必要的保护范围和建设控制地带；树立标志牌；建立记录档案；设置专门机构或指派专人负责管理等。文物保护法还规定，在保护范围内不得进行其他建设工程，在控制地带新建房屋不得影响文物保护单位的环境风貌。对重点文物保护单位的维修，应以不改变文物原状为原则。

（2）公布历史文化名城、街区、村镇

根据《中华人民共和国文物保护法》第14条的规定，保护文物特别丰富、具有重大历史价值和革命意义的城市，由国家文化行政管理部门会同城乡环境保护部门报国务院核定公布为历史文化名城。历史文化名城构成的主要条件是：第一，要有悠久的历史或特殊重大历史事件；第二，要有较多的历史文化遗存；第三，要有丰富的传统文化内容；第四，该城市长期以来一直在使用着，今后还将继续发展。国务院已公布了三批历史文化名城，1982年公布第一批为24座，包括北京、大同、南京、苏州、杭州、泉州、景德镇、曲阜、洛阳、开封、西安、拉萨等城市。1986年公布第二批为38座，包括上海、天津、沈阳、南昌、安阳、南阳、敦煌、潮州等城市。1994年公布了第三批为37座，包括郑州、哈尔滨、青岛、吉林、邯郸等城市。到2012年为止，已公布中国历史文化名城116座，中国历史文化名镇143个，中国历史文化名村108个。

为了保护好上述历史文化名城的古城风貌，第一，强调一个"保"字，既要保护好历史遗存（老城区、古城遗址、古建筑），又要保护好城市风貌、城市环境和城市建筑风格，还要保护好城市的传统文化艺术；第二，要针对这些历史文化名城中过去由于种种原因已造成的既成事实采取有效措施；第三，在制定城市规划时，要首先把文物古迹、风景名胜的保护纳入总体建设规划，进行保护。《中华人民共和国文物保护法》第14条规定："保存文物特别丰富并且具有重大历史价值或者革命纪念意义的城镇、街道、村庄，由省、自治区、直辖市人民政府核定公布为历史文化街区、村镇，报国务院备案。""历史文化名城和历史文化街区、村镇所在地的县级以上地方人民政府应当组织编制专门的历史文化名城和历史文化街区、村镇保护规划，并纳入城市总体规划。"

（3）加入国际文物保护组织，推荐世界文化及自然遗产名录

文化遗产是指从历史、文化或艺术角度看具有突出的普遍价值的文物、建筑群与遗址。自然遗产是指从审美、科学或保护的角度看具有突出的普遍价值的天然名胜、动植物生态环境和自然面貌。两者皆为全人类的共同财富。随着岁月的流逝，由于环境污染和人类活动的影响，许多文化遗产和自然遗产正面临被毁坏的危险。这些为历史创造的遗产无法再造，一

且消失，对我们每个人来说都是无法弥补的损失。为了保护世界文化与自然遗产，联合国教科文组织于1972年11月16日召开大会，通过了《保护世界文化和自然遗产公约》。该公约包括8部分38条款，主要任务是确定世界范围内的文化与自然遗产，将认为具有突出意义和普遍价值而需要全人类共同承担保护责任的古迹遗址编成一部名录。其宗旨在于促进各国和各民族之间的合作，为保护古迹作出积极的贡献。同时，设立保护基金，在全球范围内对列入名录的各项遗产有计划地实施保护措施。该公约于1975年生效，1978年正式实施。联合国教科文组织通过该公约后，到2007年7月已有缔约国180余个。为了编制《世界遗产名录》，该公约建立了一个国际合作机构，该机构通过由公约签署国中选出的21个国家的专家组成的世界遗产委员会行使职能。世界遗产委员会每年举行一次会议，有两大任务：一为确定世界遗产项目，二为管理"世界遗产基金"。世界遗产委员会具体规定了编制这一名录的标准。该委员会在履行职责时得到了国际古迹遗址理事会（ICOMOS）和国际保护自然及自然资源联盟（IUCN）的帮助，这两个组织仔细审查各国的提名，并起草评估报告，到2008年7月，已有878处自然文化遗产被列入《世界遗产名录》，具体分布在145个国家。

我国政府于1985年12月12日加入《保护世界文化和自然遗产公约》后，1987年12月长城等6处作为我国推荐的首批文化遗产被列入《世界遗产名录》。到2013年6月，我国已有45处自然与文化遗产被列入《世界遗产名录》，仅次于意大利，居世界第二位。包括庐山、长城、故宫、莫高窟、秦始皇陵及兵马俑、周口店北京猿人遗址、承德避暑山庄外八庙、曲阜孔庙孔府孔林、武当山古建筑群、拉萨布达拉宫、平遥古城、苏州园林、丽江古城、颐和园、天坛、大足石刻、龙门石窟、青城山与都江堰、明清皇家陵寝、安徽古村落、云冈石窟、高句丽王城王陵及贵族墓葬群、澳门历史城区、安阳殷墟、开平碉楼与古村落、福建土楼、黄山、泰山、峨眉山与乐山大佛、武夷山等。

特别提示

掌握《保护世界文化和自然遗产公约》的情况。

知识之窗
▼

　　根据国务院对《北京城市总体规划》的批复和中央领导的精神，北京市确立了既要建设现代化国际大都市，又要保护历史文物名城的城市发展战略。2000年5月，在申奥的关键阶段，北京市委、市政府决定三年拨款3.3亿元，对集中在"两线一街一区"的百余项市级以上文物保护单位的文物建筑进行抢险修缮，简称"3.3亿工程"。其中"两线"是指中轴线和朝阜路沿线；"一街"是指国子监街，对国子监、孔庙进行修缮，恢复国子监历史风貌；"一区"是指什刹海地区，以恭王府开放、醇王府修缮、火神庙腾退修缮为重点，形成该地区新的风貌。❶

---

❶ 北京市旅游局.当代北京概况.第二版.北京：燕山出版社，2007：157.

3.2　中国古代建筑概述

颐和园万寿山前山的建筑——排云殿

排云殿是慈禧过大寿时接受百官朝拜之处。其四周有游廊和配殿，前院有水池和用汉白玉砌成的金水桥。殿角重重叠叠，琉璃五彩缤纷，从下往上望去，湖岸边的"云辉玉宇"牌楼、排云门、排云殿、佛香阁均建在一条中轴线上，连成了层层升高的直线，象征着神权的佛香阁高高在上，具有主宰一切的气势，而慈禧做寿的排云殿则在轴线的中间。整个建筑布局充分体现了佛经中所描绘的仙山琼阁的天国境界，以及"君权神授"的封建的正统观念。这个景区，廊亭殿阁气势恢宏，它将宫廷功能、园林功能和宗教功能巧妙地组合在一起，是颐和园内最为壮观的建筑群体。

排云殿在乾隆时期叫"大报恩延寿寺"，1860年被英法联军焚毁，光绪年间重建，并改名为"排云殿"。"排云"二字出自晋朝诗人郭璞的"神仙排云出，但见金银台"的诗句，比喻此处为神仙境界。

排云殿建在一座高台上，歇山重檐顶，前后由21间房屋组成，殿内的宝座、围屏、鼎炉、宫扇等，都是按原状陈列的。殿前的平台上，陈列着铜龙、铜凤、铜鼎。平台下对称排列着供防火盛水用的四口大铜缸，俗称"门海"。

慈禧的生日是农历十月初十，每逢大寿，慈禧坐在排云殿内中间的九龙宝座上接受朝贺。光绪皇帝在排云殿外行三跪九叩礼；皇后等可以步行至排云殿内向慈禧行六肃三跪三叩礼；二品以上王公大臣在二宫门外；而三品以下的文武百官只能跪在排云门外。慈禧做寿，朝廷的亲王、大臣等，都要送很贵重的礼品。现在，这些礼品经常在园内各个展室轮流展出。❶

问题研讨

1.你知道"排云"二字的出处吗？

2.你了解排云殿景区的布局吗？

3.排云殿的主要用途是什么？

3.2.1　中国古代建筑的发展

3.2.1.1　中国古代建筑的历史沿革

从原始社会至汉代是中国古建筑体系的形成时期。在原始社会早期，原始人群曾利用天然崖洞作为居住处所，或构木为巢。到了原始社会晚期，我们的祖先利用木架和草泥建造了简单的房子。经过夏、商、周三代的发展，到秦汉时期，中国建筑体系已经形成。当时人们掌握了夯土技术，烧制了砖瓦，并建造了石建筑。木构架技术已日渐完善，其主要结构方式

---

❶ 中华人民共和国国家旅游局.走遍中国：中国优秀导游词精选（综合篇）.北京：中国旅游出版社，1997：36.

已发展成熟。这一时期留下的建筑遗址主要有宫殿、陵墓、万里长城等。

　　魏晋南北朝时期是中国古建筑体系的发展时期。砖瓦的产量、质量及木构架技术都有所提高，大量兴建佛教建筑，出现了许多寺塔、石窟和精美的雕塑与壁画。这一时期留下的建筑有河南登封嵩岳寺塔，山西大同的云冈石窟，甘肃敦煌的莫高窟，甘肃天水的麦积山石窟，河南洛阳的龙门石窟等。

　　隋唐时期是中国古建筑体系的成熟时期。砖的应用更加广泛，琉璃的烧制更加进步，建筑构件的比例逐步趋向定型化。这一时期遗存下来的殿堂、陵墓、石窟、塔、桥及城市宫殿的遗址，无论布局或造型都具有较高的艺术和技术水平，雕塑和壁画尤为精美，是中国封建社会前期建筑的高峰。

　　宋朝是中国古建筑体系的大转变时期。宋朝建筑的规模一般比唐朝小，但比唐朝建筑更为秀丽、绚烂而富于变化，出现了各种复杂形式的殿阁楼台。建筑构件的标准化在唐代的基础上不断发展。建筑装饰绚丽而多彩。

　　元朝是中国建筑体系的又一发展时期。这一时期建造了很多藏传佛教寺院、塔及伊斯兰教礼拜寺。中亚各族工匠为工艺美术带来许多外来因素，使汉族工匠在宋、金传统上创造的宫殿寺塔和雕塑等表现出若干新的趋势。

　　明清时期是中国古建筑体系的最后一个高峰时期。砖的数量增加，琉璃瓦的数量及质量都超过过去任何朝代。官式建筑已高度标准化、定型化。

3.2.1.2　现存木结构建筑及其特点

　　我国现存最早的木结构建筑的实物仅有唐代的五台山南禅寺（见图3-1）和佛光寺部分建筑。其建筑特点是，单体建筑的坡度平缓，出檐深远，斗拱比例较大，柱子较粗壮，多用板门和直棂窗，风格庄重朴实。

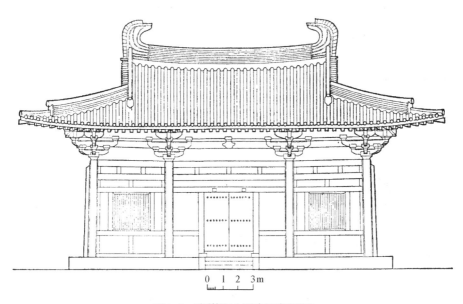

图3-1　南禅寺大殿立面复原图

　　现存宋代的建筑有山西太原晋祠圣母殿（见图3-2）、福建泉州清净寺、河北正定隆兴寺和浙江宁波保国寺等。其建筑特征：屋顶的坡度增大，出檐不如前代深远，重要建筑门窗多采用菱花隔扇，建筑风格渐趋柔和。

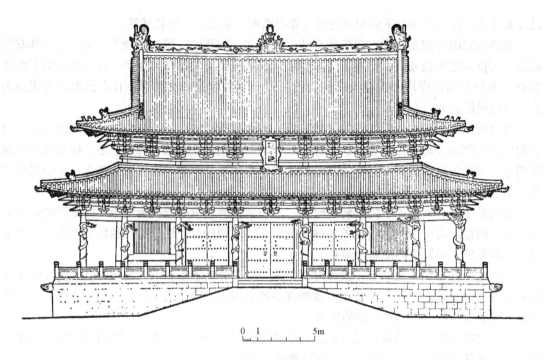

0　1　　　　　　5m

图3-2　晋祠圣母殿立面

　　现存辽代的建筑有天津蓟县的独乐寺、山西大同市的善化寺和华严寺等。其建筑特征：接近于唐代风格，为扩大室内使用面积，在一些建筑平面中创造了"减柱法"，梁架结构也随之发生了一些变化，斗拱出现了"斜拱"。

　　现存金代的建筑有山西大同善化寺。其建筑特征：比宋代更趋华丽，平面建筑大部分采用减柱法，结构有许多创造，斗拱比前代更复杂了。

　　现存元代的建筑有山西芮城永乐宫（见图3-3）、洪洞广胜寺等。其建筑特征：普遍使用减柱法，梁架结构又有了新的创造，许多大构件多用自然弯材稍加砍削而成。

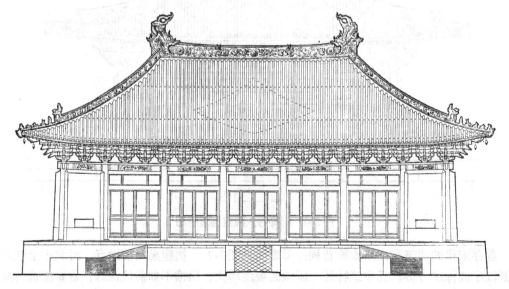

图3-3　永乐宫三清殿正立面

现存明清时代的建筑有北京的故宫（见图3-4）和沈阳故宫。其建筑特征：出檐较浅，斗拱比例缩小，减柱法除小型建筑外，重要建筑已不采用。

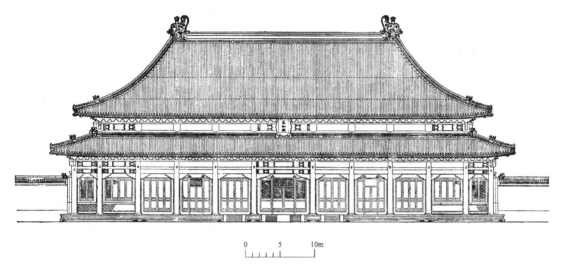

0   5   10m

图3-4　北京故宫太和殿正立面

特别提示

掌握唐宋明清等朝木结构建筑的特点。

3.2.1.3　古代著名建筑文献

（1）《考工记》

亦称《周礼·考工记》，是先秦古籍中的重要科学技术著作。主要记述有关百工之事。书中的《匠人》篇指出，匠人职司城市规划和宫室、宗庙、道路、沟洫等工程，并且记载了有关制度，也有各种尺度比例的规定。这使后人能粗略得知周代末叶以来的部分建筑技术制度。

（2）《营造法式》

北宋李诚编修。全书共36卷。分释名、各作制度、功限、料例和图样五部分。其内容多来自当时熟练工匠的经验，成为当时中原地区官式建筑的规范。《营造法式》是现今研究唐宋时期建筑的主要典籍。

（3）清工部《工程做法》

清代前期编修了清工部《工程做法》74卷，这是一部典型的"测例"，其主要内容是详细开列出27种建筑物所用的每个木构件的尺寸，统一了官式建筑的模数和用料标准，简化了构造方法。清工部《工程做法》和《营造法式》被认为是研究中国建筑的两部课本。

想一想

《营造法式》及清工部《工程做法》在现实生活中有何作用？

3.2.2 中国古代建筑的构成部分

3.2.2.1 中国古代建筑的等级制度

中国古代按建筑所有者的社会地位规定建筑的规模和形制，这种制度在周代就已经出现，直至清末，是中国古代社会重要的典章制度之一。自汉代以来朝廷都颁布法令作出相关的规定。如宋代，庑殿顶、歇山顶为宫殿、寺庙专用，官民住宅只能用悬山顶。明代宫殿用黄琉璃瓦，亲王府用绿琉璃瓦等。

根据等级制度，中国古代建筑可分为以下三个类型。

（1）殿式

殿式是宫殿的样式，为帝王后妃所居，大寺观的大殿也属此类。其建筑特点：宏伟而华丽，屋顶用琉璃瓦，用斗拱建重檐屋顶，彩画用龙凤图案等。

（2）大式

大式等级低于殿式，是各级官员和富商大贾的宅第。这种建筑不许施琉璃瓦，斗拱彩饰也有严格规定。

（3）小式

小式是普通百姓的住房，其建筑结构受到各种限制。

3.2.2.2 中国古代建筑的造型

（1）台基

亦称基座。系高出地面的建筑物底座。用以承托建筑物，并使其防潮、防腐，同时可弥补中国古建筑单体建筑不甚高大雄伟的欠缺。大致有以下四种。

① 普通台基

用素土、灰土或碎砖三合土夯筑而成，约高一尺，常用于小式建筑。

② 较高级台基

较普通台基高，常在台基上边建汉白玉栏杆，用于大式建筑或宫殿建筑中的次要建筑。

③ 更高级台基

即须弥座，又名金刚座。"须弥"是古印度神话中的山名，相传位于世界中心，系宇宙间最高的山，日月星辰出没其间，三界诸天也依傍它层层建立。须弥座作为佛像或神龛的台基，以显示佛的崇高伟大。中国古建筑采用须弥座表示建筑的级别。须弥座一般用砖或石砌成，上有凹凸线脚和纹饰，台上建有汉白玉栏杆，常用于宫殿和著名寺院中的主要殿堂建筑。

④ 最高级台基

由几个须弥座相叠而成，从而使建筑物显得更为宏伟高大，常用于最高级建筑，如故宫三大殿和山东曲阜孔庙大成殿，即耸立在最高级台基上，一般由三个须弥座相叠而成。

（2）屋身

① 柱

常用松木或楠木制成，置于石头为底的台上。多根木头圆柱组合起来，用于支撑屋顶重量。

② 梁

架在柱子上部，用于支承屋面檩条。常用松木、楠木或杉木制成。

③ 开间

四根木头圆柱围成的空间称为"间"。建筑的迎面间数称为"开间"，或称"面阔"。建筑的纵深间数称"进深"。中国古代以奇数为吉祥数字，所以平面组合中绝大多数的开间为单数；而且开间越多，等级越高。北京故宫太和殿、北京太庙大殿开间为11间。

④ 山墙

即房子两侧上部呈山尖形的墙面。常见的山墙还有风火山墙，其特点是两侧山墙高出层面，随屋顶的斜坡面而呈阶梯形。

（3）屋顶（见图3-5）

图3-5 中国古代建筑屋顶——单体型式

中国古代传统屋顶有以下七种，其中重檐庑殿顶级别最高，重檐歇山顶次之。

① 庑殿顶

屋顶四面斜坡，有一条正脊和四条斜脊，屋面稍有弧度，又称四阿顶。

② 歇山顶

是庑殿顶和硬山顶的结合，即四面斜坡的屋面上部转折成垂直的三角形墙面。由一条正脊、四条垂脊、四条戗脊组成，所以又称九脊殿。

③ 悬山顶

屋面双坡，两侧伸出山墙之外。屋面上有一条正脊和四条垂脊，又称挑山顶。

④ 硬山顶

屋面前后两坡，两侧山墙同屋面齐平，或略高于屋面。

⑤ 攒尖顶

平面为圆形或多边形，上为锥形的屋顶，没有正脊，有若干屋脊交于上端。一般亭、阁、塔常用此式屋顶。

⑥盝顶

顶部是在平顶的屋顶四周加上一圈外檐。梁架结构多用四柱，加上枋子抹角或扒梁，形成四角或八角形屋面。

⑦卷棚顶

屋面双坡，没有明显的正脊，即前后坡相接处不用脊而砌成弧形曲面。

特别提示

掌握我国古代传统屋顶形式名称。我国传统屋顶形式有：庑殿顶、歇山顶、悬山顶、硬山顶、攒尖顶、盝顶、卷棚顶等。

（4）装饰

①彩绘

原是为木结构防潮、防腐、防蛀，后来才突出其装饰性，宋代以后彩画已成为宫殿不可缺少的装饰艺术。可分为以下三个等级。

a.和玺彩画

是等级最高的彩画。主要特点：中间的画面由各种不同的龙或凤的图案组成，间补以花卉图案；画面两边用《　　》《　　》框住，并且沥粉贴金，金碧辉煌，十分壮丽。

b.旋子彩画

等级次于和玺彩画。画面用简化形式的涡卷瓣旋花，有时也可画龙凤，两边用《　　》框起，可以贴金粉，也可以不贴金粉。一般用于次要宫殿或寺庙中。

c.苏式彩画

等级低于前两种。画面为山水、人物故事、花鸟鱼虫等，两边用《　　》或（　　）框起。"（　　）"被建筑家们称作"包袱"。苏式彩画，便是从江南的包袱彩画演变而来的。

②屋顶装饰

中国古建筑的正脊、垂脊、檐角上置有多种琉璃饰件。正脊和垂脊相交处置正吻。垂脊上有垂脊吻。檐角上常排列一队小兽，小兽的大小多少由建筑的等级决定。

③藻井

中国传统建筑中天花板上的一种装饰，名为"藻井"。含五行中以水克火、预防火灾之义。一般在寺庙佛座或宫殿的宝座上方。藻井是平顶的凹进部分，有方格形、六角形、八角形或圆形，上有雕刻或彩绘，常见的有"双龙戏珠"。

知识之窗

在北京故宫太和殿殿内中央有一藻井，是从古代的"天井"和"天窗"形式演变而来，为中国古代建筑的特色之一。主要设置在"尊贵"的建筑物上，有"神圣"之意。在藻井中央部位，有一浮雕蟠龙，口衔一球，此球叫轩辕镜，传说是远古时代轩辕黄帝制造的，悬球与藻井蟠龙连在一起，构成游龙戏珠的形式，悬于帝王宝座上方，以示中国历代皇帝都是轩辕的子孙，是皇帝正统继承者。它使殿堂富丽堂皇、雍容华贵。

3.2.3 中国古代建筑的特点

3.2.3.1 使用木材作为主要材料

中国古代有着丰富的森林资源，木材质地较轻软，便于运输及加工，因而木材成为中国古代建筑的主要建筑材料。中国古代建筑以木材为骨架，既满足实际使用功能的要求，又创造出优美的建筑实体以及相应的建筑风格。

3.2.3.2 采用框架式结构

中国古代建筑以木构架结构为主要结构方式。此结构方式，由立柱、横梁、顺檩等主要构件建造而成，各个构件之间的节点以榫卯相吻合，构成富有弹性的框架。中国古代木构架有抬梁、穿斗、井干三种不同的结构方式。抬梁式是在立柱上架梁，梁上又抬梁，所以称为"抬梁式"（见图3-6）。宫殿坛庙、寺院等大型建筑物中常采用这种结构方式。穿斗式是用穿枋把一排排的柱子穿连起来成为排架，然后用枋、檩斗接而成，故称作穿斗式（见图3-7）。多用于民居和较小的建筑物。井干式是用木材交叉堆叠而成的，因其所围成的空间似井而得名。这种结构比较原始简单，现在除少数森林地区外已很少使用。

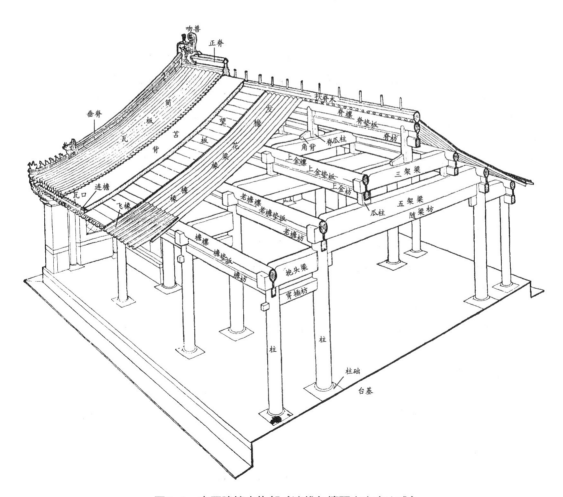

图3-6 中国建筑木构架（清代七檩硬山大木小式）

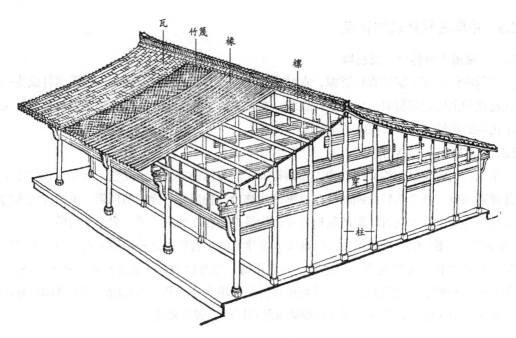

图3-7　穿斗式构架构造示意图

3.2.3.3　灵活安排空间布局

中国古代建筑采用框架式结构，承重与围护结构分工明确。屋顶重量由木构架来承担，外墙起遮挡阳光、隔热防寒的作用，内墙起分割室内空间的作用。由于墙体隔断只起围护作用，并不要求承重，所以有些可以移动或拆除，使室内空间的大小、形状可根据需要加以改变。利用墙、屏风、博古架等，将房屋划分成使用功能不同的空间，使它们又分又联，形成有次序的流动空间，并且便于按要求安排家具。建筑的室外空间——庭院是与室内空间相互为用的统一体。庭院可以种植花木、叠山辟池，有的还建有走廊，作为室内与室外空间的过渡。

3.2.3.4　实行单体建筑标准化

中国古代的宫殿、寺庙、住宅等，是由若干单体建筑结合配置成组群。无论单体建筑规模大小，其外观、轮廓均由基座、屋身、屋顶三部分组成。单体建筑的平面通常都是长方形，此外，还有方形、圆形、八角形等。屋顶造型比较丰富，包括庑殿、歇山、悬山等形式。各种单体建筑的各部分，乃至用料、构件尺寸、彩画都是标准化、定型化的，并按照礼制的规定来应用。每间房屋的面宽、进深和所需构件的断面尺寸，至南北朝后期已有一整套模数制的方法。这种方法就是选择建筑构件的一部分作为模数，如清代采用斗口模数制，即以斗口尺度作为设计的基本模数。

3.2.3.5　重视建筑组群平面布局

中国古代建筑的平面布局具有一种简明的组织规律，就是以"间"为单位构成单座建筑，再以单座建筑组成庭院，进而以庭院为单位，组成各种形式的组群。其布局原则主要有以下几种。

（1）内向含蓄

中国古代建筑，其建筑群是内向的，一般以四合院的形式来组织建筑空间，单体建筑很少露出全部轮廓。

（2）多层次

每一个建筑组群至少有一个庭院，大的建筑组群可由几个或几十个庭院组成，组合多样，层次丰富。

（3）均衡对称

重要建筑大都采用均衡对称的方式，以庭院为单元，沿着纵轴线与横轴线进行设计，借助于建筑群体的有机组合和烘托，使主体建筑显得格外宏伟壮丽。民居及园林则采用了"因天时，就地利"的灵活布局方式。

3.2.3.6　创造斗拱结构形式（见图3-8）

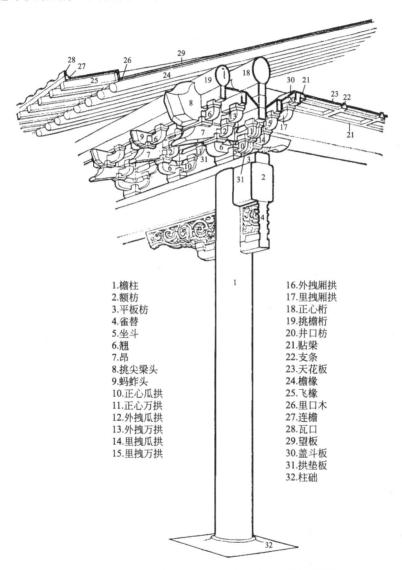

1.檐柱
2.额枋
3.平板枋
4.雀替
5.坐斗
6.翘
7.昂
8.挑尖梁头
9.蚂蚱头
10.正心瓜拱
11.正心万拱
12.外拽瓜拱
13.外拽万拱
14.里拽瓜拱
15.里拽万拱

16.外拽厢拱
17.里拽厢拱
18.正心桁
19.挑檐桁
20.井口枋
21.贴梁
22.支条
23.天花板
24.檐椽
25.飞椽
26.里口木
27.连檐
28.瓦口
29.望板
30.盖斗板
31.拱垫板
32.柱础

图3-8　中国古代建筑斗拱组合（清式五踩单翘单昂）

斗拱是中国古代建筑的独特构件。斗是斗形木垫块，拱是弓形的短木，拱架在斗上，向外挑出，拱端之上再安斗，这样逐层纵横相交叠加，形成上大下小的托架，用来支撑荷载梁架，挑出屋檐，同时兼具装饰作用。周初已出现斗拱，到了汉代，成组斗拱已大量用于建筑中，经过两晋南北朝到唐代，斗拱式样逐渐趋于统一，并用拱的高度作为梁枋比例的基本尺度。宋朝木构架节点上所用的斗拱逐步减少。明清两代的斗拱较唐宋小，而且排列较密，原来的结构机能几乎丧失，成为装饰化构件。

3.2.3.7　运用色彩装饰手段

因中国古代建筑所用材料以木材为主，木材又极易受风雨侵蚀及虫蚁蛀蚀，为延长木结构的使用年限，在木结构的表面涂饰油漆，有些部位绘制各种图案，称彩画。春秋时期，建筑上已有彩画。此外，琉璃制品的色彩也相当丰富。

特别提示

掌握中国古代建筑的特点。中国古代建筑特点：使用木材作为主要材料，采用框架式结构，灵活安排空间布局，实行单体建筑标准化，重视建筑组群平面布局，创造斗拱结构形式，运用色彩装饰手段。

3.3　中国古代城市规划与城防建筑

学习情境

丽江古城

电视连续剧《木府风云》讲述了纳西族的历史故事。这些故事主要发生在丽江。丽江古城位于云南丽江市，海拔2410米，始建于宋末元初，面积7.279平方公里。古城布局很特殊，没有城墙，只有关隘。城内没有规整的道路网，而与穿城水系密切结合，形成主街傍河、小巷临渠、跨河筑楼、门前即桥、引水入院的景象。城内民居瓦屋楼房，古朴雅致，构成水乡与山城相融合的风貌。

问题研讨

1.丽江古城的居民主要是哪个民族？

2.丽江古城的布局有何特点？

3.丽江古城附近有何著名景点？

知识研修

3.3.1　中国古代城市规划

3.3.1.1　中国古代城市规划简况

在新石器时代晚期，一些部落已经出现规模较小的城堡。随着生产力的发展和统治集团政治上的需要，在商代早期这种城堡发展成为规模较大的、有防御设施的都城。根据考古发掘，可以确认的有河南偃师尸乡沟商城、郑州商城和安阳殷墟。西周的都城有陕西岐山与扶风的周原遗址和西安的丰镐遗址。商周时期的都城规模不大，城内有宫城，宫城内有宫殿，现已发现建筑基址。

东周列国都城的面积增大，一般为10平方公里至20平方公里。列国都城均分为宫城和郭城两部分。宫城和郭城都有各自的城垣，每边城垣均有数目不等的城门，与城内的街道相接。宫城内都有高大的建筑群。《周礼·考工记》对周代的城市建设制度有明确的记载。它对王和不同等级诸侯城的大小、城墙高度、道路宽度等都作出不同的规定。其中对王城的规定为"匠人营国，方九里，旁三门，国中九经九纬，经涂九轨，左祖右社，面朝后市"（见图3-9）。

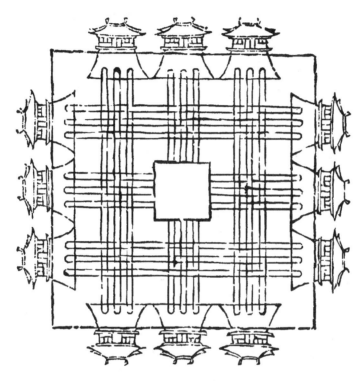

图3-9 《三礼图》中的周王城图

秦汉都城，其设计除适应作为大城市的经济生活上的需要外，还充分显示了政治和礼制上的规格。根据调查发掘证明，汉长安城的形制、布局基本上与《周礼·考工记》的规制相符合。城的平面形状大体近于方形，城的四面各有3个城门，每个城门有3个门道，经由城门的主要大街都分成平行的三股。长乐宫和未央宫在城内南部，东市和西市在城内北部。

三国两晋南北朝时期的城址，多利用东汉旧城改建而成，改建重点在于集中宫苑衙署和加强西北隅的军事据点，扩大并规整居民区，调整并对称地安排工商业区。如北魏洛阳都城，其规划布局原则在汉末邺城的传统上逐步推进，作为都城中心的皇宫，其位置偏向北移，构成以宫室为中心的南北轴线，并在城外设立东西两市。

唐都城长安结构严谨、区划整齐，其平面呈长方形，宫城置于郭城北部正中，北连禁苑，南接皇城。宫城皇城以外为里坊区，由11条南北向大街和14条东西向大街将其划分为棋盘式的格局，其间布列110坊及东西两市（见图3-10）。

北宋后拆除坊墙，居民区由原坊内小街发展成横列的巷（胡同），商业沿城市大街布置，一直延续至清代。元大都和明清北京城是较典型的代表。

中国有北京、西安、开封、洛阳、安阳、南京、杭州等古都，还有山西平遥及云南丽江等地方名城。

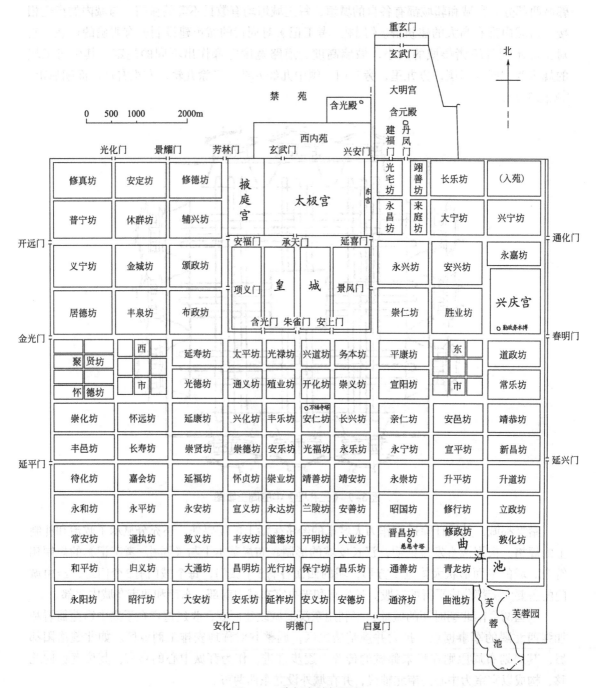

图3-10　唐长安城复原图

想一想

中国古代城市的主要功能是什么？

3.3.1.2 中国古代城市规划的特点

（1）按照一定的制度进行规划和建设

中国古代的城市，特别是都城和地方行政中心，往往是按照一定的制度进行规划和建设的。如《周礼·考工记》对周代的城市建设制度有明确的记载。这些关于城市规划的原则，虽然在南北朝以前的都城规划中尚未充分体现，但对于隋唐以后都城的规划布局产生很大影响。

（2）中国古代城市一般都重视城市的选址

建设城市一般选择依山傍水的地形，以免受旱涝之害，节省开渠引水和筑堤防涝的费用。如中国著名古都西安、洛阳、开封、杭州、北京、南京等的选址，都经过周密的考虑。

（3）以方格网街道系统为主，区划整齐

中国古代城市的道路网多为方格形，这种街道便于交通，街坊内便于布置建筑。从战国到北宋初年，官府为加强对城内居民的控制，实行市里制度，把城内居住区划成许多坊里，坊里内有街巷，四周用高墙围起，四面各开一门，由官吏管理，并实行宵禁。城内商业也集中设在一两个小城中，定时开放，有专职管理，称"市"。唐长安城是这种市里制城市的代表。到北宋中期，这种封闭的市里制度由于城市经济的发展而被取消，如北宋开封城将道路和商业结合起来，沿街设店，形成繁华的商业街。

（4）采用中轴线对称的平面布局

中国古代城市采用中轴线对称的平面布局。中国古代城市是以宫殿、衙署或钟鼓楼等公共建筑为中心的有中轴线的规划布局，反映了统治阶级严格的等级观念和秩序感。春秋战国的都城将宫室置于中轴线上。汉末的邺城为方便交通将宫室移于全城中轴线的北部。隋唐长安城的基本原则是将宫室、坛庙和重要的官署等置于南北中轴线上的北端及两侧。北宋都城开封宫城位于内城的中央而稍偏西北。元明的京城虽然宫室、坛庙、官署位于城的南部，但整个规划仍以对称、整齐为基本原则。

（5）重视水源的利用和城市的绿化

中国古代城市规划重视水源的利用和城市的绿化。如元大都自玉泉山引水入城，注入太液池，为金水河，此河为皇宫用水；开凿通惠河使江南货物粮船直达什刹海码头。城中绿化根据汉以来传统，在主要大道两侧植槐。洛阳从隋朝起，以樱桃、石榴作行道树，河岸则植柳。

特别提示

　　掌握中国古代城市规划的特点。中国古代城市规划的特点：按照一定的制度进行规划和建设；重视城市的选址；以方格网街道系统为主，区划整齐；采用中轴线对称的平面布局；重视水源的利用和城市的绿化。

3.3.2 城防建筑

3.3.2.1 现存城市防御建筑

城，旧时指在都邑四周用作防御的城垣。一般有两重：里面的称城，外面的称郭。中国古代上自天子王侯的都城，下至州郡府县的治所，都有城墙围绕。城墙上有城楼、角楼、垛口等防御工事，构成一整套坚固的防御体系。

（1）明朝南京城墙

南京为中国七大古都之一，曾为东吴、东晋、宋、齐、梁、陈、南唐、明、太平天国以及"中华民国"的都城。现存的明朝早期都城南京应天府城城墙不仅是世界上规模最大的古城，也是我国目前仅存的古都都城。

明太祖朱元璋于洪武十九年（1386年）在元代府城的基础上建筑明朝都城应天府城，洪武二十三年（1390年）又增筑外廓。明成祖朱棣迁都北京，在营建北京城时许多地方就是以南京古城为蓝本的。

明朝南京城规划突破了正对称的传统都城形制，城墙根据地理条件和军事防守的需要而建，在基本保留和利用旧城的同时又增辟了新区，把建康城、石头城、南唐江宁城旧址和富贵山、覆舟山、鸡笼山、狮子山、清凉山等都包在城内，使城市形式和道路呈不规则形状。全部城墙为砖石结构，周长为35.267公里（现存22.425公里），高14～18米，上宽7～12米，下宽10～18米，砌城所用的砖除工部及驻京卫所组织在南京烧造外，来自长江中下游的5省28州府118县，其中，以江西袁州用瓷土烧造者最佳。共设城门13座，其中，聚宝（中华）、石城、神策、清凉四门保持至今，聚宝门规模最大，河流进出及泄水口处，城墙下有水门、水闸或涵洞，秦淮河进出口分设东西水关两座，东水关今尚保存。外廓城略呈圆形，周长60公里，多为土筑，现已辟为环城公路。

1982年南京市被国务院公布为历史文化名城之后，南京市人民政府当即发布通告，严禁损坏城墙并将周围环境保护列入规划控制区。近年又修整了中华门瓮城，修缮了挹江门城楼。1988年明朝南京城墙被国务院公布为全国重点文物保护单位。

（2）明西安城墙

西安城墙是我国现在保存最完整的大型古城建筑，建于1370—1378年。城墙用黄土分层夯筑，城墙周长合11.9公里，高12米，宽16.5米，城内面积近12平方公里。四面正中辟门，每座门外设箭楼，以利于射击，内筑城楼，两楼之间建瓮城。城墙里面建有马道六处，外面建有敌台，城垣外围护城河宽20余米，深10余米。

（3）平遥古城

平遥古城位于山西平遥县，是我国现存完好的四座古城之一，建于明洪武三年（1370年）。南城墙随中都河蜿蜒而筑，其余三面皆直列砌筑，周长6公里，墙高8～12米，顶宽3～6米。城外表全部用青砖砌筑，内墙为土筑。周辟六门。东西门外又筑瓮城，以利防守。城门上原建有高数丈的城门楼，四角各筑角楼，每隔50米筑城台一座，连同角楼，共计94座，现今多已残坏。城外有护城河。城内街道、市楼、商店等均保留原有形制，是研究我国明代县城建置的实物资料。1998年被列入《世界遗产名录》。

特别提示

掌握平遥古城的特点。

3.3.2.2 古长城建筑

（1）长城修筑历史

长城是一处特殊的防御工程。早在春秋战国时期，各国为了互相防御，均选形势险要的地方修筑长城。最早修筑长城的是楚国，大约始于公元前7世纪中叶。战国时齐、魏、燕、赵、秦等国相继兴筑。秦始皇灭六国完成统一后，为了防御北方匈奴贵族的南侵，于公元前214年将秦、赵、燕长城连接起来，西起临洮，北傍阴山，东至辽东，俗称"万里长城"。此后汉、北魏、北齐、北周、隋各代都曾在北边与游牧民族接境地带筑过长城。汉长城东起辽东，西迄莆昌海（亦名盐泽，即今罗布泊），长1万余公里，是汉武帝在三次征服匈奴的基础上修筑而成的，规模最大，不仅抵御了匈奴南下，而且保护了通往西域的陆上交通——丝绸之路。明代为了防御鞑靼、瓦剌族的侵扰，曾多次修筑长城，西起嘉峪关，东至辽宁丹东虎山，全长7000多公里。在长城沿线保存了许多雄关隘口。1987年长城被列入《世界遗产名录》。

特别提示

掌握长城修筑的历史。

（2）明长城结构

明长城的主体是城墙。城墙多建在蜿蜒曲折的山脉的分水线上。其构造按地区特点有条石墙、夯土墙和砖墙等。墙高约3～8米，顶宽约在4～6米之间。城墙上每隔30～100米建有敌台。敌台有实心、空心两种，平面有方有圆。实心敌台只能在顶部瞭望射击，而空心敌台则下层能住人，顶上可瞭望射击。烽堠是报警的墩台建筑，都建在山岭最高处或地势开阔处，相距约15公里。一般烽堠用夯土筑成，重要的在外包砖，上建雉堞和望室。雉堞是城上排列如齿状的矮墙，做掩护用。台上贮薪，遇有敌情，日间焚烟，夜间举火，依规定路线，很快传至营堡。凡长城经过的险要地带都设有关隘。关隘是军事孔道，所以防御设置极为严密。一般是在关口置营堡，加建墩台，并加建一道城墙以加深纵深防卫。重要关口则纵深配置营堡，多建城墙数重。

知识之窗

烽火台又称烽燧，它是古代的通信设施，用以传递军情，如遇敌情，白天燃烟称燧，夜间点火称烽。到了明朝又增加了放炮。明代的具体规定：来敌在100～200人时，燃一烽，放一炮；敌人在1万人以上，燃五烽，放五炮。几千里的军情，不出一个时辰，就能传到京城。烽火台的历史比长城的历史还古老。"周幽王烽火戏诸侯，褒姒一笑失天下"的故事就是用烽火开了个引来杀身之祸的大玩笑。

（3）著名城段

长城的著名城段包括八达岭长城和金山岭长城。

八达岭是我国明长城保存最完整、最具有代表性的段落之一。因地势险要，自古为兵家必争之地，历代都设重兵把守。八达岭长城是明代修筑的，它城墙高大坚固，敌楼密集，用料考究。它建筑宏伟，防御设施齐全，是万里长城的精华，也是明长城中最杰出的代表。

金山岭长城被誉为"第二八达岭"，盘桓在河北滦平县的大小金山岭上。1980年河北省文物工作队在调查长城保护情况时发现了这段长城。它由明代初年徐达督修，1567年，戚继光镇守北疆，继续兴建众多敌楼和战台，使之成为万里长城上构筑最复杂、楼台最密集的一段。

（4）著名关隘

长城上有三个著名的关隘，即山海关、居庸关和嘉峪关。

山海关为万里长城第一关。其北踞燕山，南抵渤海，位居东北、华北间的咽喉要冲，自古为兵家必争之地。山海关筑于洪武十四年（1381年），关城平面呈方形，有城门四座，各门之上高筑城楼，现仅有东门保存完好。关城四周还有瓮城、东罗城等军事设施，形成关城外围的屏障。

居庸关位于北京的昌平区。"居庸关"一名始自秦代，相传因秦始皇"徙居庸徒"（佣工）到此修筑长城而得名。三国时名西关，北齐时称纳款关，后改今名。现存关城建于明初。关城位于长达20公里的深谷之中，是北京西北的门户。明代在关城设卫所，驻重兵把守并统辖附近长城沿线的守军。关城中有一过街塔基座，名云台。云台建于元至正五年（1345年），以白色大理石砌成，正中开一石券门，门道可通车马。券门和券洞刻有浮雕图案，艺术价值很高。

嘉峪关是明代万里长城西端的终点，丝绸之路的交通咽喉，有"河西第一隘口"的称誉。始建于明洪武五年（1372年）。关城平面呈梯形，西城墙外侧又加筑了一道厚墙，南北城墙外侧有低矮土墙与其平行。关城有东、西二门，上面均有城楼。东西二门外建有瓮城。关城四隅有角楼，高两层，形如碉堡。相传，当年建关时，工匠们计算用料十分精确，竣工后只剩一块砖。此砖今存西瓮城门楼后檐台上。

特别提示

掌握八达岭长城及居庸关关城的情况。

3.3.3　著名的楼阁、古桥

3.3.3.1　楼阁

楼指两层以上的房屋，在战国晚期已出现。阁是我国传统楼房的一种，其特点是通常四周设隔扇或栏杆回廊，供远眺、藏书和供佛之用。自古以来，中国的文人名士便将登楼阁、览胜景、吟诗作赋、抒情遣怀视为一项高雅的活动。古代江南三大名楼如下。

黄鹤楼。位于湖北武汉，其名最早出现在《南齐书》上。唐代黄鹤楼高耸巍峨，极为雄伟；今天重建的黄鹤楼，总高51.4米，高5层，体量之大超过了历代旧楼。新楼屋面全部采用黄瓦，是为了附会"黄鹤"之意。新楼五层大厅分别设计了5个主题：一楼表现"神话"；二楼表现"历史"；三楼表现"人文"；四楼表现"传统"；五楼表现"哲理"。整个建筑包括东、西、南、北四个景区。楼前有双鹤铜雕，楼的西端置放搬迁过来的元代白塔，改变了原来黄鹤楼的孤立状况。

岳阳楼。位于湖南岳阳古城上。岳阳楼之名起源于唐肃宗时。后至北宋滕子京重修岳阳楼，更为时人、后世传为美谈。范仲淹名传千古的《岳阳楼记》，词句飞动，议论纵横，不仅写出了朝晖夕阳、气象万千的巴陵胜景，而且写出了作者"先天下之忧而忧，后天下之乐而乐"的精神风貌。滕子京请大书法家苏舜钦书写了范仲淹的《岳阳楼记》，并由邵竦篆刻。人们把滕修楼、范作记、苏手书、邵篆刻，称为"天下四绝"，并竖了"四绝碑"，至今碑石完好。现在的岳阳楼是清光绪年间的建筑，与原建筑造型不同，为三层三檐的木结构楼阁，黄色琉璃瓦盝顶。

　　滕王阁。位于江西南昌西侧，建于唐朝。唐高祖李渊之子李元婴出任洪州都督，耗资巨万，营造城阁，故取名为滕王阁。滕王阁载誉古今，是与王勃《滕王阁序》分不开的。据传说，洪州阎姓都督于675年九九重阳设宴于阁上，想让其婿吴子章炫弄文采，当场作序。其时，王勃自北南下，于宴席开始后赴会，坐席末一席。阎假意先叫同僚作序，但大家已知其意，无人敢应。没料到少年博学的王勃冲身而起，要来纸笔，即席作序，一气呵成。阎都督惊喜万分，赞叹王勃真是天才！王勃的这个传说，千余年来，一直在民间传颂。后有王绪作《滕王阁赋》，王仲舒作《滕王阁记》，人称"三王文词"。滕王阁历代屡毁屡建，现在的建筑为1989年的复制品。

特别提示

　　掌握中国古代三大名楼的位置及特点。黄鹤楼位于湖北武汉，今天重建的黄鹤楼，体量之大超过了历代旧楼。岳阳楼位于湖南岳阳古城上，现在的岳阳楼是清光绪年间的建筑，与原建筑造型不同，为三层三檐的木结构楼阁，黄色琉璃瓦盝顶。滕王阁位于江西南昌西侧，现在的建筑为1989年的复制品。

3.3.3.2　古桥

　　中国古桥建筑历史悠久，早在原始社会时期，我们的先民为了解决水陆交通问题，就开始人工建造桥梁了。随着工程技术的提高，古代工匠们创造了各式各样结构、材料和造型的桥梁。列入全国重点文物保护单位的主要有河北的安济桥、永通桥，福建的安平桥、洛阳桥，广东的广济桥，广西的程阳永济桥，江西的观音桥和北京的卢沟桥等，这些桥梁各具特色。

想一想

　　中国古代工匠为什么创造了各式各样结构、材料和造型的桥梁？

　　安济桥横跨在河北赵县城洨河上，建于隋开皇至大业年间（605—618年），由著名工匠李春设计建造。桥身为单拱，弧形，全长50.82米，宽9.6米，跨度为37.37米。桥拱肩敞开，拱肩两端各建两个小拱，即敞肩拱，开创了桥梁的新类型，是世界桥梁工程中的首创，也是世界上现存最大的敞肩桥。它既减轻了桥身自重，省工省料，又有利于洪水的宣泄，减少洪水对石桥的冲击。

　　安平桥位于福建省晋江市安海镇和南安市水头镇之间的海湾上，始建于南宋绍兴八年（1138年），历时13年建成。明清两代曾重修。初建时，长度约有5里，故又称"五里桥"，是古代世界上最长的连梁式石板平桥。

　　洛阳桥位于福建泉州市东约10公里的洛阳江上，始建于北宋皇祐五年（1053年），嘉祐四年（1059年）竣工。桥原长1200米，宽约5米，有46座桥墩，是我国古代著名的梁式石桥。此桥规模宏大，工程十分艰难。造桥基时，先沿桥梁中线抛置大量石块在江底形成矮石堤，然后在上面建造桥墩，并在桥下养殖大量牡蛎，使桥基和桥墩石胶结牢固。这种"种蛎固基法"为我国古代的重要科学创新。

广济桥位于广东潮州市之东韩江上，是中国古代第一座开启活动式石桥，始建于南宋乾道六年（1170年），历时57年建成。全长517.95米，东西两段桥共有18个桥墩。中间一段，宽约百米，用小舟摆渡。明代重修，增建桥墩5座并在桥上立亭屋，建"望楼"。中段缩短，改用18艘梭船连成浮桥，能开能合。

程阳永济桥，又名程阳风雨桥，位于广西柳州市三江县。永济桥建于1916年，长76米，宽3.7米，为木石结构梁式木桥，5个石砌的桥墩上建有侗族风格的楼亭5座。整座桥梁用大木凿榫接合，大小木条斜穿直套，纵横交错，一丝不差，结构精密，优美壮观，是侗族建筑艺术和建筑技艺的杰作。

特别提示

掌握安济桥、程阳永济桥的位置及特点。安济桥横跨在河北赵县城汶河上，桥拱肩敞开，拱肩两端各建两个小拱，即敞肩拱，开创了桥梁的新类型，是世界桥梁工程中的首创，也是世界上现存最大的敞肩桥。它既减轻了桥身自重，省工省料，又有利于洪水的宣泄，减少洪水对石桥的冲击。程阳永济桥，又名程阳风雨桥，位于广西三江侗族自治县林溪乡程阳村马安寨。永济桥为木石结构梁式木桥，5个石砌的桥墩上建有侗族风格的楼亭5座。整座桥梁用大木凿榫接合，大小木条斜穿直套，纵横交错，一丝不差，结构精密，优美壮观，是侗族建筑艺术和建筑技艺的杰作。

3.4 宫殿与坛庙

学习情境

北京故宫

北京故宫位于北京市区中心，始建于1406年，历时14年才完工。故宫是世界上现存规模最大、最完整的古代木构建筑群，为明清两代的皇宫。有24位皇帝相继在此登基执政。至今已600余年。

故宫占地72万平方米，建筑面积约15万平方米。宫墙长达3400米，墙外环绕宽52米的护城河。宫殿分前后两部分，即前朝和内廷。前朝是皇帝举行大典、召见群臣、行使权力的场所，以太和、中和、保和三大殿为中心。太和殿又称金銮殿，皇帝即位、诞辰以及节日庆典和出兵征伐等重大国典均在此举行。中和殿是皇帝在前往太和殿途中小憩之处，皇帝先在此接受内阁、礼部及侍卫执事人员的朝拜。保和殿是皇帝宴请外番王公贵族和京中文武大臣之处，清后期也是殿试的场所。

保和殿之后为内廷，是皇帝日常处理政务和帝后、嫔妃、皇子、公主居住、游玩、奉神之处。主体建筑有乾清宫、交泰殿、坤宁宫及其两侧的12座宫院。乾清宫东西各有6组院落，自成体系，即东六宫和西六宫。西六宫以南有养心殿。养心殿是皇帝居住和处理日常政务的地方，正间为皇帝居住和接见官员处，西间为皇帝阅览奏折和议事处。东间在同治、光绪执政期间，是慈禧太后垂帘听政的地方。内廷另有3座花园，即宁寿宫花园、慈宁宫花园和御花园。

　　1911年辛亥革命爆发，末代皇帝溥仪下台后仍居内廷，直至1924年被逐出宫。1925年故宫博物院正式成立，延续至今。该院收藏历代文物超过100万件，是世界上最大的博物馆之一。1987年被列入《世界遗产名录》。

　　问题研讨

　　1.故宫是何时修建的？

　　2.故宫是如何布局的？

　　3.故宫有何用途？

知识研修

3.4.1　宫殿

3.4.1.1　宫殿建筑的起源与发展

　　宫殿为帝王居住之所，是中国古代建筑中最高级、最豪华的一种类型。根据考古发掘证明，早在商代，就出现了宫殿。在河南偃师二里头发现两座规模宏大的宫殿建筑基址。其中第一号宫殿基址是一个长、宽各约100米的夯土台基，周围有墙，南面有门，台基上有一座面阔8间、进深3间的殿堂建筑，反映了我国早期封闭庭院的面貌。

　　河南安阳殷墟的宫殿规模更大，可分为三区。北区有大小基址15处，分布颇为分散，可能是王室的居住区。中区有大小基址21处，布局较北区整齐。轴线上有门址3处，轴线南端有一组较大的基址。基址下埋有牲人和牲畜，每一门址下有四五个牲人持戈、盾和贝。推测中区应是商朝的宗庙与处理政务的地区，是王宫的核心部分。南区规模较小，有大小基址17处，建造年代较晚，作轴线对称布置。此区内牲畜埋于东侧，牲人埋于西侧，有条不紊，无疑是商王的祭祀区。由此可见，殷的宫室是陆续建造的，用单体建筑，沿着与子午线大体一致的纵轴线，有主有从地组合为较大的建筑群。

　　位于陕西岐山、扶风的周原遗址，是周人的发祥地和灭商以前的都城遗址。已发掘的建筑基址有岐山凤雏和扶风召陈两处。其中凤雏建筑基址坐落在东西宽32.5米、南北长43.5米、高1.3米的夯土台基上。以门道、前堂、后室为中轴，东西配置厢房各8间，并有回廊相连接，形成一前后两进、东西对称的封闭性院落。房屋基址下已设有排水陶管和卵石叠筑的暗沟，可将院内的积水泄向院外。

　　春秋战国时期，宫殿建筑的新风尚是大量建造台榭——在高大的夯土台上再分层次建造木构房屋。遗留至今的台榭夯土遗址很多。如河北易县燕下都遗址，是战国中、晚期燕国都城遗址。其宫殿建筑以武阳台为中心，向北依次有望景台、张公台、老姥台等夯土台基。此外还有陕西咸阳秦1号宫殿的高台。

　　西汉"宫"的概念是大宫中套有若干小宫，而小宫在大宫之中各成一区，自立门户，并充分结合自然景物。西汉著名的宫殿有长乐宫、未央宫和建章宫。其中未央宫是大朝所在地，利用龙首山岗地，削成高台，为宫殿的台基。以前殿为主要建筑，此殿的平面阔大而进深浅，呈狭长形。殿内两侧有处理政务的东西厢。

　　东汉洛阳的宫室继承了西汉的布局特点，不同的是，这一时期高台之风已日趋衰落。

　　三国时代的宫殿，在大朝太极殿左右建有处理日常政务的东西堂。这种布局方式被两晋南北朝沿用了300余年，到隋朝才结束。

隋唐继承北周，而北周是以恢复周制为标榜的。宫城的中间是太极宫，西部是掖庭宫，东部是太子居住的东宫。太极宫是皇帝听政和居住的宫室，位于全城中轴线的北端，其中心部分的布局，依据轴线与左右对称的规划原则，并附会了《周礼》的三朝制度，沿着轴线建门殿十数座，而以宫城正门承天门为大朝，太极、两仪两殿为日朝和常朝，两侧又以大吉、百福等若干殿和门组成左右对称的布局。大明宫以太极宫为准则。宫内的宫殿以轴线南端的外朝最为壮丽，其外朝为含元殿，中朝为宣政殿，内朝为紫宸殿。后部诸殿是皇帝后妃居住和游宴的内廷。宫的北部为园林区。含元殿是大明宫的正殿，左右两侧稍前处，又建翔鸾、栖凤两阁，以曲尺形廊庑与含元殿相连。大明宫的另一组华丽的建筑是麟德殿，此殿是唐朝皇帝饮宴群臣、观看杂技舞乐和做佛事的地方。由前、中、后三座殿阁组成，面宽11间，进深17间，面积约等于明清故宫太和殿的3倍。

唐大明宫基址尚存，并进行了发掘。

北宋东京城宫殿基址湮没地下，但保留有大量文献资料。北宋东京的前身是唐朝的汴州，因而城市规模受到限制，宫殿也不如唐代规模大。宫城位于内城的中央而稍偏西北，呈长方形，每面各有一座城门。城的四角建有角楼。南面中央的丹凤门（宣德楼）有5个门洞，门楼两侧有朵楼，自朵楼向南出行廊连阙楼，其平面呈"门"形。出丹凤门往南是御街，街的两侧建有御廊。丹凤门以内，在宫城南北轴线的南部排列着外朝的主要宫殿。最前面的是大庆殿，是皇帝大朝的地方。其次是常朝紫宸殿。外朝诸殿以北是皇帝的寝宫与内苑。

元大都的皇城包括三组宫殿、太液池、御苑。皇城正门承天门外，有石桥与棂星门，再南，御街两侧建长廊，称千步廊，直抵都城的正门丽正门。皇城东西建太庙和社稷坛。宫城四面辟门，四角建楼。宫城内有以大明殿、延春阁为主的两组宫殿，建在宫城轴线上。其他殿堂则建在这条轴线的两侧，构成左右对称的布局。

明清故宫全部建筑分为外朝和内廷两部分，外朝以太和、中和、保和三大殿为主。内廷以乾清宫、交泰殿、坤宁宫为主，在明朝是帝后居住的地方。这组宫殿的两侧有居住用的东西六宫和宁寿宫、慈宁宫等；最后还有一座御花园。明清故宫的主要建筑基本上是附会《礼记》、《考工记》及封建传统的礼制来布置的。

宫殿虽豪华壮丽，但大多数都在王朝更替或是争夺皇位时，毁于战火或被拆毁。今天我们所能看到的保存得完好的宫殿主要有两处，即北京的故宫和沈阳的故宫。

想一想

为什么中国古代宫殿难以保存下来？

3.4.1.2　宫殿的布局与陈设

（1）宫殿的布局

①严格的中轴对称

为了表现君权受命于天和以皇权为核心的等级观念，宫殿建筑采用严格的中轴对称的布局方式。中轴线上的建筑高大华丽，轴线两侧的建筑矮小简单。这种明显的反差，体现了皇权的至高无上；中轴线纵长深远，更显示了帝王宫殿的尊严华贵。

②左祖右社，或称左庙右社

中国的礼制思想，有一个重要内容，即崇敬祖先、提倡孝道；祭祀土地神和粮食神。左祖右社则体现这些观念。所谓"左祖"，是在宫殿左前方设祖庙，祖庙是帝王祭祀祖先的地方，因为是天子的祖庙，故称太庙；所谓"右社"，是在宫殿右前方设社稷坛，社为土地，稷为粮食，社稷坛是帝王祭祀土地神、粮食神的地方。古代以左为上，所以左在前，右在后。

③前朝后寝

这是宫殿自身的布局。所谓"前朝"，即为帝王上朝治政、举行大典之处。如明清北京故宫，以太和、中和、保和三大殿为中心。所谓"后寝"，即帝王与后妃们生活居住的地方。明清北京故宫的保和殿之后为内廷，是皇帝日常处理政务和帝后、嫔妃、皇子、公主居住、游玩，奉神之处。主体建筑有乾清宫、交泰殿、坤宁宫及其两侧的12座宫院。

特别提示

掌握宫殿在布局方面的讲究。中国宫殿在布局方面讲究严格的中轴对称、左祖右社、前朝后寝。

（2）宫殿外陈设

①华表

华表是古代设在宫殿、城垣、桥梁、陵墓作为标志和装饰用的大柱。设在陵墓前的又名墓表。一般为石制，柱身通常雕有蟠龙等纹饰，上为方板和蹲兽。华表高高耸立，既体现了皇家的尊严，又给人以美的享受。华表竖立于皇宫或帝王陵园之前，是皇家建筑的特殊标志。

②石狮

宫殿大门前都有一对石狮（或铜狮）。石狮（或铜狮）有辟邪的作用。又因为狮子是兽中之王，所以又有显示"尊贵"和"威严"的作用。按照中国文化的传统习俗，成对石狮系左雄右雌，还可以从狮爪所踩之物来辨别雄雌。爪下为球，象征着统一寰宇和无上权力，必为雄狮。爪下踩着幼狮，象征着子孙绵延，必为雌狮。在中华大地还有北狮、南狮之分。北狮雄壮威严，南狮活泼有趣。

③嘉量

嘉量是我国古时的标准量器，是管理国家的重要指标。全套量器从大到小依次为：斛、斗、升、合（音gě）、龠（音yuè）。含有统一度量衡的意义，象征着国家的统一和强盛。

④吉祥缸

吉祥缸是置于宫殿前盛满清水以防水灾的水缸，有的是铜铸的。古代称之为"门海"，以比喻缸中水似海可以扑灭火灾，故又被誉为吉祥缸，也称太平缸。

⑤铜龟、铜鹤

龟和鹤是中国文化中的神灵动物，用来象征祥瑞长寿，有千秋万代的含义。

特别提示

掌握华表和嘉量的作用和含义。华表是古代设在宫殿、城垣、桥梁、陵墓作为标志和装饰用的大柱。华表高高耸立，既体现了皇家的尊严，又给人以美的享受。华表竖立于皇宫或帝王陵园之前，是皇家建筑的特殊标志。嘉量是我国古时的标准量器，是管理国家的重要指标。全套量器从大到小依次为：斛、斗、升、合（音gě）、龠（音yuè）。含有统一度量衡的意义，象征着国家的统一和强盛。

3.4.1.3　沈阳故宫

沈阳故宫位于沈阳旧城中心，始建于1625年，历时11年。占地6万平方米，全部建筑90余所，300余间。四周围以高大的红色宫墙，殿堂金瓦雕梁画栋，光彩夺目，是我国现存仅次于北京故宫的最完整的皇宫建筑。

沈阳故宫，依其自然布局和建筑先后，可分成三个部分：第一部分是清太祖努尔哈赤建都沈阳初期所建的大政殿与十王亭，也就是故宫的东路；第二部分是清太宗皇太极继位后，续建的大内宫阙，包括最南端的照壁、东西厢楼、东西朝房、崇政殿、凤凰楼、清宁宫等建筑，也就是故宫中路；第三部分是清高宗乾隆四十八年（1783年）扩建的，包括戏台、嘉荫堂、文溯阁、仰熙斋等建筑，也就是故宫的西路。

大政殿是一座八角重檐大木架构成的建筑，殿身八面都用木隔扇门组成，以榫卯相接，可以任意开启。殿前御道两侧各排列5座方亭，为左右翼王和八旗大臣办公的地方。崇政殿为五间九檩硬山式，前后有出廊，围以石雕栏杆。此殿为皇太极日常处理军政要务和接见外国使臣、边疆少数民族代表之所。文溯阁为故宫西路的主体建筑，乾隆四十七年（1782年）兴建，专为收藏《四库全书》之用，建筑形式仿自浙江宁波天一阁。西路是皇帝东巡盛京时读书、看戏的地方。

沈阳故宫，历经大规模修缮，现已辟为沈阳故宫博物院。

3.4.2　坛庙

中国古代传统文化思想，包含着浓重的对祖先的崇敬，对土地、粮食、天地、日月，对各种文神、武神及其他神的尊敬。为了寄托这种崇敬和感恩的心情，产生和形成了许多坛庙建筑，也称为礼制建筑。

3.4.2.1　祖庙与社稷坛

（1）北京太庙

位于天安门左侧，今为北京劳动人民文化宫，过去是帝王祭祀祖宗的地方。包括戟门、正殿、两庑、寝宫、祧庙，有明显的中轴线，左右配殿严格对称。其位置也符合中国传统"左祖右社"的规定。外有高大厚重的墙垣和树冠茂密的古柏，内有宽敞宁静的庭园，庄严肃穆，静谧安宁。

（2）北京社稷坛

中国传统的治国思想是"以农为本"，因为"民以食为天"。发展农业生产与土地密切相关，所以要祭祀土地神和粮食神。古代以"社稷"代称国家。按"五行"中五方五色的配置，中央为黄，东方为青，南方为红，西方为白，北方为黑，所以必须用五色土覆盖于坛面，以象征"普天之下莫非王土"和祈求全国风调雨顺、五谷丰登。

由于祭社稷是由北向南设祭，所以其总体形制与太庙相反，即享殿、拜殿及正门均在北，沿正门、享殿、拜殿、五色土方坛为序，由北向南展开。神厨等附属建筑物在西棂星门外。

3.4.2.2　天、地等坛

祭祀天、地、日、月、泰山神等活动，是历代帝王登基后的重要活动。

因为君权"受命于天"，且要秉承"天意"治理国家，所以皇帝必须亲自去天坛祭天。祭天在南郊，时间在冬至日。

因为土地是国家的根本，国家的"国""囗"中有"或"，这"或"即"域"。所以皇帝必须亲自或派人前往地坛祭地，祭地在北郊，时间在夏至日。

因为万物生长靠太阳，所以必须到日坛祭日，祭日于东郊。因为月亮是夜明之神，所以又必须到月坛祭月，祭月于西郊。

因为祭天、地、日、月等活动都在郊外进行，所以统称为郊祭。

历史上许多皇帝，如秦始皇、汉武帝等，都要登五岳之首泰山祭泰山神，称为封禅大典。

天坛是明清两代皇帝祭天祈谷之处，是我国现存最大的古代祭祀性礼制建筑群，包括圜丘、皇穹宇、祈年殿等建筑。皇帝大祭时，主祭皇天上帝，配祭帝王的列祖列宗，以及日月星辰、云雨风雷之神。

岱庙是泰山规模最大的建筑群，自秦汉以来，成为历代帝王封禅泰山举行盛典的地方。岱庙占地9.6万平方米，主要建筑有天贶殿、寝宫、钟楼、汉柏院、东御座、鼓楼、唐槐院等。天贶殿为主体建筑，始建于北宋，面阔9间，进深4间，高22.3米，面积近970平方米。殿内保存有宋代壁画《泰山神启跸回銮图》，全图描绘了东岳泰山之神出巡时的浩荡场面。

特别提示

掌握太庙、社稷坛及岱庙的情况。

3.4.2.3　文神庙与武神庙

还有一些祠堂庙宇是祭祀圣哲先贤的，包括山东曲阜孔庙、北京的孔庙、山东的孟庙、山西解州关帝庙等。山东曲阜孔庙是全国各地保存的历代孔庙中规模最大、时代最早、规制最高的一座。

孔子是春秋末期思想家、政治家、教育家，儒家的创始者。自汉以后，孔子学说成为两千余年封建文化的正统，影响极大，封建统治者一直把他尊为圣人。

孔子殁后一年，鲁哀公以其故宅三间改建成祠庙，亲祭孔子。后历代不断扩建，至宋代增建殿堂廊庑360间，使之成为仿王宫之制的庞大建筑群，历代皇帝到曲阜均在此举行隆重的祭孔活动。孔庙平面呈长方形，总面积327.5亩，共有九进院落。全庙共有五殿、一阁、一坛、两堂、十七座碑亭，共计466间，分别建于金、元、明、清及民国时期。整个建筑以中轴线贯穿，左右对称，布局严谨。孔庙内著名建筑有棂星门、圣时门、奎文阁、杏坛和大成殿。大成殿是孔庙的主体建筑，面阔9间，进深5间，高32米，殿内供奉孔子塑像，七十二弟子及儒家历代先贤塑像分侍左右。历代皇帝的祭孔活动在大殿举行。1994年，曲阜孔庙、孔府、孔林被列入《世界遗产名录》。

关羽是三国时蜀汉大将，河东解良人（今山西运城解州），东汉末年投奔刘备，后在湖北当阳战败被杀。他的事迹被封建统治阶级所渲染，并加以神化，尊为"关公"、"关帝"。旧时关帝庙数量之多，居全国诸庙宇之首。

山西运城解州关帝庙是全国规模最大、保存最完好的关帝庙。因解州东南10公里的常平村是关羽的故乡，故解州关帝庙为武庙之祖。关帝庙创建于隋开皇九年（589年），宋明时曾扩建和重修，清时曾毁于火，经十余年始修复。全庙占地近百亩，平面布局分南北两大部分。南以结义园为中心，由牌坊、君子亭、三义阁等组成。北部为正庙，仿宫殿式布局。整个关帝庙建筑布局严谨，轴线分明，南北两大部分自成格局但又统一和谐。

3.4.2.4 宗祠

宗祠为一族一姓祭祀祖先的建筑，过去几乎遍及城乡。规模较大，建筑较精美的有两处，即龙川胡氏宗祠和陈家祠堂。龙川胡氏宗祠位于安徽绩溪县，初建于宋，明兵部尚书胡宗宪对祠堂进行了一次大修缮，故建筑具有明代风格。祠堂精雕细刻，是徽派古建筑艺术砖木石雕的宝贵遗产。陈家祠堂位于广州市中山八路，为清末广东七十二县陈姓联合建造，其建筑以装饰精巧、富丽堂皇而著称，集岭南民间建筑装饰艺术之大成。

知识之窗

在100多年前的广东，陈姓独占鳌头。原因大致有三。一是人多。当时广东72个县中都分布有姓陈的人家，数陈姓人数最多。二是有钱。陈家人聪明能干，会做生意发大财的人多，因而成了富有家族。三是能做官。在过去，有钱就能读书，读书便可做官。相传清末就有一位名叫陈伯陶的陈家子弟，殿试中了探花，被皇上封为翰林学士。这一显赫的功名，使陈氏家族名声大振。正因陈氏人家大、财大、业大，才有能力集资一千大洋修建了这座祠堂。❶

3.5　中国古代园林

学习情境

世界园林与中国园林

中国古典园林把建筑、山水、植物融合为一个整体，在有限的空间范围内，利用自然条件，模拟大自然中的美景，经过人为的加工、提炼和创造，出于自然而高于自然，把自然美与人工美在新的基础上统一起来，形成赏心悦目、丰富变幻、可望、可行、可游、可居的居住环境。世界各国几乎都有自己的园林，历史上人类创建了数以千万计的园林。各种不同风格的园林，形成了中国、西亚和欧洲三大体系。

中国山水园林表现的是自然美，布局形式以自由、变化、曲折为特点，要求景物源于自然，又高于自然，使人工美和自然美融为一体，做到"虽由人作，宛自天开"，因而形成了自然式山水风景园林的独特风格。西亚的造园活动是从古波斯（今伊朗）开始的，影响到叙利亚、伊拉克、埃及、西班牙以及阿拉伯等所有伊斯兰教地区。西亚与北非气候干燥，因而强调水法，在平面布置上把园林建成"田"字，用纵横轴线分作四区，十字林荫路交叉处设置中心水池，把水当作园林的灵魂，使水在园林中尽量发挥作用。西亚园林给

---

❶ 中华人民共和国国家旅游局.走遍中国：中国优秀导游词精选（综合篇）.北京：中国旅游出版社，1997：304.

人以宁静的感觉。

欧洲园林在发展演变中较多地吸收了西亚风格，互相借鉴，互相渗透，最后形成自己"规整和有序"的园林艺术特色。欧洲园林以规则式的建筑和植物配置为主，布局有明显的中轴线，严格对称。巴黎凡尔赛宫苑是举世公认的欧洲古典园林杰作。

问题研讨

1. 中国古典园林主要有哪些要素？
2. 世界园林有哪三大体系？
3. 举例说明中国、西亚、欧洲等园林的特点。

 **知识研修**

3.5.1 概述

3.5.1.1 历史沿革与地域分布

（1）历史沿革

根据文献记载，早在商周时期，我们的先人就已经开始利用自然的山泽、水泉、树木、鸟兽进行初期的造园活动。最初的形式为囿。囿是指在圈定的范围内让草木和鸟兽滋生繁育；还挖池筑台，供帝王和贵族们狩猎和享乐。公元前11世纪，周文王建的灵台、灵沼就是这种"囿"的典型代表。

春秋战国时期的园林中已经有了成组的风景，既有土山又有池沼或台。自然山水园林已经萌芽，而且在园林中构亭营桥，种植花木。园林的组成要素都已具备，不再是简单的囿了。秦汉时期出现了以宫室建筑为主的宫苑，秦始皇建上林苑，引渭水作长池，并在池中筑蓬莱山以象征神山仙境。汉武帝在建章宫的太液池中建蓬莱、方丈、瀛洲三岛，首开"一池三山"模式之先河。大量修建宫观亭台楼阁，集居住、娱乐等功能于一体。汉代后期，官僚地主、富商营造的私家园林开始发展起来，并开始形成以自然山水配合花木、房屋的风景式园林的造园风格。

魏晋南北朝时期是中国园林发展中的转折点。佛教的传入及老庄哲学的流行，使园林转向崇尚自然。文学艺术对自然山水美的探求，也促进了园林艺术的转变。私家园林逐渐增加，并已经开始走上提炼、概括自然山水美的新阶段。北魏张伦的华林园，建于北魏洛阳城的里坊内，其中山池极为华美。西晋石崇的金谷园则是建在天然风景区中的别墅型园林，它以泉涧、池沼、花木的自然野趣取胜。此外还出现一批寺庙园林。以慧远为代表的一派僧众避乱江南，于东晋太元十一年（公元386年）建东林寺于庐山，开后代寺观园林之端。

唐宋时期园林达到成熟阶段，官僚及文人墨客自建园林或参与造园工作，将诗与画融入园林的布局与造景中，反映了当时社会上层地主阶级的诗意化生活要求。另外，唐宋写意山水园林在体现自然美的技巧上取得了很大的成就，如叠石、堆山、理水等。皇家园林极为兴盛，私家园林也日趋繁荣。唐华清宫为山水结合，宫苑结合，类似清代离宫型皇家园林；北宋园林主要集中在开封、洛阳一带，开封有艮岳、金明池、琼林苑等。南宋造园之风盛于临安、苏州。扬州、苏州私家园林兴盛，广东岭南园林开始出现。北方辽代开发了陪都南京城东北的广寒宫等园林。金代定都中都城以后，扩建辽广寒宫，为琼华岛大宁宫。在西山玉泉山一带开发园林，建大觉寺、金山寺等，称"八大水院"。

明清时期园林艺术进入精深发展阶段，无论是江南的私家园林，还是北方的帝王宫苑，在设计和建造上，都达到了高峰。明末计成的《园冶》是我国的造园名著，其造园手法仍是近代园林艺术家所遵循的主要原则。明清形成了以北京为中心的北方园林、以苏州为中心的江南园林、以珠江三角洲为中心的岭南园林等不同风格。这些园林充分表现了中国古代园林的独特风格和高超的造园艺术。明代在北京建西苑等皇家园林及坛庙园林，海淀一带还大量涌现私家园林。江南园林十分兴旺，尤以扬州为最，岭南园林日趋成熟。清代拓建承德避暑山庄园和北京海淀一带的三山五园。现代保存下来的园林大多建于明清时代，这些园林充分表现了中国古代园林的独特风格和高超的造园艺术。

（2）地域分布

我国园林建筑具有悠久的历史与传统，分布地区广，主要集中在以下几个地区：以西安为中心的关中地带，洛阳、开封一带，杭州及钱塘江三角洲，南京、扬州、苏州及附近各城市，岭南一带，北京和承德。

想一想

为什么中国园林主要集中在关中、北京、江南、岭南一带？

（3）中国园林著作

a.《园冶》。中国古代造园专著。明末著名造园家计成撰。其内容由兴造论和园说两篇组成。兴造论阐明写书的目的，着重指出园林兴建的特性是因地制宜，灵活布置。园说是全书的主体。作者把中国古代园林艺术的特征概括为"虽由人作，宛自天开"。在叙述过程中着意把园林造景的刻画和意境感受联系起来，勾画出中国江南园林诗情画意、情景交融的特色。《园冶》全面论述了宅园、别墅营建的原理和具体手法，反映了中国古代造园的成就，总结了造园经验，是研究中国古代园林的重要著作。

b.《江南园林志》。一本论述和介绍中国苏、杭、沪、宁一带古典园林的专门著作。由中国建筑学家童寯于1937年写成，1963年正式出版。此书分文字和图片两部分。其中文字部分包括造园、假山、沿革、现状、杂识5篇，论述中国造园的传统特色和一般原则，阐释假山艺术，介绍江南各地著名园林的沿革、现状、艺术特点并作出评价。此书是中国最早采用现代方法进行测绘、摄影的园林专著。

c.《苏州古典园林》。一部关于中国古代园林艺术的著作。由中国建筑学家刘敦桢著，1979年出版。此书阐述了苏州园林发展的历史和造园艺术成就。全书分两部分。总论部分包括绪论、布局、理水、叠山、建筑、花木6章；实例部分介绍了拙政园、留园等15座名园。作者曾主持苏州古典园林的调查工作，普查过大量园林并对主要园林做了精心测绘，分析总结了这些园林的造园艺术、构思和方法。

3.5.1.2 特色

西方园林追求的是人工几何美，重在表现人为力量，称几何规则式园林。中国园林追求的是淳朴自然美，重在表现大自然山水的景色美，处处显示人与自然的和谐与共融，称自然山水式园林。与世界园林相比，我国园林有四大艺术特色。

（1）造园艺术，师法自然

"师法自然"，在造园艺术上包含两层内容。一是总体布局、组合要合乎自然规律。山与水的关系以及假山中峰、涧、坡、洞各景象因素的组合，要符合自然界山水生成的客观规律。二是每个山水景象要素的形象组合要合乎自然规律。人工的山要显出自然的美色，叠砌时要仿天然岩石的纹脉，尽量减少人工拼叠的痕迹。人工的水，岸边曲折自如，水中波纹层层递进，也都显示自然的风光。花木布置，疏密相间，形态天然。

（2）分隔空间，融于自然

中国古代园林用种种办法来分隔空间，其中主要是用建筑来围蔽和分隔空间。分隔空间力求从视觉上突破园林实体的有限空间的局限性，使之融于自然，表现自然。为此，必须处理好形与神、景与情、意与境、虚与实等种种关系。如此，则把园内空间与自然空间融合和扩展开来。比如漏窗的运用，使空间流通、视觉流畅，因而隔而不绝，在空间上起互相渗透的作用。

（3）园林建筑，顺应自然

中国古代园林中，有山有水，有堂、廊、亭、楼、阁等建筑。人工的山水，皆显示自然之美。所有建筑，其形与神都与天空、地面自然环境吻合，同时又使园内各部分自然相接，以使园林体现自然、淡泊、恬静、含蓄的艺术特色，并收到移步换景，渐入佳境，小中见大等观察效果。

（4）树木花卉，表现自然

中国古代园林对树木花卉的处理与布置，讲究表现自然。如松柏高耸入云，柳枝婀娜垂岸，桃花数里盛开……乃至于树枝弯曲自如，花朵迎面扑香……其形与神、其意与境都十分注重表现自然。

师法自然，融于自然，顺应自然，表现自然——中国古典园林体现了"天人合一"的民族文化，也是其永具艺术生命力的根本原因。

特别提示

掌握中国古代园林的特色。中国古代园林的特色：造园艺术，师法自然；分隔空间，融于自然；园林建筑，顺应自然；树木花卉，表现自然。

3.5.2 古典园林构成的基本要素

3.5.2.1 基本要素

（1）筑山

为表现自然，筑山是造园的最主要的因素之一。秦汉的上林苑，用太液池所挖土堆成岛，象征东海神山，开创了人为造山的先例。

东汉梁冀模仿伊洛二峤，在园中垒土构石为山，从而开拓了从对神仙世界的向往转向对自然山水的模仿，标志着造园艺术以现实生活作为创作起点。

魏晋南北朝的文人雅士们，采用概括、体量手法，所造山的真实尺寸大大缩小，力求体现自然山峦的形态和神韵。这种写意式的叠山，比单纯对自然山水的模仿大大前进一步。

唐宋以后，由于山水诗、山水画的发展，玩赏艺术的发展，对叠山艺术更为讲究。艮岳是历史上规模最大、结构最奇巧、以石为主的假山。

明代造山艺术，更为成熟和普及。明代计成在《园冶》的"掇山"一节中，列举了园山、厅山、楼山、阁山、书房山、池山、内室山、峭壁山、山石池、金鱼缸、峰、峦、岩、洞、涧、曲水、瀑布17种形式，总结了明代的造山技术。清代造山技术，更为发展和普及。清代造园家创造了穹形洞壑的叠砌方法，用大小石钩带砌成拱形，顶壁一气，酷似天然洞壑，甚至可仿喀斯特溶洞，叠山倒垂的钟乳石，比明代以条石封合收顶的叠法合理得多、高明得多。

现存的苏州拙政园、常熟的燕园、上海的豫园，都是明清时代园林造山的佳作。

假山一般可分为以下三种基本类型。

① 土山

土山出现最早。早在秦汉时期，就采用了挖湖堆山的办法。即平地起土，堆积成山丘，也形成了沼泽，一举两得。

② 土石假山

土山经风雨冲刷，容易造成水土流失，在山脚用石块垒砌防护，这便是土石假山的雏形。

③ 石山

石山即以石砌筑的假山。这种假山可以得到高耸的效果，也可酷肖峰石嶙峋的自然界山景。石山又可分成两大类，一类叫湖石山，另一类叫黄石山。湖石的一般外形为曲线组成，总的感觉是圆的。黄石山的石材，外形多为直线构成，颜色呈黄色或棕红色，总体感觉是方的。苏州的环秀山庄的假山，是用小块太湖石拼砌而成。上海豫园的大假山，是一座用黄石堆叠的假山。

（2）理池

为表现自然，理池也是造园最主要的因素之一。不论是哪一种类型的园林，水是最富有生气的因素，无水不活。自然式园林以表现静态的水景为主，以表现水面平静如镜或烟波浩渺的寂静深远的境界取胜。人们或观赏山水景物在水中的倒影，或观赏水中怡然自得的游鱼，或观赏水中芙蕖睡莲，或观赏水中皎洁的明月……自然式园林也表现水的动态美，但不是喷泉和规则式的台阶瀑布，而是自然式的瀑布，池中有自然的矶头、矶口，以表现经人工美化的自然。

正因为如此，园林一定要凿池引水。古代园林理水之法，一般有三种。

一为掩。以建筑和绿化，将曲折的池岸加以掩映。临水建筑，除主要厅堂前的平台，为突出建筑的地位，不论亭、廊阁、榭，皆前部架空挑出水上，水犹似自其下流出，用以打破岸边的视线局限；或临水以菰、蒲为岸，杂木迷离，造成池水无边的视觉印象。

二为隔。或筑堤横断于水面，或隔水浮廊可渡，或架曲折的石板小桥，或涉水点以步石，正如计成在《园冶》中所说，"疏水若为无尽，断处通桥"。如此则可增加景深和空间层次，使水面有幽深之感。

三为破。水面很小时，如曲溪绝涧、清泉小池，可用乱石为岸，怪石纵横、犬牙交错，并植配以细竹野藤、朱鱼翠藻，那么虽是一洼水池，也令人似有深邃山野风致的审美感觉。

（3）植物

植物是造山理池不可缺少的因素。中国古代园林对植物的选择标准主要有三条。一讲姿美，树冠的形态，树枝的疏密曲直等，追求自然优美。二讲色美，树叶、树干、花都要求有各种自然的色彩美，如红色的枫叶、青翠的竹叶、斑驳的椰榆、白色的广玉兰、紫色的紫薇等。三讲味香，要求自然、淡雅和清幽。最好四季常有绿，月月有花香，其中尤以蜡梅最为淡雅，兰花最为清幽。花木对园林山石景观起衬托作用，又往往和园主追求的精神境界有关。如竹子象征人品清逸和气节高尚，松柏象征坚强和长寿，莲花象征洁净无瑕，兰花象征幽居隐士，玉兰、牡丹、桂花象征荣华富贵，石榴象征多子多孙，紫薇象征高官厚禄等。园林中常见的春季花卉有牡丹、芍药、玉兰、迎春、山桃等。夏季有荷花、睡莲、石榴花等。秋天有菊花、桂花、木芙蓉。冬天有蜡梅、水仙。

园林中常见的树木有松、柏、竹等。松树的品种很多，常青、耐寒、长寿是松的共性，在某种程度上，松是我们民族精神的一种象征。柏树的年龄更长久。在古代园林中，特别是寺庙园林中的柏树，有千年以上历史的较多。竹子是最理想的园林植物，且能营造出幽深的意境。竹子容易成活，容易成林，也容易更新。同时，竹子还象征人品清逸和气节高尚。

古树名木，对创造园林气氛非常重要。古木繁花，可形成古朴幽深的意境。所以，如果建筑物与古树名木矛盾时，宁可挪动建筑以保住大树。计成在《园冶》中说：“多年树木，碍筑檐垣，让一步可以立根，斫树枒不妨封顶。”构建房屋容易，百年成树艰难。

除花木外，草皮也十分重要，平坦或起伏或曲折的草皮，也令人陶醉于向往中的自然。

（4）动物

中国古代园林重视饲养动物。最早的苑囿中，以动物作为观赏、娱乐对象。魏晋南北朝园林中有众多鸟禽，使之成为园林山水景观的天然点缀。唐代王维在辋川别业中养鹿放鹤，以寄托“一生几经伤心事，不向空门何处销”的解脱情趣。宋徽宗所建艮岳，集天下珍禽异兽数以万计，经过训练的鸟兽，在徽宗驾临时，能乖巧地排立在仪仗队里。明清时园中有白鹤、鸳鸯、金鱼，还有天然鸟蝉等。园中的动物主要有鸟禽、鹿、金鱼等。园中动物可以观赏娱乐，可以隐喻长寿，还可令人通过视觉、听觉产生联想。

特别提示

掌握中国古代园林构成要素的内容及特点。筑山包括土山、土石假山、石山，模仿自然的山体。理池主要有三种方法，即掩、隔、破。自然式园林以表现静态的水景为主，以表现水面平静如镜或烟波浩渺的寂静深远的境界取胜。中国古代园林对植物的选择标准主要有三条。一讲姿美，树冠的形态，树枝的疏密曲直等，追求自然优美。二讲色美，树叶、树干、花都要求有各种自然的色彩美。三讲味香，要求自然、淡雅和清幽。中国古代园林重视饲养动物，使之成为园林山水景观的天然点缀，园中动物可以观赏娱乐，可以隐喻长寿，还可令人通过视觉、听觉产生联想。

3.5.2.2　建筑系列

园林中的建筑有十分重要的作用。它可满足人们生活享受和观赏风景的愿望。中国古代园林中的建筑，一方面要可行、可观、可游，一方面起着点景、隔景的作用。使园林移步换景，渐入佳境，以小见大，又使园林显得自然、淡泊、恬静、含蓄。中国古代园林的建筑形式多样，有厅堂、楼阁、廊、亭、桥、舫等。

（1）厅堂

厅堂是待客、宴客的场所，是园林中不可缺少的建筑主体。“凡园圃立基，定厅堂为主。”（计成，《园冶》）厅堂的位置确定后，全园的景色布局才依次衍生变化。造成各种各样的园林景致。厅堂一般坐北朝南。向南望，是全园最主要景观，通常是理池和造山所组成的山水景观，使主景处于阳光之中，光彩多变，景色显得变幻无穷。厅堂建筑的体量较大，空间环境相对也开阔，在景区中，通常建于水面开阔处，临水一面多构筑平台，如北京园林大多临水筑台、台后建堂。这成为明清时代构园的传统手法，如拙政园的远香堂、留园的涵碧山房、狮子林的荷花厅。厅堂的四周围都是很低的坎墙，装配坎窗或落地长窗，便于在室内看到外部的景色。厅堂内的陈设布置也很讲究，体现出主人的身份、爱好和文化素养。

（2）楼阁

楼，是园林中较重要的建筑，属较高层建筑。一般如作房闼，须回环窈窕；供藏书画，须爽垲高深；供登眺，在视野要有可赏之景。阁，四周开窗，每层设围廊，有挑出平座，以便眺望观景。楼和阁体量处理要适宜，避免造成空间尺度的不和谐而损坏全园景观。楼和阁不仅体量较大，而且造型丰富，是园林中的重要点景建筑。如北京颐和园的佛香阁，位于万寿山前山中央建筑群的最高处，成为前山前湖景区的艺术构图中心。苏州沧浪亭的看山楼，地处全园的最高端，登高可远眺苏州南部灵台、天平诸峰。

（3）书房馆斋

馆，可供宴客之用，其体量有大有小，与厅堂稍有区别；大型的馆，如留园的五峰仙馆、林泉耆石馆，实际上是主厅堂。斋，供读书用，环境当隐蔽清幽，尽可能避开园中主要游览路线。建筑式样较简朴，常附以小院，植芭蕉、梧桐等树木花卉，以造成一种清静、淡泊的情趣。

（4）榭

榭是一种建于水边，在水中立柱支撑架空于水面之上的凌水亭阁。平面常用长方形，一般多为开敞或设窗扇，以供人们游憩、眺望。水榭，则要上面临水。如苏州拙政园的芙蓉榭（见图3-11），位于园东部池畔，有深远的视野，是园林东部景区的重要点景建筑。

图3-11　苏州拙政园的芙蓉榭

（5）轩

轩是小巧玲珑、开敞精致的建筑物，室内简洁雅致，室外或可临水观鱼，或可品评花木，或可极目远眺。如苏州网师园的竹外一枝轩（见图3-12），是一座临水敞轩，临水一侧完全开放，仅在柱间设靠椅供人凭依坐憩，形式与性质上都与水榭相近，但不像榭那样伸入水中。

图3-12 苏州网师园的竹外一枝轩

（6）舫

舫是仿照舟船造型的建筑，常建于水际或池中。大多将船的造型建筑化，在体量上模仿船头、船舱的形式。根据形态和位置，全在岸上靠近水边的，称为船厅或旱船；半在水中和全在水中的称作舫或不系舟。古代园林中的名舫很多，凡是水景园中，几乎必建。如南京煦园不系舟，是太平天国天王府的遗物；苏州拙政园的香洲，是舫中佼佼者。

（7）亭

园林中的亭，专指有屋顶而四周没有墙体封护的点景建筑，是一种开敞的小型建筑物，主要供人休憩观景。可眺望，可观赏，可休息，可娱乐。亭在造园艺术中的广泛应用，标志着园林建筑在空间上的突破，或立山巅，或枕清流，或临洞壑，或傍岩壁，或处平野，或藏幽林，空间上独立自在，布局上灵活多变。在建筑艺术上，亭集中了中国古代建筑最富民族形式的精华。按平面形状分，常见的有三角亭、方亭、矩形亭、六角亭、八角亭、圆亭、扇面亭、梅花亭等。按屋顶形式分，有单檐亭、重檐亭、攒尖亭、盝顶亭、歇山亭，攒尖高耸，檐宇如飞，形象十分生动而空灵。按所处位置分，有桥亭、路亭、井亭、廊亭等。凡有佳景处都可建亭，画龙点睛，为景色增添民族色彩和气质；即使无佳景，也可从平淡之中见精神，使园林更富有生气和活力。苏州沧浪亭园林中的沧浪亭（见图3-13），拙政园中的松风亭、嘉实亭都是著名的亭。

图3-13　苏州沧浪亭园林假山上的沧浪亭

（8）廊

廊是由古代房屋的檐下部分——庑发展而成的。园林中的廊早已从檐下解放出来，经千变万化而成为园林的主景之一。廊在园林中不仅有交通的功能，更重要的是有观赏的作用，是中国园林中最富有可塑性与灵活性的建筑。蜿蜒曲折也好，高低起伏也好，是一种生动活泼颇具特色的民族建筑。它既可在交通上连通自如，将园林贯通一气，又可让游人移步换景，仔细品味周围景色。它既可使游人于烈日之下免受曝晒之苦，又可使游人于风雨之中不遭吹淋之罪，在酷暑风雨之时，仍然可以观赏不同季节和气象的园林美。如果从横剖面上分析，可将廊分为四种类型，即双面空廊、单面空廊、复廊和双层廊。双面空廊，走廊两侧皆无墙，如北京颐和园长廊。单面空廊，一边为空廊，面向主要景色，另一边沿墙或属于其他建筑物，形成半封闭的效果，如北京颐和园的乐寿堂临湖单面空廊。复廊，在双面空廊的中间隔一道墙，形成两侧单面空廊的形式。中间分隔墙上开设众多花窗，两边可对视成景。苏州沧浪亭的复廊最负盛名。双层廊，可供人们在上下两层不同高度的廊中观赏景色，如北京北海公园北端的延楼，是呈半圆形弧状布置的双面廊，它面对着北海公园的主要水面，环抱琼岛。

（9）桥

园林中的桥集中了生活中交通用桥的精华，造型多样，一般有拱桥、廊桥、曲桥等类型，有石制的，有竹制的，有木制的，十分富有民族特色。它不但有增添景色的作用，而且用以隔景，可在视觉上产生扩大空间的作用。同时，过了一桥又一桥，也颇增游客游兴。特别是江南园林和岭南类型园林，由于多湖泊河川，桥也较多。

（10）园墙

园墙是围合空间的构件。中国的园林都有围墙，且具民族特色，比如龙墙，蜿蜒起伏，犹如长龙围院，颇有气派。园中的建筑群都采用院落式布局，园墙更是不可缺少的组成部分。如上海豫园有五条龙墙，将豫园分割成若干院落。南北园林通常在园墙上设漏窗、洞门、空窗等，形成虚实对比和明暗对比的效果，并使墙面丰富多彩。漏窗的形式有方、横长、圆、六角形等（见图3-14）。窗的花纹图案灵活多样，有几何形和自然形两种。园林中的园墙和走廊、亭榭等建筑物的墙上，往往有不装门扇的门孔和不装窗扇的窗孔，分别称洞门和空窗。洞门除供人出入，空窗除采光通风外，在园林艺术上又常作为取景的画框，使人在游览过程中不断获得生动的画面。

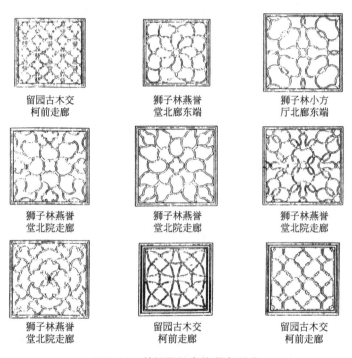

留园古木交　　　狮子林燕誉　　　狮子林小方
柯前走廊　　　　堂北廊东端　　　厅北廊东端

狮子林燕誉　　　狮子林燕誉　　　狮子林燕誉
堂北院走廊　　　堂北院走廊　　　堂北院走廊

狮子林燕誉　　　留园古木交　　　留园古木交
堂北院走廊　　　柯前走廊　　　　柯前走廊

图3-14　苏州园林中的漏窗形式

特别提示

掌握中国园林中厅堂、亭、廊的特点。

3.5.2.3　匾额、楹联与刻石

每个园林建成后，园主总要邀集一些文人，根据园主的立意和园林的景象，给园林和建筑物命名，并配以匾额题词、楹联诗文及刻石。匾额，是指悬置于门楣之上的题字牌；楹联，是指门两侧柱上的竖牌；刻石，指山石上的题诗刻字。园林中的匾额、楹联及刻石的内容，多数是直接引用前人已有的现成诗句，或略作变通。如苏州拙政园的浮翠亭，即引自苏

东坡诗中的"三峰已过天浮翠"。还有一些是即兴创作的。另外还有一些园景题名出自名家之手。不论是匾额、楹联还是刻石，不仅能够陶冶情操，抒发胸臆，也能够起到点景的作用，为园中的景点增加诗意，提升品位。

3.5.3　中国古典园林构景基本手法

在人和自然的关系上，中国早在步入春秋战国时代，就进入和自然协调的阶段。所以在造园构景中运用多种手段来表现自然，以求得渐入佳境、以小见大、步移景异的理想境界，以取得自然、淡泊、恬静、含蓄的艺术效果。构景手段很多。在微观处理中，通常有以下几种构景手段，也可作为观赏手段。

3.5.3.1　抑景

中国传统艺术历来讲究含蓄，所以园林构景也绝不会让人一走进门口就看到最好的景色，最好的景色往往藏在后面，这叫做"先藏后露"、"欲扬先抑"、"山重水复疑无路，柳暗花明又一村"。采取抑景的办法，才能使园林显得有艺术魅力。如园林入口处常迎门挡以假山，这种处理叫做山抑。

3.5.3.2　添景

当甲风景点在远方，或自然的山，或人文的塔，如没有其他景点在中间、近处作过渡，就显得虚空而没有层次；如果在中间、近处有乔木、花卉作中间、近处的过渡景，景色则显得有层次美，这中间的乔木和近处的花卉，便叫做添景。如当人们站在北京颐和园昆明湖南岸的垂柳下观赏万寿山远景时，万寿山因为有倒挂的柳丝作为装饰而生动起来。

3.5.3.3　夹景

当甲风景点在远方，或自然的山，或人文的建筑（如塔、桥等），它们本身都很有审美价值，如果视线的两侧大而无当，就显得单调乏味；如果两侧用建筑物或树木花卉屏障起来，使甲风景点更显得有诗情画意，这种构景手法即为夹景。如在扬州瘦西湖划船，远方的主景是白塔，通向白塔的两岸是长堤春柳。从湖中看，两岸长堤春柳与远方白塔形成的景致就是夹景。

3.5.3.4　对景

在园林中，或登上亭、台、楼、阁、榭，可观赏堂、山、桥、树木等，或在堂、桥、廊等处可观赏亭、台、楼、阁、榭，这种从甲观赏点观赏乙观赏点，从乙观赏点观赏甲观赏点的方法（或构景方法），叫对景。即不管身在园中的什么位置，对面都要有景可看。如北京颐和园昆明湖上的南湖岛和十七孔桥，是万寿山的对景。如果以南湖岛和十七孔桥为主体，万寿山就成了对景。

3.5.3.5　框景

园林中建筑的门、窗、洞，或乔木树枝等组合成的景框，往往把远处的山水美景或人文景观包含其中，这便是框景。杜甫有两句诗："窗含西岭千秋雪，门泊东吴万里船"，就是框景的效果。景色一经框住，便出现四周有明确界限的景色，产生了画面的感觉。框景处理得好，就像嵌在墙壁上和门洞里的一幅画。

3.5.3.6　漏景

园林的围墙上，或走廊（单廊或复廊）一侧或两侧的墙上，常常设以漏窗（见图3-14），或雕以带有民族特色的各种几何图形，或雕以民间喜闻乐见的葡萄、石榴、老梅、修竹等植物，或雕以麋、鹤、兔等动物，透过漏窗的窗隙，可见园外或院外的美景，这叫做漏景。

3.5.3.7 借景

大至皇家园林，小至私家园林，空间都是有限的。在横向或纵向上让游人扩展视觉和联想，才可以小见大，最重要的办法便是借景。所以计成在《园冶》中指出，"园林巧于因借"。如北京颐和园远借十里以外的西山群峰及稍近的玉泉山和山顶宝塔。借景，有远借、邻借、仰借、俯借、应时而借之分。借远方的山，叫远借；借邻近的大树叫邻借；借空中的飞鸟，叫仰借；借池中的鱼，叫俯借；借四时的花或其他自然景象，叫应时而借。

特别提示

掌握中国古代园林的构景手法。中国古代园林的构景手法包括抑景、添景、夹景、对景、框景、漏景、借景等。

3.5.4 古典园林的基本类型及特征

3.5.4.1 基本类型

中国古代园林，主要有以下两种分类方法。按园林性质的从属关系划分，主要分为皇家园林、私家园林、宗教寺观园林以及风景名胜园林。按地域和园林艺术风格划分，主要分为北方园林、江南园林及岭南园林。

3.5.4.2 基本特征

（1）皇家园林

皇家园林是专供帝王休憩享乐的园林。古人讲普天之下莫非王土，在统治阶级看来，国家的山河都是属于皇家所有的。所以其特点是：规模宏大，一般多选择真山真水；汇天下美景于一园，可谓南北景色，兼收并蓄；理水模式，一池三山；集处理政务、朝贺、居住、看戏、祈祷、游园及观赏于一体，功能齐全；建筑厚实稳重，色彩富丽堂皇；分工明确，均由宫殿区、生活区和游览区组成；开敞封闭，因地制宜。现存的著名皇家园林有：北京的颐和园、北京的北海公园、河北承德的避暑山庄等。

（2）私家园林

私家园林是供皇家的宗室外戚、王公官吏、富商大贾等休闲的园林。其特点是规模较小，所以常用假山假水。主体鲜明，个性突出。建筑小巧玲珑，风格朴实，色彩淡雅。现存的私家园林，如北京的恭王府，苏州的拙政园、留园、沧浪亭、网师园，扬州的个园、何园，无锡的寄畅园，上海的豫园等较为有名。

① 江南类型

南方人口较密集，所以园林地域范围小；又因河湖、园石、常绿树较多，所以园林景致较细腻精美。因上述条件，其特点为明媚秀丽、淡雅朴素；小巧别致，曲折幽深；寄情山水园林，满足诗画雅逸。南方园林的代表大多集中于南京、上海、无锡、苏州、杭州、扬州等地，其中尤以苏州为代表。

② 岭南类型

因为其地处亚热带，终年常绿，又多河川，所以造园条件比北方、南方都好。其明显的特点是园内植物具有热带风光，建筑物都较高而宽敞。现存岭南类型园林，著名的有广东顺德的清晖园、东莞的可园、番禺的余荫山房等。

3.5.4.3   宗教寺观园林

宗教寺观园林指佛寺、道观、历史名人纪念性祠庙的园林。附属于寺观，以烘托宗教主体建筑的庄严、肃穆和神秘为宗旨，有超脱尘俗的功能。宗教寺庙园林的特点是：首先，其具有公共性。面向广大的香客、游人开放。其次，在园林寿命上，受朝代更替影响较小，具有较稳定的连续性。最后，在选址上，宗教寺观园林选址多远离城市，园内主要种植松柏，依据不同地理环境，创造出具有宗教文化内涵的特色园林。寺观园林主要有两种不同风格，一种以自然为主，另一种以建筑为主。以自然为主的寺观园林大多依托于名山大川，融真山真水于一体。以建筑为主的寺观园林多位于城市，格局与私家园林宅院相似。

3.5.5   现存古典园林

3.5.5.1   现存皇家园林

现存皇家园林包括颐和园、承德避暑山庄、北海公园等。

承德避暑山庄史称热河行宫，俗称承德离宫。它位于河北省承德市北部武列河西岸，始建于康熙四十二年（1703年），建成于乾隆五十七年（1792年），为清代皇帝避暑和从事各种政治活动的场所。总面积560万平方米，周围石砌宫墙长达10公里，各种建筑达120余组，建筑面积10万平方米之多，是我国现存最大的皇家园林。山庄分宫殿区和苑景区两部分。苑景区又分为湖区、平原区和山区。其中有著名的康熙、乾隆二帝亲自题匾额并以诗咏之的72景，集全国古代园林之大成。

宫殿区系山庄中最大的建筑群，并绝大部分都按清代小式木构建筑的规格建成，由正宫、松鹤斋、万壑松风和东宫四组建筑群组成。其中正宫总面积2.4万平方米，从丽正门到岫云门，以严谨的中轴线对称平面布局，前朝后寝分别以俗称楠木殿的"澹泊敬诚"和"烟波致爽"两殿为主体建筑。

> **知识之窗**
>
> "澹泊"二字来自于《易经》："不烦不扰，澹泊不失。"诸葛亮在其《诫子书》中又说："非澹泊无以明志，非宁静无以致远。"康熙皇帝题"澹泊敬诚"这四个字，含蓄地表达了他"居安思危、崇尚节俭"的思想。这个殿是避暑山庄的主殿，是清代皇帝在山庄居住时处理朝政和举行盛大庆典的地方。整个大殿用珍贵的楠木建造，因此又叫"楠木殿"。每当阴雨连绵之时，楠木散发着屡屡清香，沁人心脾。❶

湖区水面面积约30万平方米，以洲、岛、桥、堤分隔为上湖、下湖、银湖、镜湖、内湖、长湖、如意湖、澄湖8个大小湖面，构成江南水乡名园的意境。湖面建筑分东部（水心榭和金山等）、中部（月色江声、如意洲、环碧、青莲岛上等）、西部（牌楼、石桥及"芳渚临流"亭等）三大部分。

平原区以万树园为中心，占地60万平方米。这里林木繁茂，绿草如茵，当年麋鹿成群，是皇帝与王公贵族骑射、野宴的地方。现存建筑主要集中在南侧，有文津阁和"水流云在"四亭等。

---

❶ 中华人民共和国国家旅游局.走遍中国：中国优秀导游词精选（综合篇）.北京：中国旅游出版社，1997：68.

山区则在山庄西北，一片峰峦之地占全园面积的4/5，建有象征万里长城的北部宫墙，"康乾盛世"建筑的40余组山中之园基本无存。登上山巅，溥仁寺、普宁寺、安远寺、普乐寺、普陀宗乘之庙、须弥福寿之庙、殊像寺等外八庙中仅存的七座古庙依山而建，形式各异，历历在目。普宁寺的大乘阁有一座22米高的千手千眼观世音菩萨，是我国现存最大的木雕佛像。

中华人民共和国成立之后，对避暑山庄外八庙的保护极为重视，1961年公布为全国重点文物保护单位，1982年公布为全国重点风景名胜区，1994年被收入《世界遗产名录》。

3.5.5.2 现存私家园林

（1）苏州园林

苏州园林甲天下，不出城郭而获山水之怡，身居闹市而得林泉之趣，这是苏州市旅游的最大特色。苏州的私园始于东晋。明代苏州园林有217处，清代有130多处。现存苏州名园大都是明清时始建。苏州园林是中国风景园林集艺术、自然、构思之美而营造和美宁静意境的杰作。苏州园林于1998年12月被列入《世界遗产名录》。苏州四大名园是沧浪亭、狮子林、拙政园、留园。

① 拙政园

拙政园位于江苏苏州市娄门内，是苏州四大名园之一。旧为大宏寺，明正德年间（1506—1521年），御史王献臣始建园，后多次易主，几经兴废。现园体为清末规模，由中（拙政园）、西（补园）、东（归田园居）三部分组成，面积约5.2公顷，为苏州诸园之冠。

中部总体布局以水为中心，水面约占3/5，为全园精华所在。主厅远香堂位于池南岸，由此可欣赏园中四面景物。远香堂东隅为以轩廊小院组成的枇杷园，内植枇杷、竹、海棠等植物。北部池中二岛，各建一亭，为夏日消暑胜地。岛西北有见山楼，登临可远眺虎丘。池西南有飞虹桥通小沧浪水院，北有旱船三面临池，附近的玉兰堂，庭院闲静。

西部补园，面积约0.8公顷。建筑以南端的鸳鸯厅最大，其北半部称三十六鸳鸯馆，南半部称十八曼陀罗花馆。鸳鸯厅东有宜两亭，西北有留听阁。北山中有浮翠阁，下山东行则经倒影楼，浮翠阁、倒影楼为西部最佳景物处。

园东部为1955年在归田园居旧址上重建。辟有大片草坪和山石水池，新建有门廊、小院及兰雪堂等建筑。

② 留园

留园位于苏州城东北阊门外，是苏州四大名园之一。原是明嘉靖徐泰时的东园。清嘉庆时刘恕改建成寒碧庄，也称刘园。太平天国后，阊门外独留此园未毁，谐刘园之音，改名为留园。园内布局分东、西、中、北四部。总部以山水景色为主，是原先寒碧庄的基础；东部以建筑院落为主，在寒碧庄基础上向东扩建了林泉耆硕之馆及其庭院；西部系光绪时扩建的土山枫林；北部是桃园等田园风光。四景区间以曲廊相连，廊长700余米，依势曲折，通幽度壑，使园景深奥，堪称我国造园艺术佳作。东园内的"冠云峰"，高约9米，为北宋花石纲遗物。

（2）扬州的个园与何园

① 个园

个园位于江苏省扬州市东关街。原为清代画家石涛故居寿芝园旧址，清嘉庆、道光年间大盐商黄应泰修建为住宅花园。此园布局紧凑，以叠石立意、气势雄浑著称。个园中的四季假山在扬州古代园林中别具特色，在国内也属罕见。

②何园

何园，又名寄啸山庄，位于江苏省扬州市东南徐凝门街。原是乾隆时双槐园旧址，清光绪年间道台何芷舠改建。何园在住宅后面，分东、西两部分。西部为主园，地阔景深；东部以船厅为主景。南北二厅相对。此园东部紧凑，西部开敞，以复道廊与假山贯穿分隔，上下衔接，山水建筑浑然一体，有"城市山林"之誉，为扬州住宅园林的典型。

（3）寄畅园与豫园

①寄畅园

寄畅园位于无锡市西郊惠山东麓，是江南名园，此园元代时为僧舍，明代万历年间改称寄畅园。出典于王羲之所作诗句："三春启群品，寄畅在所因。"全园运用各种造园艺术，体现山林野趣、清幽古朴的园林风貌。乾隆时，在北京的清漪园（今颐和园）内仿建惠山园，可见寄畅园影响之大。

②豫园

豫园位于上海市区城隍庙地区，始建于明代。园主潘允端曾任四川布政使。据其《豫园记》所说，为"豫（愉）悦老亲"而建。全园可分四个部分：西部的主厅三穗堂、仰山堂与南山为主景区；北部由万花楼、鱼乐榭、会心不远亭组成庭院景区；东部是点春堂、煦堂；南部是玉华堂、得月楼、九狮轩。黄石假山、砖雕、圆雕、龙墙为其特色。花石纲遗物，江南三大名石之一——著名的太湖石"玉玲珑"，也是一大景观。

（4）广东的清晖园与可园

广东的四大名园指顺德的清晖园、东莞的可园、番禺的余荫山房及佛山的十二石斋。

①清晖园

清晖园位于广东省佛山市顺德区大良镇，始建于清代。全园建筑物的配置以船厅一带为中心，因地制宜，互相衬托。船厅、南楼、惜阴书屋、真砚斋等建筑，古朴淡雅，彼此用曲廊衔接，古树穿插其间，建筑空间既有联系，又有分隔。清晖园的造园艺术有其独到之处，不仅总体布局能因地制宜，配置得体，而且在江湖设计方面也独具匠心。园内所有装饰图案无一雷同，并且大都以岭南佳果为题材，富有岭南特色。此外园中还种植了许多珍贵的花木，包括玉堂春、百年紫藤、龙眼、银杏等。

②可园

可园位于广东省东莞市，始建于清代。可园占地甚小，但园中建筑、山池、花木等景物却十分丰富。造园时，由于运用了"咫尺山林"的手法，故能在有限的空间里再现大自然的景色。全园以双清室、可楼为构园中心，尚有绿绮楼、擘红小榭等景观。全园设计精巧，布局新奇，颇具岭南园林特色。

3.5.5.3　现存宗教寺庙园林

主要有西藏罗布林卡，北京白云观，潭柘寺，苏州寒山寺、杭州灵隐寺等。

罗布林卡位于西藏拉萨西郊拉萨河北岸。罗布，藏语意为"宝贝"，林卡，藏语意为"林园"。清乾隆二十年（1755年），达赖七世格桑嘉措在此建格桑颇章宫殿，在此消夏、理政、举行各种庆典。以后成为历代达赖的夏宫，是西藏自治区规模最大、营建最精美的园林。

全园占地约36万平方米，由格桑颇章、金色颇章、达旦明久颇章三组雄伟的宫殿建筑群组成，每组建筑群又分为宫区、宫前区、森林区三个主要部分。全园结合功能需要，划分若干景区空间，每个景区又根据地形，运用山石、水面、树木、建筑组成各种景观，创造出不同性格的以自然山水为主题的意境。园中饲养鹿、豹等各种珍禽异兽。罗布林卡的园林布置，既有西藏高原的特点，又吸取了内地园林传统手法，是西藏最富地方特色的园林。2001年该园已作为布达拉宫的扩展项目列入《世界遗产名录》。

特别提示

掌握避暑山庄和拙政园的情况。

3.6 中国古代墓葬建筑

学习情境

明十三陵

明十三陵位于北京昌平北天寿山西麓，陵域面积120平方公里，环葬着明代的13位皇帝。长陵为朱棣之陵墓，位踞陵区正中，东侧是景陵、永陵、德陵；西侧是献陵、庆陵、裕陵、茂陵、泰陵、康陵；西南有定陵、昭陵、悼陵。各陵共设一个神道与牌坊、石像生等，整体布局由神道和陵园两部分组成。石牌坊为神道的起点，向北依次是大红门、碑楼、石像生、龙凤门，巨石雕琢的石像生有24座石兽和12座石人。各陵园建筑除面积大小、建筑繁简有异外，布局、规制基本相同。陵园平面呈长方形，中轴线上依次为祾恩门、碑亭、祾恩殿、明楼、宝城等。在十三陵中，长陵以其宏伟的地面建筑而闻名于世。长陵宝城直径340米，周长1公里余，上有垛口，形似砖砌城堡。祾恩殿最为壮观，面阔9间，进深5间，黄瓦红墙，重檐庑殿顶。

定陵是明代第十三帝神宗朱翊钧及其二后的陵墓。1956年经过考古发掘，揭开了地宫之谜。地下宫殿总面积1195平方米，全部为拱券式石结构，由前、中、后、左、右5大殿堂组成。后殿最大，长30米，宽9米，高9.5米，地面用磨光花斑石铺砌。棺床中央放置皇帝和二后的棺椁，以及装满随葬品的26只红漆木箱。墓中出土的金冠、凤冠、瓷器、丝织品等珍贵文物，现设定陵陈列室展出。

问题研讨

1.明十三陵位于何处？

2.有多少位皇帝埋葬于此？为什么？

3.整个陵区是如何布局的？说说定陵地宫的结构。

知识研修

3.6.1 中国古代墓葬的发展

3.6.1.1 古墓葬概念

墓指用以放置尸体或其残余的固定设施。葬指掩埋死者遗体，人类将死者的尸体或尸体的残余按一定的方式放置在特定的场所。在考古学上两者合称为"墓葬"。民间常把埋葬死人之地称为坟墓，即筑土为坟，穴地为墓。

中国至迟在旧石器时代晚期就已有墓葬。此后，经新石器时代至商、周、秦、汉以及以后各历史时代，墓葬制度随着社会生产力、生产关系和上层建筑的发展而不断演变，显示出一定的规律性。在阶级社会中，墓葬制度突出地体现了阶级关系。各个时代民族和地区的特点，在墓葬制度中也得到了充分的反映。

3.6.1.2　古墓葬分类

古墓葬中，被列为全国重点文物保护单位的，可分为以下三种类型。

（1）帝王陵墓

包括西安附近的秦始皇陵、汉高祖长陵、汉武帝茂陵、唐太宗昭陵、唐高宗和武则天合葬的乾陵、江苏江宁的南唐二陵、河南巩义市的宋陵、宁夏的西夏王陵、内蒙古的成吉思汗陵、南京的明孝陵、北京的明十三陵、河北遵化的清东陵和易县的清西陵等。帝王陵墓规模大，随葬品丰富。

（2）具有历史纪念意义的名人墓地

例如黄帝陵、孔林、司马迁墓、张衡墓、张仲景墓、岳飞墓、司马光墓、李自成墓、奢香墓、苏禄王墓等。除个别著名人物外，一般规模不大，墓中随葬物更是微薄稀少。

（3）具有重要的历史和艺术价值的墓葬

例如辽宁辽阳的汉魏壁画墓、新疆的阿斯塔那古墓群、河北景县的封氏墓群、吉林集安的高句丽古墓群、四川的僰人悬棺葬和麻浩崖墓等。其中阿斯塔那古墓群由于所处地区气候十分干燥，使墓内许多怕潮易腐的千年遗物以及古尸得以完好地保存下来，包括丝、毛、棉、麻织物、绘画作品、泥塑木雕俑及数以百计的千年古尸。

特别提示

掌握中国古代墓葬的分类。中国古代墓葬可分为三种类型：帝王陵墓、具有历史纪念意义的名人墓地、具有重要的历史和艺术价值的墓葬。

3.6.1.3　古墓葬的结构

古墓葬一般可以分为两部分，即地下部分和地面部分。地下部分包括墓室结构和随葬品；地面部分包括封土和陵园建筑。

（1）地下部分

①墓室结构

在原始社会早期，墓穴形式很简单，只在地下挖一土坑，墓坑一般都小而浅，仅能容纳尸体，无棺椁，尸体也无特殊东西加以包裹，到新石器时代晚期开始出现葬具。在大汶口文化后期，少数墓坑面积很大，坑内沿四壁用天然木材垒筑，上面又用天然木材铺盖。

进入阶级社会后，墓葬制度中存在严格的阶级和等级的差别，统治阶级的陵墓有着十分宏大的规模。河南安阳侯家庄的一座商代亚字形墓，墓室面积约330平方米，加上墓道，总面积达1800平方米。王和各级贵族的墓，都用木材筑成椁室。椁是盛放棺木的"宫室"，即棺外的套棺，用砍伐整齐的大木枋子或厚板用榫卯构成一个扁平的大套箱，下有底盘，上有大盖，椁内分成数格，正中放棺，两旁和上下围绕着几个方格，称为厢，分别安放随葬品，如湖南长沙马王堆的西汉墓其棺椁形式即如上所述。

"黄肠题凑"是指西汉帝王陵寝椁室四周用柏木枋堆垒成的框形结构。黄肠是指柏木黄心，即椁室外堆垒所用的柏木，枋心木色淡黄。题凑是指木头皆指向内，即四壁所垒筑的枋木全与同侧椁室壁板呈垂直方向，若从内侧看，四壁都只见枋木的端头。黄肠题凑是木棺墓的一个重大发展，根据文献记载，这种葬制至迟在战国时就已经出现，目前所知年代最早的木构题凑是在西汉初年的墓中。此外还发现了西汉中期、晚期的黄肠题凑。其中西汉中期的北京大葆台汉墓1号墓，用15000多根柏木椽叠垒成的宏大题凑，高达3米，直抵墓室顶部，其内设有回廊及前、后室，为黄肠题凑的成熟形式。

从汉代开始，普遍采用砖石筑墓室，木椁墓室逐渐被取代。这是中国古代墓葬制度的一次划时代的大变化。这种变化主要是从西汉中期才开始的，然后普及各地。西汉中期，中原一代流行空心砖墓。西汉晚期开始出现石室墓，其墓室中雕刻着画像，故称"画像石墓"。墓室的结构和布局，也是仿照现实生活中的住宅。从汉到隋、唐、宋、元、明、清各代，砖石砌筑的墓室和地宫一直在不断发展。

特别提示

掌握黄肠题凑型墓葬的特点。"黄肠题凑"是指西汉帝王陵寝椁室四周用柏木枋堆垒成的框形结构。黄肠是指柏木黄心，即椁室外堆垒所用的柏木，枋心木色淡黄。题凑是指木头皆指向内，即四壁所垒筑的枋木全与同侧椁室壁板呈垂直方向，若从内侧看，四壁都只见枋木的端头。黄肠题凑是木棺墓的一个重大发展。

② 随葬品

在原始社会早期，墓中随葬品主要是死者生前喜欢和使用过的物品，包括陶器皿、石制和骨制的工具、装饰品等。在同一墓地中，各墓随葬品的多寡、厚薄往往差别不大。

到了原始社会晚期，出现了贫富分化的现象。如在大汶口文化晚期10号墓中，有结构复杂的葬具，死者佩戴精致的玉石饰物，随葬玉铲、象牙器和近百件精美陶器。

进入阶级社会以后，贫富分化更加悬殊，王和贵族墓的随葬品极其丰富、精美。包括青铜器、玉石器、漆木器、骨角器等。商代还流行人殉制度，人殉是用活人来为死去的氏族首领、家长、奴隶主或封建主殉葬。商王和大贵族的陵墓，殉葬者少则数十，多则一二百人，包括墓主人的侍从、婢妾、卫兵和各种勤杂人员。人殉在西周前期仍很普遍，中期以后稍减少。从战国开始，用木俑和陶俑随葬的风俗已盛，这可以看作人殉的替代。

从西汉中期以后，随葬品中增添了各种专为随葬而做的陶质明器，包括仓、灶、井、磨、楼阁等模型和猪、狗、鸡等模型。到了东汉，明器的种类和数量增多。这是中国古代墓葬在随葬品方面的一次大变革。魏晋南北朝时期，随葬品主要是陶瓷器皿、陶制模型、陶俑和镇墓兽。隋唐五代时期，随葬品以大量的陶俑为主，陶俑可分为出行时的仪卫行列和家居时的家臣侍者两大类。宋至明代，随葬品以实用物品和珍宝为主，包括陶瓷器、金银器和玉器等。

想一想

中国人为什么讲究厚葬？

（2）地面部分

①封土

大约从殷末周初，在墓上开始出现了封土坟头。春秋战国以后，坟头封土越来越大，形状好似山丘。特别是帝王陵墓的封土，工程大，发展变化明显。下面介绍几种帝王陵墓的封土形式。

第一种叫覆斗方上。其做法是在墓穴之上，用土层层夯筑，使之成为上小下大的方锥体，因其上部为一小的方形平顶，好像方锥体截去了顶部，故曰"方上"。陕西临潼的秦始皇陵的坟头，望上去好像一座土山，它的形式就是典型的方上。汉代帝王陵墓的坟头也多采用方上形式。

第二种为以山为陵。即利用山丘作为陵墓的坟头，唐代帝王陵多采用以山为陵的形式。唐昭陵就是以梁山为陵，凿山建造的。

第三种为宝城宝顶。即在地宫之上砌筑高大的砖城，在砖城内添土，使之高出城墙成一圆顶。这种城墙称为宝城，高出的圆形或椭圆形坟头，称为宝顶。在宝城之前，还有一个向前突出的方形城台，台上建方形明楼，称为"方城明楼"，楼内树立皇帝或皇后的谥号碑。明清两代的皇帝和后妃皆采用了这种以宝城宝顶及方城明楼构成的坟头。

特别提示

掌握帝王陵墓封土的特点。

---

②陵园建筑

早在商代，在王陵和贵族墓的墓室之上就出现了供祭祀用的房屋建筑，只是由于时代久远，商至春秋时期帝王陵的地面建筑早已毁坏，不过，自秦汉以来，帝王陵的地面建筑有遗址可寻。帝王陵的地面陵园建筑除封土外主要有三个部分。

第一部分为祭祀建筑区。为陵园建筑的重要部分，用来作祭祀之用。主要建筑物是祭殿。早期曾称作享殿、献殿、寝殿、陵殿等。秦始皇陵陵园的北部设有寝殿，开帝陵设寝的先例。唐乾陵曾有房屋378间。明代帝王陵园的祭祀建筑区由祾恩殿、配殿、廊庑、祭坛、朝房、值房等建筑组成。

第二部分为神道。又称作"御路"、"甬路"等，是通向祭殿和宝城的导引大道。唐以前，神道并不长，在道旁置少数石刻，墓道的入口设阙门，到了唐朝，陵前的神道石刻得到了很大的发展，大型的"石像生"仪仗队石刻已经形成。如唐乾陵的神道，全长约1公里，神道入口处有华表一对，华表之后依次为翼兽一对，鸵鸟一对，石马及牵马人5对，石人10对，还有无字碑、述圣记功碑和61座"番酋"像。到明清时期，帝王陵神道发展到了高峰。明十三陵的神道全长7公里，清东陵的神道长达5公里。明十三陵神道中央有"大明长陵神功圣德碑"，碑周围有4个石华表。神道两侧除神道石柱外，又有石兽24个，都是两卧两立。石人12人，内有武臣、文臣、勋臣各4个。

第三部分为护陵监。护陵监是专门保护和管理陵园的机构，为了防止被盗掘和破坏，每个皇帝的陵都有护陵监。监的外面有城墙围绕，里面有衙署、市街、住宅等建筑。

特别提示

　　掌握陵园建筑的三大部分及作用。陵园建筑的第一部分为祭祀建筑区，用来作祭祀之用。主要建筑物是祭殿。早期曾称作享殿、献殿、寝殿、陵殿等。第二部分为神道。又称作"御路"、"甬路"等，是通向祭殿和宝城的导引大道，两侧有石像生。第三部分为护陵监。护陵监是专门保护和管理陵园的机构，为了防止被盗掘和破坏，每个皇帝的陵都有护陵监。

3.6.2　中国现存的著名古代陵墓

3.6.2.1　秦始皇陵

　　秦始皇陵位于陕西省西安市临潼区。于公元前246年开始营建，历时37年之久才修成。今墓冢为四方锥形，1974年春在此发现秦兵马俑坑，先后发掘了三处。1号坑面积为14620平方米，在发掘的96平方米范围内，出土武士俑500余个，战车4辆，马24匹。2号坑面积达6000平方米，由骑兵、战车、步卒、射手混编而成，有兵马俑千余件，还配备各种实战武器。3号坑面积500平方米，内有战车1乘，卫士俑68个。秦兵马俑皆仿真人、真马制成。武士俑高约1.8米，面目各异，神态威严，再现了秦始皇威震四海、统一六国的雄伟军容。陵旁还出土两组铜车马俑，每辆车配四匹马，并有驭手。

　　秦兵马俑坑被誉为"世界第八奇迹"。1976年在1号坑遗址上修建了秦始皇陵兵马俑坑博物馆，馆内复原了兵马俑坑千军万马的威武阵势。秦始皇陵及兵马俑坑于1987年被列入《世界遗产名录》。

知识之窗

　　秦始皇曾想用4000童男童女为其殉葬。他降旨命李斯承办此事。李斯心中惧怕，未敢马上执行此令。因为营造秦陵、修筑长城已惹得民怨沸腾，再让如此众多的童男童女去殉葬，岂不火上浇油吗？他将来恐怕也死无葬身之地。于是，李斯向秦始皇建议：制作与真人真马一样大小的兵马俑，守护其亡灵，以壮声威。闻听此言，秦始皇大喜。他重新降旨，让李斯征集全国的能工巧匠，以他的8000御林军为原形，制作陶俑。[1]

3.6.2.2　汉茂陵

　　汉茂陵是汉武帝刘彻（公元前157—前87年）的陵墓。位于陕西兴平县，因茂陵在西汉时属槐里县茂乡，故名之。这是西汉帝王陵中规模最大的一座，始建于武帝即位后的第二年（公元前139年），历时53年才建成。形似覆斗形，高46.5米。陵园呈长方形，东西城垣430余米，南北城垣414余米，墙基5.8米。茂陵周围还有霍去病、卫青等20余个陪葬墓。

3.6.2.3　唐乾陵

　　唐乾陵是唐代第三个皇帝高宗李治和女皇武则天的合葬墓。位于陕西乾县县城城北的梁山上。修建于高宗死后第二年（公元684年）。乾陵三峰耸立，南端二峰东西对峙，为陵的天然门户，北峰雄伟，依山为陵，是陵墓的主体。地面陵园原有两重城墙，据《唐会要》记

---

[1] 中华人民共和国国家旅游局.走遍中国：中国优秀导游词精选（文物古迹篇）.北京：中国旅游出版社，1998：409.

载，当初地面建筑有378间。朱雀门外御道长约1千米，道两旁有华表、飞马、朱雀、番酋像等石雕，还有《述圣记碑》和《无字碑》。在乾陵的东南面有17座陪葬墓，现已发掘了部分墓葬，出土文物达4000多件。

3.6.2.4　清东陵与清西陵

清东陵在遵化县马兰峪以西，是清朝帝后陵寝建筑所在地之一。这里埋葬着顺治、康熙、咸丰、同治等五个皇帝和他们的后妃及公主等，共计15个陵墓。顺治帝的孝陵是清东陵的主陵。

清西陵是清王朝在关内的另一组陵寝建筑群，位于易县永宁山下。这里埋葬着雍正、嘉庆、道光、光绪四个皇帝、九个皇后和五十个妃嫔，七十五个亲王公主。雍正帝的泰陵是主陵。

清朝的陵寝制度，基本继承了明朝的制度。地面上主要有神道、隆恩殿、方城明楼、宝城宝顶等建筑。宝顶的下面是地宫。

本章内容举要

1.文物是人类在社会历史发展过程中遗留于社会上或埋藏在地下的、由人类创造或者与人类活动有关的一切有价值的物质遗存的总称。文物的分类方法主要有时代分类法、存在形态分类法和质地分类法。文物具有历史价值、艺术价值和科学价值。文物有史料作用、借鉴作用、教育作用及旅游观赏作用。

2.文物保护，广义指从国家设置各级文物机构、制定文物法规到文物部门所从事的各项工作都是以保护好国家文物古迹为前提；狭义指为了避免自然的和人为的破坏文物因素的发生，运用各种先进科学技术手段对地面遗存的不可移动的各种文物与博物馆收藏的文物藏品所进行的各种防护、保养、修缮，以达到长期保存文物的目的。目前已公布的全国重点文物保护单位有6批，共2351处。历史文化名城有116座。有41处名胜古迹被列入《世界遗产名录》。

3.我国古代建筑始于原始社会时期，经历了形成、发展、成熟、转折、再发展及高峰时期。根据等级制度，中国古代建筑可分为三个类型，即殿式、大式和小式。台基有四种，即普通台基、较高级台基、更高级台基和最高级台基。屋顶主要有庑殿顶、歇山顶、悬山顶、硬山顶、攒尖顶、盝顶及卷棚顶。彩画可分为三个等级，即和玺彩画、旋子彩画和苏式彩画。中国古代建筑有以下几个特点：一为使用木材作为主要材料；二为采用框架式结构；三为灵活安排空间布局；四为实行单体建筑标准化；五为重视建筑组群平面布局；六为创造斗拱结构形式；七为运用色彩装饰手段。

4.中国古代城市规划的特点：按照一定的制度进行规划和建设；重视城市的选址；以方格网街道系统为主，区划整齐；采用中轴线对称的平面布局；重视水源的利用和城市的绿化。中国有六大古都，即北京、西安、开封、洛阳、南京、杭州。长城是一处特殊的防御工程，始建于公元前7世纪中叶。秦始皇将秦、赵、燕长城连起来，俗称"万里长城"。汉长城长10000公里，明长城7000公里以上。八达岭长城和金山岭长城是我国明长城中最具有代表性的段落。长城上有三个著名的关隘，即山海关、居庸关和嘉峪关。中国古代有三大名楼，即岳阳楼、黄鹤楼及滕王阁。我国著名桥梁主要有河北的安济桥、永通桥，福建的安平桥、洛阳桥，广东的广济桥，广西的程阳永济桥，江西的观音桥和北京的卢沟桥等。

5.宫殿为帝王居住之所，是中国古代建筑中最高级、最豪华的一种类型。我们今天看到的、保存得完好的宫殿主要有北京的故宫和沈阳的故宫。宫殿的布局讲究严格的中轴对称，左祖右社及前朝后寝。宫殿外的陈设包括：华表、石狮、嘉量、吉祥缸及铜龟、铜鹤等。坛庙建筑也称为礼制建筑，包括祖庙与社稷坛，天、地等坛，文神庙与武神庙，宗祠等。

6.中国古代园林起源于商周时期，唐宋时期达到成熟阶段。明清时期，园林艺术进入精深发展阶段。中国古代园林若按占有者身份分，可分为皇家园林和私家园林；若按园林所处地理位置分，可分为北方类型、江南类型和岭南类型。中国古代园林的特色有四个：一为造园艺术，师法自然；二为分隔空间，融于自然；三为园林建筑，顺应自然；四为树木花卉，表现自然。中国古代园林的组成要素有：山、水、植物、动物、建筑。其中建筑包括：厅堂、廊、亭、桥、枋、榭、轩等。中国古代园林的构景手段主要有抑景、添景、夹景、对景、框景、漏景、借景等。著名园林包括承德避暑山庄、北京颐和园、苏州拙政园、拉萨罗布林卡等。

7.墓指用以放置尸体或其残余的固定设施。葬指掩埋死者遗体，即人类将死者的尸体或尸体的残余按一定的方式放置在特定的场所。中国古代墓葬一般可分为三种类型，即帝王陵墓，具有纪念意义的名人墓地，具有重要的历史和艺术价值的墓葬。古代墓葬一般可分为两部分，即地下部分和地面部分。地下部分包括墓室结构和随葬品；地面部分包括封土和陵园。著名陵墓包括秦始皇陵和明十三陵。

思考与练习

一、名词解释

1.《中华人民共和国文物保护法》　　2.《世界遗产名录》

3.《营造法式》　　4.岳阳楼

5.安济桥　　6.《园冶》

7.皇家园林　　8.框景

9.黄肠题凑　　10.宝城宝顶

二、问答题

1.我国的文物是如何分类的？文物有何价值和作用？

2.我国古代建筑发展主要经过哪几个阶段？举例说明唐代以来中国古代建筑各代的特点。

3.我国古代城市规划有何特点？长城有哪些著名的段落与关隘？

4.我国有哪些著名宫殿、坛庙？有何特点？

5.概述中国古典园林建筑的基本要素和造园艺术手段。

6.举例说明中国古代墓葬制度特别是地下墓室的产生、发展的变化。

7.中国历代帝王封土建筑从秦始皇到清光绪崇陵，主要有哪几种形式？

中国的馆藏文物及工艺品

博物馆在人类生活中占有重要地位。博物馆被视为学校的第二课堂、成人的终身学校、文化的窗口、旅游的热点，是人民扩大知识领域、满足审美享受、培养生活情趣、陶冶身心的重要场所。

1.石器是人类最早使用的生产工具，中国人自古就爱玉。掌握石器与玉器的知识，有助于我们认识中国的玉石文化。

2.瓷器是中国古代的一项伟大发明，中国素有"瓷国"之称。掌握陶瓷知识，有助于我们认识中国的陶瓷文化。

3.我国青铜器数量大，延续时间长，分布地区广，造型丰富，品种繁多，质量高，精品多，掌握青铜器知识，有助于我们认识中国的青铜文化。

4.无论是认识景点的价值、作用，还是景点的内涵，都必须认识中国文化科技发展的水平。中国古代的能工巧匠不但制作玉石器、陶瓷器、青铜器，还制作了木器、竹器、漆器，特别是漆器独具特色。掌握木、竹、漆器，有助于我们认识中国的手工艺文化。

4.1 石器、玉器

学习情境

清代的大禹治水图玉山子

清代玉器制作水平很高，大禹治水图玉山子就是其中的代表。清代的大禹治水图玉山子是传世品。高224厘米，宽96厘米。玉料呈青色，为和田青玉，有较多的绺纹。立雕，重山叠岭，流水潺潺，飞瀑高悬，山上遍布古木青松。悬崖陡壁上到处是幽深的洞穴，又聚集了大批开山采石的民工，民工们或用镐刨沙砾，或用锤钎凿石，或用杠杆搬运石头，一派热闹壮观场面。在山子正中部位，阴刻有"五福五代堂古稀天子宝"十个篆字组成的方印，背面下方刻有"八征耄念之宝"的方印。上方阴刻乾隆皇帝御笔题《密勒塔山玉大禹治水图》楷书七言诗及自注。器下为高达60厘米的随山底形状铸造的嵌金丝褐色铜座。根据诗文的叙述，该器的材料取自著名玉石产地新疆和田密勒塔山，图景是据清宫藏宋代以前的画轴模仿刻成。该器是我国现存玉器中最重最大的一件，重达7吨，先是从新疆运到内地，在扬州雕成后运回北京，藏于宫中。现存故宫博物院。

问题研讨

1.你知道玉器的定义吗？

2.你了解中国有哪些玉石产地吗？

3.大禹治水玉山子是在何处雕成的？

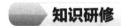 **知识研修**

4.1.1 石器

4.1.1.1 远古石器

（1）概述

石器是以石头为原料制作的工具。它是人类最初的主要生产工具。在考古学上，把主要使用石器的时期称为石器时代，这一时代大约开始于两三百万年以前，可以划分为旧石器时代和新石器时代两个阶段。

石器时代人类制造石器的石材是经过选择的，不过往往受到附近所产石料种类的限制。石材的来源主要有两种：第一种是采集砾石，即在山谷、河床和海滩上，经水冲磨的砾石（河卵石）；第二种是开采石料，在山上开采石材，就地打成石器的粗坯。如内蒙古呼和浩特大窑旧石器制作场就是采石场遗址，在遗址中出土了许多大型的燧石块，其周围密布人工打制的石块、石碴和石片等。

（2）制作工艺

石器的制作工艺主要有两种。第一种为打制工艺，这是一种原始方法。制作时用石锤（或角、木槌）打击石材，打下具有锋刃的碎片，称为石片，可用来加工成石器。石材被打成若干石片之后，失去其原来的形状，表面遗有许多石片的剥离痕迹，称为石核。打制石器的制作，一般为两个步骤。第一步即打片，打制的方法有三种：一是直接打法，用石锤直接打击石核以剥离石片；二是砸击法，把石核放在石砧上，再用石锤砸击；三是间接打击法，用木制或骨角制的短棒，一端放在石核上，用石锤打击另一端可以产生细长的石叶。第二步即加工，加工的方法有两种：一种是打击法，用石锤沿石片的边缘垂直打击，打出深而短的痕迹；另一种是压制法，用石制或骨角制的压砸器，在石片的边缘上压出浅而长的痕迹。第二种为磨制工艺，是指把石器的表面磨光，磨出刃部，并把石材磨制成形，这在石器制作上是一项进步，是磨制石器时代的基本特征之一。磨制方法是首先将石材打制或切割成一定形状的粗坯，然后放在大的砥石上加沙蘸水研磨，制出光滑规整的石器。

（3）石器的类别

一为砾石石器，也称石核石器，从砾石或石材上打下石片，以剩下的石核作为工具来使用，包括敲砸器、砍斫器、三棱大尖状器、盘状器和石球。二为石片石器，系用石片或石叶加工而成，主要有刮削器、尖状器和雕刻器等几类器形。三为磨制石器，磨制石器的器形比其他各类石器复杂。磨制石器从用途上大体包括以下各类。a.砍伐工具，常见的有斧、锛、凿，主要用于加工木材。b.农耕工具，有铲、穿孔砥石、刀和磨盘等。c.兵器，有镞、矛头、钺、戈、剑、锤斧和弹丸。d.仪仗，有穿孔的石球和齿轮状的环形石斧，属于权杖上的头饰。e.装饰品，多以精致美观的石材制成，有珠、管坠、环、璜、玦等。

想一想

普通的石头与石器有何区别？

4.1.1.2 著名石雕

（1）青田石雕

产于浙江省青田县。青田石系叶蜡石，致密细实，质地细腻、色泽丰富、软硬适中，是石雕的理想材料。青田石以冻石最为名贵。青田石雕始于宋代，盛于近代。主要作品有图章、笔筒、墨水池、人物、花果、鸟兽等。雕刻技法有圆、镂、透、浮雕等，尤以镂雕见长。1915年青田石雕参加巴拿马国际赛会，荣获特等奖。

（2）寿山石雕

产于福建省福州市。寿山石，学名"叶蜡石"，因产于福州北郊的寿山而得名，以"田黄石"最为名贵。寿山石雕源于南朝，盛行于明清时代。作品有人物、动物、花卉、文具、印章等。篆刻家、雕刻艺人常据石料的形状、色彩的不同而设计雕刻各种题材的陈设品和实用品。

（3）浏阳菊花石雕

产于湖南省浏阳县。菊花石是一种以燧石结构为核心的碳酸钙集合体。菊花石雕始于清代，主要作品有：砚台、茶具、花卉、动物等。1915年，浏阳菊花石雕《梅兰竹菊》花瓶，在巴拿马国际博览会上荣获金质奖章。

（4）湖北绿松石雕

产于湖北省西北部郧县、郧西和竹山等县。绿松石是一种含铜铝的磷酸岩，郧县绿松石质地最优良。绿松石雕刻始于原始社会晚期，20世纪50年代以后，得到迅速发展。主要作品有佩饰、人物、花卉等。在雕刻技法上结合了我国大江南北玉雕的风格。

（5）灵璧磬云石雕

产于安徽省灵璧县，又名八音石，此石击之有声，音韵悦耳。其中以"磬云石"最为名贵。灵璧磬云石雕刻在我国最早的地理书《禹贡》上就有记载，宋史曾多处记载历代皇家来灵璧采磬之事。近年来，灵璧磬云石雕有很大发展。主要作品有：磬、山水、花卉、珍禽等。

（6）曲阳石雕

产于河北省曲阳县。县城南面的黄山出白石，即汉白玉，又名大理石，其石质纯净细腻，易于雕琢。曲阳石雕始于汉代，北魏时已达到相当高的水平。唐宋时曲阳石雕艺术更加繁荣。主要作品有墓志、佛像等。

特别提示

掌握中国著名石雕青田石雕、曲阳石雕的产地及特点。

在北京故宫保和殿后的台阶上有一块紫禁城最大的石雕丹陛。丹陛为艾叶青石，上雕九龙，云纹回护，海水江牙，雕工精美。丹陛石长16.37米，宽3.07米，厚1.7米，总重200余吨，采自北京房山境内的大石窝。

4.1.2 玉器

4.1.2.1 玉器概述

玉器是指以硬玉、软玉、碧玉、蛇纹石、水晶、玉髓为原料而制作的工具、装饰品、祭器和陈设品等。玉指温润而有光泽的美石。按国际宝石学矿物学的通用概念，科学定义的玉仅包括两种矿物质，即碱性单斜石的硬玉及钙角闪石中的透闪石阳起石系列的软玉。玉的各种色泽是由矿石中所含的铁、镍等不同化合物形成的。中国古代对玉的定义很广泛，不像今天那么严格。许慎《说文解字》对玉下的定义是"玉，石之美者，有五德"。所谓五德，剥去仁义道德的外衣之后说是：温润有光泽，内外纹理一致，声音清悦舒扬，坚硬细密，色纯且洁净。

中国古代玉的产地很普遍，主要有新疆的和田玉，河南南阳的独山玉，辽宁的岫岩玉等。早期玉器多属软玉，到东周时期，玉制品中开始出现部分硬玉。

中国人自古以来就爱玉。中华民族爱玉本源于民俗。西周以来发展成一整套用玉的道德观，一直贯穿整个中国封建社会，并把玉质本身的许多优点与古人所崇尚的"德"联系起来。孔子称玉有"十一德"，即仁、知、义、礼、乐、忠、信、天、地、德、道。所以，古代佩玉和赏玉成为一种社会风气。玉和玉器还是一种权力和等级的象征：古代最高统治者皇帝的"皇"字，就是由白玉二字合成；天上的皇帝也被称为玉皇大帝；秦以后玉玺成了君权的象征，得了此玺才是真命天子，得不到是僭位者，被人讥为"白版天子"，汉以后的玉玺制度，一直沿袭到清代；某些玉器一直是政治等级制度的重要标志器物，被历代统治阶级加以利用，是玉器长盛不衰的一个重要原因。

中国最早的玉器出现于距今7000年的新石器时代，在河姆渡文化、大汶口文化、良渚文化、红山文化和龙山文化遗址中，均出土有精美的玉器，主要有装饰品和礼器。商周时期逐渐认识了玉的价值，玉石制品的数量和品种都有所增加，雕琢工艺也有提高。商周玉器大致可分成三大类，即礼器、仪仗类，实用器皿类，装饰艺术品类。汉代除了继承战国以来的传统外，开始有了变化。汉代玉器可分为四大类，即礼仪上使用的玉器，葬玉，装饰品，浮雕和圆雕的美术品。唐宋玉器色如羊脂，光泽晶莹，质地精良，技术精湛，鸟兽花卉的题材和玲珑剔透之器增多，写实能力大为提高。元明清时期南北两地玉器普遍发展，朱翊钧墓出土的玉圭、玉带钩、玉盂、玉碗、玉壶、玉爵、玉佩等可以代表这时期玉器的特点。清代乾隆时期因玉材丰富、皇家提倡和社会需要，制玉技艺成熟，达到空前的高峰。

中国从原始社会开始生产玉器，随着社会的发展逐步形成了独立的专业，历代王室朝廷皆设有玉器作坊。因为玉的硬度较高，加工时需要特殊的工具和方法。加工过程有选料、画样、锯料、做坯、打钻、做细、光玉、刻款等若干工序。加工工具有无齿锯、铊、钻和石英砂等。

想一想

中国人为什么喜欢玉器？

4.1.2.2　中国古代玉器种类及名称

中国古代玉器，按用途大致分为以下八类。

第一类是礼乐器，主要有璧、琮、圭、璋、琥、瑗、环、珑、玉磬等。玉器是人身份地位的标志：如古代执圭制度规定，天子用尺寸最大的镇圭，公用桓圭，侯用信圭，伯用躬圭，子和男用谷璧和蒲璧，不够某一级别身份的人不准持佩；玉器又是礼制的体现：以苍璧礼天，以黄琮礼地，以青圭礼东方，以赤璋礼南方，以白琥礼西方，以玄璜礼北方；在极受重视的吉、军、嘉、宾、凶五礼中，普遍使用玉礼器。

第二类是仪仗器，主要有戈、刀、牙戚、钺、斧等。

第三类是丧葬器，主要有瞑目、玉含、玉握、玉塞、玉衣等。如汉代建立起一套完整的葬玉制度，旨在使死者尸体不腐，灵魂永存，按制皇帝用金缕玉衣，诸侯列侯、始封贵人、公主使用银缕衣，大贵人、长公主使用铜缕衣。1968年在河北省满城县西汉墓中出土了金缕玉衣，随后在江苏、山东、安徽等地西汉墓中也间有发现，是研究汉代制玉工艺的不可多得的实物资料。

第四类是佩饰器，主要有玦、玉镯、珩、牙、冲、扳指、组佩、璜形佩等。

第五类是生产工具，主要有斧，锛、箭、簇刀、凿、刀等。

第六类是生活用器，主要指一些器皿，最早有商代玉簋，秦汉有玉角杯、玉卮、玉奁、玉灯、玉羽觞；唐宋以后有玉碗、碟、杯、文具、酒具等。仿古玉器在辽以后开始制作，如元代的玉瓮。

第七类是陈设品，主要有玉山子、玉屏风、玉兽等。玉山子即以玉雕成一座小山，上雕树木、房舍、人物，以园林和山水画为多，是小型化的立体山水，故称山子，明清时才出现，如清代的大禹治水图玉山子。

第八类是杂器，常见有如意、璇玑、刚卯、玉带、玉剑饰等。如唐代规定了官员用玉带的制度："以紫为三品之服，金玉带十三，绯为四品之服，金带十一，浅绯为五品之服，金带十。"

4.1.2.3　古玉器的纹饰图案

中国古代玉器上常见的纹饰有云雷纹、乳丁纹、圈纹、谷纹、蒲纹、重环纹、涡纹、兽面纹等。

中国传统玉雕图案如下。

吉祥如意类，有龙凤呈祥、二龙戏珠、喜上眉梢等，喜上眉梢图案为梅花枝头上有两只喜鹊。

长寿多福类，有龟鹤齐龄、五福捧寿等，五福捧寿图案为五只蝙蝠围着一只鲜桃或一个寿字。

多子多孙类，有麒麟送子、连生贵子等，连生贵子图案为荷花上有一小孩。

安宁和平类，有平安如意、四海升平等，四海升平图案为四个小孩共抬一瓶。

总之，以一些寓意深刻、耐人寻味的构图来表达人们内心对幸福生活的向往和追求。

掌握中国传统玉雕图案分类。中国传统玉雕图案有：吉祥如意类、长寿多福类、多子多孙类、安宁和平类。以一些寓意深刻、耐人寻味的构图来表达人们内心对幸福生活的向往和追求。

4.1.2.4　现存著名玉器介绍

（1）西汉金缕玉衣

西汉金缕玉衣于1968年在河北省满城县中山靖王刘胜墓中出土，现藏河北省文物研究所。金缕玉衣长188厘米。玉衣由青色或白色玉片制成，外形与真人形体相似，可分为头罩、上衣、袖筒、手套、裤筒和鞋子。每一部分又各由两个部件组成。腹下有一生殖器套。玉衣用长方形、正方形、梯形、三角形和多边形扁平玉片共计2498片，它们互相连缀而成衣形，其连缀方式是在每片近角处穿圆孔，用金丝编缀。这种玉衣是汉代供高级贵族死后穿的殓服，目的在于防止尸体腐朽。

（2）元代的玉瓮

元代的玉瓮，又名渎山大玉海，传世品，高66厘米，口径135厘米至182厘米，膛深55厘米。玉质青白泛黑色。体呈椭圆形，内空。体外全身浮雕以波涛澎湃的大海和在海中随波跳跃嬉戏的海龙、海马、海犀、海螺等传说中的和现实中的各种海生物，形态虽异却刻画得活灵活现。瓮内光素无纹饰。阴刻乾隆皇帝御制诗三首及序。玉瓮是元世祖忽必烈在至元二年（1265年）制作的。它的制作反映了元代国力的强盛。这件玉瓮制成后原先置于北海琼华岛顶上广寒殿中，作为忽必烈宴请群臣的盛御酒器。经过元明两代的变乱，至清代已遗落于西华门外真武庙中，为道士作菜瓮。工部侍郎三和从道人手中买下，献给乾隆皇帝，在团城承光殿前建玉瓮亭，将其存置保护。

掌握元代玉瓮的流传情况。玉瓮制作于元代，为盛御酒器。清朝初年成为道士的菜瓮，乾隆时被放在玉瓮亭，加以保护。

4.1.2.5　著名玉雕

（1）北京玉雕

产于北京市。系采用贵重而坚硬的玉石材料雕琢而成。我国玉器制作历史可追溯到新石器时代。发展到元代，我国出现了南北不同风格的南玉作、北玉作。南玉以苏州、扬州为中心，北玉以北京为中心。主要作品包括器皿、人物、花卉、鸟兽、盆景等。北京玉雕集南北技艺之长，形成了自己独特的风格。

（2）扬州玉雕

产于江苏省扬州市，系选用优质白玉、翡翠等为原料制成。扬州玉器始于夏商时代，唐代已相当发达。清代雕成的《大禹治水图》为扬州玉雕的代表作，雕琢历时10年。扬州玉雕技艺深厚，在制作上量料取材，因材施艺，具有凝重浑厚而不笨，玲珑剔透而不碎的特点。

4.2　陶瓷器

学习情境

江西景德镇

　　景德镇位于江西省东北部，古称新平，因居昌江南岸，又叫"昌南镇"。景德镇烧制瓷器始于魏晋南北朝时期，宋初瓷业兴旺。宋代景德年间（1004—1007年），设置官窑，景德镇遂由此得名。元明清三代，景德镇瓷业又有进一步发展。景德镇瓷器造型优美，色彩绚丽，装饰精美。其中青花瓷、青花玲珑瓷、粉彩瓷和高温颜色釉瓷，被称为景德镇四大传统名瓷。青花瓷是在瓷坯上描绘花纹，再施一层透明的白釉，入窑经1300℃左右高温一次烧成。青花玲珑瓷是先在素坯上雕镂各种精巧的玲珑孔眼，再绘上青花纹样，然后上釉烧成。

问题研讨

1.景德镇原来叫什么名字？

2.景德镇有哪四大名瓷？

3.你知道青花瓷的制作方法吗？

知识研修

4.2.1　概述

　　陶瓷是由黏土或以黏土、长石、石英等为主的混合物，经成形、干燥、烧制而成的制品的总称。

　　中国陶瓷源远流长，在世界享有盛誉，早在七八千年前的新石器时代，我国的先民就已经会制造和使用陶器了。瓷器更是中国古代的一项伟大发明，中国素有"瓷国"之称。在漫长的历史岁月中，勤劳智慧的中国人民付出了艰苦辛勤的劳动，不断提高陶瓷的科学和艺术水平，创造了无数精美绝伦的陶瓷器，给我们留下了丰富而宝贵的遗产，是中国文物的主要构成部分之一。

　　陶器与瓷器的区别主要在于，陶器是以陶土为原料，而瓷器是以瓷土为原料的，它们有着不同的化学物质成分和结构，从而影响着它们的性能。陶器一般在1000℃以下至多达1100℃左右的温度中烧造的，而瓷器则是经过1200℃以上的高温烧成的，不经此高温则不能烧结成瓷器，这是由于它们各自的化学成分不同而造成的。在物理性质上看，瓷器胎质洁白，致密，更加坚硬，强度也更好，陶器密度较小，除白陶外，一般陶胎不呈白色，陶器不透光，有一定的吸水性，瓷则不吸水，有一定透光性（即半透明），而且能敲击出清脆如金属般的响声；除了釉陶，陶器一般不上釉，而瓷器一般都有薄而匀的釉，釉陶的釉是低温釉，而瓷器的釉是高温釉，这也是由釉质化学成分决定的。但是，瓷器与陶器的基本工艺是一样的，瓷器是在陶器工艺发展的基础之上发明的，所以，陶器和瓷器有着十分密切的关系，可以说，没有陶器，就没有瓷器。

想一想

陶器与瓷器有何区别？

4.2.2　陶器

4.2.2.1　概述

（1）概念

陶器是用黏土成型，经700～1100℃的炉温焙烧而成的无釉或上釉的日用品和陈设品。按黏土所含成分的不同，坯体呈白、青、褐、棕等色。

陶器的发明，是人类历史上最早通过火的作用使一种物质改变成另一种物质的创造性活动。陶器的出现，标志着新石器时代的开始，使人类的定居生活更加稳固。现已发现的较早的陶器是新石器时代早期的裴李岗文化、磁山文化和大地湾文化的陶器，其年代约为公元前五六千年。

（2）陶器的制作方法

陶器有手制和轮制两种方法。手制法又可分为三类：一为捏塑法，用手捏塑而成；二为泥条盘筑法，先将坯泥制成泥条圈，一层一层叠筑上去，或是将一根长泥条连续向上盘筑，然后把里外抹平制成器型；三为模制法，某些器形往往采用局部模制的方法。轮制法是将泥料放在陶轮上，借其快速转动的力量，用提拉的方式使之成型，器型规整，厚薄均匀。陶器成型后，还要在陶坯上进行修饰加工，即磨光和施加陶衣。磨光是用砾石或骨器在表面压磨，烧好以后表面发亮。施加陶衣即用陶土调成泥浆，施于陶器的表面，烧好之后陶器表面就附着一层陶衣。

还有相当数量的陶器上有附加纹饰。施加纹饰的方法主要有以下几种。一为绘彩，如彩陶，在陶器未烧之前画上去，烧成后花纹附着于器表。图案丰富多彩，包括动物纹、植物纹及几何形纹饰。二为拍印，在木板或陶拍上刻条形、方格形和几何形印纹的阴纹，拍印在陶坯上。三为压印，在细木棒上用绳子缠成中间粗两端细的轴状工具，可在陶坯上压印出成排而整齐的绳纹。四为刻画，用细的骨、木棒作为工具，在陶坯上画出纹饰。五为附加纹饰，在陶器表面附加泥条或泥饼。六为镂孔，一般多在圈足器上镂圆形、方形、长方形、三角形的孔作为装饰。

（3）陶窑结构及烧成温度

陶窑结构基本上可以分为横穴和竖穴两种。横穴窑的结构是在圆形窑室的前面，有较长的穹形筒状火膛，窑室与火膛两者基本位于同一水平上，后来窑室升高，火焰通过倾斜的火道和均匀地分布于窑箅上的火眼进入窑室。竖穴窑的窑室位于火膛之上，有数股垂直的火道与窑室相通，后来火膛逐渐移至窑的下前方，火焰沿倾斜的火道进入窑室，窑室的底部有几股沟状火道，上面设有多火眼的窑箅以均匀火力。

陶器的烧成温度，习惯上也称火候，从目前的测定情况来看，黄河流域一般为900～950℃，长江中下游一般为800～950℃，晚期陶器则为900～1100℃。

（4）陶器的分类

陶器的主要器型有以下几类：一为炊器，有釜、鬲、鼎等；二为盛食器，有钵、盆、豆、盘、簋等；三为水器，有单耳杯、高柄杯、瓶、盉、鬶等；四为储藏器，有罐、瓮等。

4.2.2.2　古代名陶

从原始社会末期至明清时代，陶器制作有了很大的进步，出现了很多名陶，主要有秦汉陶塑、唐三彩和紫砂陶器。

秦汉陶塑在陶塑艺术中，以秦始皇兵马俑最为突出，它引起了世界性的轰动。此外还有汉代的人俑、家畜俑、铅釉陶制作的各式各样的楼、阁、仓灶、碉楼模型等，北朝的人俑、骆驼俑、马俑和镇墓兽俑，隋唐的仪仗俑及镇墓兽俑等则是其继续与发展。

唐三彩是唐代的釉陶生活用具和雕塑工艺品。根据河南巩义市大小黄冶的唐三彩窑址出土的器物研究表明，唐三彩的胎料是一种上等白色黏土，需经过挑选、陶洗等加工后方可使用。坯胎成型晾干后，入窑经高温素烧后即成白色胎体。冷却后，挂上配好的彩料釉汁，再入窑作第二次焙烧，烧至900℃，使彩釉熔融开化，胎体表面就会呈现出各种鲜艳的光泽。釉色的主要元素为硅酸铅，釉色呈绿、蓝、黄、白、赭、褐等多种色彩，以三色为主（黄、绿、褐），故名唐三彩。

紫砂陶器是一种质地细腻、含铁量高的特殊陶土制成的无釉细陶器，呈赤褐、浅黄或紫黑色。江苏宜兴的紫砂器创始于宋代，至明清时代有了很大发展。紫砂泥最适于用来塑造茶具，用紫砂器泡茶，在较长时间内能保持茶的色香味不变。紫砂器造型美观，色彩古朴淡雅，是精致的古代手工艺品。

特别提示

掌握唐三彩、紫砂器的产地及特点。

4.2.3　瓷器

4.2.3.1　概述

瓷器是由瓷土或瓷石为原料，经过成型、干燥、焙烧等工艺流程制成的器物。

瓷器具有以下特点。第一，瓷器胎料的瓷土成分主要是高岭土，化学成分是氧化硅（SiO_2）和氧化铝（Al_2O_3），含铁量低，瓷胎烧结后，胎色白，质地致密，胎体吸水率不足1%或不吸水。具有透明或半透明性，叩之能发出清脆悦耳的金石之声。第二，瓷器的烧成温度必须在1200℃以上。第三，胎釉经高温烧结后，不易脱落。

中国早在商代就烧出了原始瓷，东汉时期烧制出了真正的瓷器。经魏晋南北朝隋唐时代的发展，至宋元明清时期，中国制瓷业进入兴盛时期，创烧出大量的新品种，从单色釉发展到多种彩色釉，装饰纹样复杂，江西的景德镇成为全国的制瓷业中心。瓷器是我国古代劳动人民的一项伟大发明，自唐宋以来，中国瓷器就逐渐输出到世界各地，中国的瓷器制作技术、工艺也流传到东、西方各国。

4.2.3.2　历史沿革

原始瓷器是指商周时代以瓷土作胎，经1200℃左右的高温，胎质基本烧结，无吸水性或吸水性很弱，器表有釉，但胎呈灰色，薄层不透光的陶器。它们尚不能完全符合一般所承认的瓷的定义。商代原始瓷选料不精，工艺简陋，釉层厚薄不匀，容易剥落。周代的原始瓷器虽然有了较大发展，但因多在弱还原焰中烧成，胎呈灰色，薄层不透光。原始瓷器大都是生活器皿，釉色呈姜黄、绿色或青灰色。

东汉时期，由于对制瓷原料的精选及对制瓷工艺的改进，烧造出了符合瓷器标准的青釉瓷器。此时期也能烧造黑釉瓷。东汉瓷器在造型技术和装饰风格方面，与原始瓷有相似之处，尚未形成自己特有的风格。

魏晋南北朝时期，制瓷工艺有了很大进步。江南瓷业获得迅速发展。江、浙地区出现了产青瓷的越州窑、江苏宜兴的均山窑、浙江温州的瓯窑和浙江金华的婺州窑，以及以产黑瓷为主的浙江余杭县的德清窑。在湘、鄂、蜀、赣及闽越地区，也开始设窑制瓷。南方青瓷传到北方，北方也开始制造青瓷。北朝后期在北方出现了白釉瓷器，它在青瓷的基础上逐步改进而烧成，由于胎、釉中铁的含量不断减少，控制了胎、釉中的含铁量，使白瓷终于诞生。在北齐时期，出现了比较成熟的黑瓷。器物造型主要有莲花尊、鸡头壶、狮形烛台、蛙形水盂、虎子及各种人物、动物俑等。由于叠装烧造，器物的器底多较厚重。普遍使用印、划或堆贴等式花纹。

隋唐五代时期，瓷器质量又进一步提高。北方瓷窑大量增加。南方以生产青釉瓷器为主，北方以生产白釉瓷器为主，邢窑白瓷与越窑青瓷分别代表了南北方瓷业的最高成就。在制瓷工艺上普遍使用匣钵装烧，使器物造型变得轻巧精美，色泽纯洁，还出现了花釉瓷和黄釉瓷，以及绞胎瓷器，其中花釉是在黑釉、黄釉、黄褐釉、天蓝釉或茶叶末釉上饰以天蓝或月白色斑点，是唐代瓷器中的又一创造。绞胎也是唐代出现的新工艺，是用白褐两种色调的瓷土相间糅合在一起，拉坯成型，上釉焙烧即成。长沙窑在胎上画彩然后上釉的高温釉下彩的新技术，突破了青瓷的单一青色，开创了以绘画技法美化瓷器的釉下彩先例。

宋代是我国瓷业发展史上的一个繁荣时期，宋窑遗址分布在130个县，形成多种瓷窑体系，包括北方地区的定州窑系、耀州窑系、钧窑系、磁州窑系及南方地区的龙泉青瓷系、景德镇的青白瓷系。青白瓷釉色介于青白之间，白中显青，故称青白瓷，一般又习惯称之为"影青"。其制瓷工艺也有很多的革新与创造，如利用"火照"检查窑炉的温度与气氛，以保证获得高的成品率，采用覆烧工艺，充分利用窑炉空间；同时追求釉色之美及釉的质地之美，为陶瓷美学开辟了一个新的境界。宋代的很多优秀作品成为我国陶瓷史上的杰作与瑰宝：钧瓷的海棠红、玫瑰紫灿如晚霞，窑变釉釉色变化如行云流水，汝窑的梅子青晶莹柔润。还有哥窑瓷满布断纹，那有意制作的缺陷美、瑕疵美，黑瓷的油滴、兔毫、鹧鸪斑、玳瑁等斑驳多姿的结晶釉和乳浊釉，磁州窑瓷的白釉釉下黑花则又是另一种境界。定瓷的图案工整严谨的印花、耀瓷的犀利潇洒的刻花都是唐代瓷器所不及的新的仪态和风范。其装饰手法有刻花、印花、剔花。

元代制瓷工艺在我国陶瓷史上占有极为重要的地位。由于外销瓷的增加，生产规模普遍扩大，烧造技术也更加成熟。特别是景德镇的制瓷业取得了新成就，在制胎原料方面，采用了瓷石加高岭土的"二元配方法"，使氧化铝含量增高，烧成温度相应提高，减少器物变形，能烧造大型器物。元代烧出了乳白釉器、青花瓷器和釉里红瓷器。青花是应用钴料在瓷胎上绘画，然后上透明釉，在高温下一次烧成，呈现蓝色花纹的釉下彩瓷器；釉里红是指以铜红料在胎上绘画纹饰后，罩以透明釉，在高温还原焰气氛中烧成，使釉下层呈现红色花纹的瓷器。元代瓷器的装饰方法有刻、印、贴、堆、镂、绘等多种。

明清彩瓷是对中国4000年来的陶瓷艺术的总结，就整个瓷业来说，代表其水平的是全国制瓷中心江西景德镇。除正式开设的官窑"御器厂"烧制御用器外，民营瓷业更是蓬勃发展，形成官民竞争的欣欣向荣的局面。明朝的瓷生产业取得了辉煌成就。江西景德镇是全国的瓷业中心。青花瓷器又有了新的发展，并成为景德镇瓷器生产的主流。斗彩、五彩、铜红、素三彩等彩瓷的发明是中国陶瓷史上的一个重要里程碑，成化斗彩开创了釉下青花和釉上多种彩色相结合的新工艺。斗彩是先以青花颜料在坯胎上绘出花纹的轮廓，挂上一层无色透明釉，入窑高温焙烧，然后再用各种色料在原先绘成的青花轮廓里填绘，二次入窑焙烧即成五彩缤纷的瓷器，它是釉下青花和釉上彩色相结合的一种彩瓷工艺。嘉靖、万历年间的五彩是在烧成的白釉瓷器上，用红、黄、绿、蓝、紫、黑等彩料描绘出花纹，再入窑以800℃左右的温度焙烧而成。在元代基础上于永乐年间，成功地烧造了烧造技术难度大的铜红釉，表明了当时制瓷工匠的高超技术水平。正德素三彩的做法和五彩一样，也是在高温烧成的白瓷上画黄、绿、紫三彩，再烧彩。彩绘成为明代瓷器的最主要的装饰手段。

清朝的瓷器生产在康熙、雍正、乾隆三朝达到了历史的高峰，进入黄金时代。景德镇仍是整个时代水平的代表。景德镇的工匠成功地烧制出色泽鲜艳的康熙青花及丰富多彩的釉上彩，恢复和发展了红釉。创烧了粉彩、珐琅彩、仿宋瓷和仿其他工艺品瓷。粉彩，以颜料配合"玻璃白"绘成，清康熙年间创始，盛行于雍正年间，用"玻璃白"配合各种颜色，按写照的画法作画，彩色透明，线条有浓淡深浅，色调秀丽柔和。珐琅彩，运用珐琅彩料加工堆叠绘成，使瓷器有铜珐琅的感觉；清代康熙时开始烧造，雍正、乾隆时期进一步提高，其底部有"古月轩"字样，俗称"古月轩瓷器"，它利用进口的绘瓷彩料，在烧成的素白瓷器上描绘图案纹饰。仿烧宋代汝、官、哥、钧釉，烧成天蓝、粉青、红釉、窑变（豇豆红、蟹角青、鳝鱼黄、茄皮紫、松石绿、茶叶末）等，并且仿制其他各类工艺品，与原物色泽、质感十分相像，几乎达到能乱真的程度。

> ### 知识之窗
> ▼
>
> 董宾是明万历年间著名的把桩师父，即全窑的技术总管，他技术高明，为人正直，深受窑工们的敬仰。他当时受命为皇宫烧制大号青花龙缸。皇家贡品，不仅件头大，而且要求不能有任何疵点，即瓷器表面需"万里无云"，这在当时是极难做到的。董宾与瓷工们想尽一切办法，多次烧造均未成功。眼看交货期逼近，皇命难违，瓷工们的身家性命受到威胁。身负重任的董宾为了瓷工们的活路，在烧造龙缸的关键时刻，乘人不备，毅然纵身跳入熊熊的窑火。说也奇怪，这次果然把龙缸烧成功了。人们说，这次之所以如此成功，是因为董宾显灵。后来董宾被嘉封为"风火仙"。自此，景德镇世代供奉风火仙，香火不断。❶

4.2.3.3 装饰方法

（1）开片、刻花、印花、贴花、镂雕

开片：瓷器釉面自然开裂的冰裂状细纹。人们利用坯、釉膨胀系数的不同，在焙烧后冷却时的自然开裂，形成富有装饰情趣的冰裂纹。刻花：用刀具在瓷坯上刻出装饰纹样，把花纹以外的空地剔除，使花纹凸起，即阳刻花纹。印花：用有装饰纹样的印模在未干的坯胎上打印出花纹；或在有纹饰的器模中制坯，使花留在坯体上。贴花：用花纹陶范预制成花样，再粘贴到瓷器坯体的需要位置。镂雕：把瓷坯做成透空的雕花装饰。

（2）釉色

釉是瓷器表面的涂料，主要由长石、石灰石、黏土、草木灰等调配而成，经一定的温度

❶ 中华人民共和国国家旅游局.走遍中国：中国优秀导游词精选（综合篇）.北京：中国旅游出版社，1997：231.

烧制后，便与坯体结合在一体。色釉是利用铁、铜、钴、锰的氧化物的呈色作用进行着色的。瓷釉可分为高温颜色釉和低温颜色釉、单色釉和彩釉。高温颜色釉有：石灰釉、白釉、蓝釉、青花釉、黑色釉；低温颜色釉通常是再次复烧而成的，温度较低，有：黄釉、绿釉、孔雀绿、珊瑚红、胭脂水、瓜皮绿等。釉绘的彩釉包括釉下彩、釉上彩、斗彩、素三彩、五彩、粉彩、珐琅彩等。

石灰釉：由石灰石和瓷土配成。

白釉：以青釉为中心，控制胎釉中的含铁量，克服铁的呈色干扰，使釉呈白色。

卵白釉：釉呈半透状，似鹅蛋色泽，含钙量低（约为5%），钾、钠成分增多。

甜白瓷：永乐时期，釉料经加工，含铁量降低到最少的程度，在洁白的瓷胎上，施以透明釉经烧制即可。

青白瓷：其釉色介于青白之间，白中显青，故称青白瓷，一般又习惯称之为"影青"。宋代以景德镇窑为代表烧制成的一种瓷器。

红釉：以铜的氧化物作为着色剂。始于宋代钧窑。

铜红釉：红釉的制作是将一定量的含铜物质作为着色剂掺入釉中，其烧成技术不易掌握，产量低，器型少。为元代景德镇的创新品种。

釉里红：指以铜红料在胎上绘画纹饰后，罩以透明釉，在高温还原焰气氛中烧成，使釉下层呈现红色花纹的瓷器。始于元代。

红彩：有矾红和金红两大类。矾红的主要着色剂是氧化铁，故又称铁红。金红是从国外传入的。

绿彩：以铜为主要着色元素。

钴蓝釉：以钴着色，景德镇工匠在元代烧成的高温蓝釉。

青花：应用钴料在瓷胎上绘画，然后上透明釉，在高温下一次烧成，呈现蓝色花纹的釉下彩瓷器。

蓝彩：从钴蓝铅釉发展而来。

青色釉：以铁为着色剂。

黑色釉：主要着色剂为氧化铁，含量高达8%左右。用含铁量很高的紫金土配制。黑釉瓷始于东汉，到宋代出现很多的变化。

黑彩：主要着色元素是铁、锰、钴和铜。

黄釉：用氧化焰烧成黄釉，用还原焰烧成青色。

黄彩：有铁黄和锑黄两种，前者以氧化铁为着色剂，后者以氧化锑为主要着色剂。

窑变：古人对含有多种金属元素的釉料，形成斑纹釉面的一种统称。宋代的钧瓷有海棠红、玫瑰紫等窑变色釉。

彩釉：明代较流行，创始于明成化年间。用毛笔在瓷坯上绘制图案，然后上釉，焙烧，即釉下彩。在上过釉的瓷坯上绘制图案，称为釉上彩。

（3）款识

款识是指在器物的底部或其他部位，刻画印或书写表明年代产地等内容的文字或图案。主要有：纪年款，如"大明宣德年制"、"乾隆丙午"；堂名款，如"外膳房"、"古月轩"；人名款，如"张家造"；吉言款，如"福寿康宁"；图案款，如八卦；凡不能归入以上款识的都称为其他款。

4.2.3.4 著名瓷器

（1）钧瓷

产于河南省禹州市。源于唐代，盛于宋代。钧瓷以"窑变"这种绝无仅有的工艺而闻名天下。"窑变"是在釉料中加入适量铜还原剂，根据季节、气温、风向、窑位、炉温等内在因素和自然条件，精心烧制而成。

钧窑品种繁多，颜色绚丽多彩，著名的有牡丹红、玫瑰红、葡萄紫、丁香紫、梅子青、天青、天蓝、海蓝、米黄、月白等。

宋徽宗把钧瓷定为宫廷御用贡品。后来钧瓷生产毁于战乱。南宋以后800多年，钧瓷濒于失传绝迹的边缘。1964年，对北宋古钧瓷窑址进行了发掘，经过反复烧制，使钧瓷重放异彩。

（2）汝瓷

产于河南省汝州市，汝瓷因而得名。汝瓷生产始于隋代，宋代已相当昌盛。汝瓷釉彩浑厚，光泽柔和，明澈透底，富有水色。釉色有粉青、灰蓝、虾青、豆绿等。

北宋末年，金兵入侵，汝窑被毁，工匠遭杀，人亡艺绝。流传至今的汝瓷产品不足百件。新中国成立后，河南临汝县开始了汝瓷的恢复试制工作，经过上千次试验，终于摸索出汝瓷的胎釉配方、加工工艺，掌握了烧制汝瓷的基本规律。

（3）龙泉青瓷

产于浙江省龙泉市，因其釉色多呈青色，故称"青瓷"。龙泉青瓷始于五代，极盛于南宋。龙泉青瓷具有色泽青莹柔和，造型古朴优雅，瓷质坚硬细腻等特色。

17世纪末期，随着我国瓷器业的发展，白瓷的兴起，龙泉青瓷生产逐渐衰落，后来许多传统的配料方法也已失传。到20世纪50年代后，龙泉青瓷才恢复生产。

（4）博山美术陶瓷

产于山东省淄博市，汉代已能烧制翠绿、栗黄、茶黄和淡绿四种颜色的釉瓷。到了宋代，创作出名贵的"雨点釉"和"茶叶末釉"。"雨点釉"因在乌黑的釉面上呈现晶莹的银色斑点而得名。其斑点小如米粒，像夜空中闪烁的繁星。"茶叶末釉"是一种含有结晶矿物的无光釉，釉面上布满形似茶叶末的星点，柔和淡雅，古朴大方。"雨点釉"和"茶叶末釉"是博山美术陶瓷中最著名的釉色。

（5）醴陵釉下彩瓷

产于湖南省醴陵市。醴陵瓷器起源于清朝雍正年间，光绪年间，出现单色釉下彩，并逐渐烧制出多种颜色的精美的釉下彩瓷。醴陵釉下彩瓷是选用优质高岭土、长石、石英做原料，制出的瓷坯胎质坚细，淡白。装饰的花样绘在生坯上，然后再覆盖一层薄而透明的釉料，最后将它放进1300℃的高温窑中烧制而成。釉下彩的釉是一种很硬的玻璃质，可保护画面不褪色。

（6）德化瓷塑

产于福建省德化市。德化瓷器始于宋代，明代得到很大发展。德化窑以烧制白釉瓷器而闻名于世。明朝民间瓷塑艺术家何朝宗所创作的瓷塑观音，造型优美，神韵感人。清人继承何朝宗的技法和风格，所烧制的瓷塑艺术品相继在上海、我国台湾和日本、英国的博览会上荣获四次金牌奖。

德化瓷塑传统题材丰富，品种很多，单瓷塑观音就有72种造型，大小规格200多种。

特别提示

　　掌握钧瓷、汝瓷、德化瓷塑的产地及特点。钧瓷产于河南省禹州市。钧瓷以"窑变"这种绝无仅有的工艺而闻名天下。钧瓷品种繁多，颜色绚丽多彩。汝瓷产于河南省汝州市，汝瓷因而得名。汝瓷釉彩浑厚，光泽柔和，明澈透底，富有水色。德化瓷塑产于福建省德化市。德化瓷塑以烧制白釉瓷器而闻名于世。

4.3　青铜器

学习情境

马踏飞燕

　　马踏飞燕亦名马超龙雀，俗名铜奔马。1969年出土于甘肃省武威县东汉古墓。高34.5厘米，长45厘米。马作飞驰状，昂首翘尾，四蹄飞腾。其右后足踏一飞鸟，鸟顾首惊视。此马造型设计体现了东汉青铜制造工艺发展的水平，铜奔马所具有的内在生命力和一往无前的气势，是我国民族精神的象征，因而被选为中国旅游业的标志。此器现存甘肃省博物馆。

问题研讨

1.你知道什么是青铜器吗？

2.你了解青铜器的制作工艺吗？

3.马超龙雀为何成为中国旅游业的标志？

知识研修

4.3.1　概述

　　青铜器是指以青铜为基本原料加工制成的器皿、用具等。青铜是红铜与锡，铜与铅或是铜与铅、锡的合金。青铜原来的颜色大多是金黄色的，由于经过长期腐蚀表面所生成的铜锈呈青绿色，因此得名。青铜具有下列优越性：首先，硬度大；其次，熔点低，熔液流动性能好，凝固时收缩率小；再次，化学性能稳定，耐腐蚀，可长期使用和保存；最后，青铜器坏碎以后可回炉重铸。所以，在人类社会发展史上，新石器时代之后大多经过青铜时代。

4.3.1.1　青铜器的产生和发展

　　中国青铜时代从原始社会末期开始，到战国末年结束，跨越夏、商、西周、春秋、战国时代，经历了大约2000多年时间。青铜器形制、纹饰、铭文及其书体、器物组合、铸造工艺等，无不和当时特定的社会条件息息相关。青铜器各个时代的特点乃至它的每一步演变都蕴含着深刻的历史内容。

　　考古资料表明，我国青铜器起源可上溯到公元前3000年左右，在新石器时代的马家窑文化、大汶口文化、龙山文化和稍晚的齐家文化，都发现有小件青铜器及其线索。夏代的二里头文化已有形制较复杂的青铜容器和兵器。商代前期青铜容器大量出现，礼器系统初步出现，纹饰增多，铭文仍未发现。商中期，青铜器铸造技术有很大发展，器物种类多，花纹精细，并开始有铭文，但字少简单。商代后期和西周时期，青铜冶铸业达到高峰阶段，青铜器完全摆脱了陶器造型风格的影响，纹饰繁缛复杂，铭文加长。西周晚期铜器制作较为轻薄，纹饰走向简化。春秋晚期到战国中期，青铜工艺开始出现新的生机，形成了青铜器发展史上的第二个高峰。这时的青铜器形制复杂，地方色彩浓厚，普遍采用错金银、鎏金、镶嵌、针刻等工艺，有很高的艺术价值。战国晚期日用铜器增多，多为素面。秦汉及以后，青铜器在社会生活中的地位已为其他器物所取代，青铜铸造业日趋衰落。

4.3.1.2 青铜铸造工艺

青铜器铸造工艺分冶炼和铸造两步。冶炼包括选矿、初炼和提炼加锡三个工序。随着工艺的进步，人们对合金的认识日趋完善，已经懂得根据器物的不同用途，采取不同的配方。铸造一件青铜器需要经过塑模、翻范、烘烤、浇铸等一整套工序。即将准备铸造的器形先塑出泥模，在泥模上翻出外范，在泥模与外范上雕刻所需的花纹，然后在泥模上削出范芯或另外制作范芯。外范和范芯阴干、晾晒后，组合放入烘范窑中烘烤，使之脱水和定型。经常是出窑后趁热进行浇铸。浇铸方法有以下几种。一为浑铸法，即一次浇铸完成。二为分铸法，比较复杂的器物则先铸附件，后铸器身；或先铸器身，然后将附件铸接上去。商代已经使用分铸法。三为叠铸法，即将若干烘烤过的陶范叠装起来，浇铸时铜汁通过中间的直浇道，流向每一层半月形的内浇道而到达范腔之中，一次可浇铸十几个或更多的铸件。东周时出现此技术。四为失蜡法，即将易熔化的黄蜡制成蜡模。用细泥浆多次浇淋，并涂上耐火材料使之硬化，做成铸型。烘烤后黄蜡熔化流出，形成型腔，用以浇铸铜汁。此工艺在春秋时期出现。

想一想

青铜器的铸造与陶器烧造有何联系？

4.3.1.3 青铜器的特点

中国青铜器具有下列特点：第一，数量大，延续时间长，分布地区广，造型丰富，品种繁多，质量高，精品多；第二，铸造工艺方面，多用合范法，不大用失蜡法，到春秋中后期才用失蜡法，所以完全相同的器物较少见；第三，铸刻有铭文文字；第四，武器与工具等较少，以容器为主，且多为礼器，是宗法礼制的物化表现。

4.3.1.4 青铜器的主要类型和形制

（1）青铜器的类型

青铜器一般分成十二大类，食器：鼎、鬲、簋、簠、敦、豆、匕；酒器：爵、角、斝、觯、觥、尊、鸟兽尊、卣、方彝、勺、酒樽、壶；水器：盘、盂、鉴、缶、瓿、盆、斗；乐器：铙、钟、钲、铎、句鑃、錞于、铃、鼓；兵器：戈、矛、钺、戟、镞、殳、剑、刀、弩机、胄；车马器：軎、辖、衔、镳、轭、銮铃、当卢、马冠；农具与工具：犁铧、锄头、镰、铲、斧、锛、锥、削、凿、刻镂刀、锯、锉、钻；货币：贝、刀、布、钱等；铜镜；度量衡：尺、量、权；玺印符节：玺印、符、节；杂器：俎、禁、博山炉、灯、熨斗、洗、耳杯、炉、带钩等。

（2）青铜器的形制

鼎：古代炊器，圆形，三足两耳，也有长方四足的，鼎也是古代的祭祀用器，用来盛祭品。鬲：古代炊器，圆口，三空心足。甗：古代炊器，下部是鬲，上部是透底的甑，上下层之间隔一层有孔的箅，下部煮水，上部蒸食物。釜：古代炊器，敛口，圆底，上置甑。镬：古代炊器，大口锅。鍪：古代炊器，圆底，敛口，反唇，两侧各有一环。簋：古代食器，用来盛食物，圆口，圈足，无耳或有两耳，也有四耳，方座或带盖的，盛行于商周时期。盨：古代食器，椭圆口，有盖，两耳，圈足或四足，西周中期开始出现，沿用至春秋。簠：古代食器，长方形，器身与器盖的形状相同，各有两耳，西周晚期开始出现，沿用至战国。豆：古代食器，形似高足盘，或有盖，盛行于商周时期。敦：古代食器，盖和器身都作斗圆球形，流行于战国时期。钟：圆形壶，可以盛酒或粮食。

　　爵：用以温酒和盛酒，有流、注、鋬和三足，盛行于殷代和西周初期。斝：圆口，有鋬和三足，用以温酒，盛行于商代和西周初期。觚：喇叭形口、细腰、高圈足，用以盛酒，盛行于商代和西周初期。角：形似爵而无柱，两尾对称，有盖，用以温酒和盛酒。觯：形似尊而小，或有盖，用以作酒器。盉：圆口，浑腹，三足，有长流、鋬和盖，用以和水于酒，然后倾入于爵、觚、觯以饮，或以为兼可温酒。觥：器腹椭圆，有流及鋬，底有圈足，有兽头形器盖，也有整器作兽形的。尊：鼓腹侈口，高圈足，作圆形或方形，形制较多，用以盛酒。卣：椭圆口，深腹，圈足，有盖和提梁，也有作圆筒形的，器形变化较多，用以盛酒。壶：深腹，敛口，商周时代青铜壶往往有盖，多为圆形，也有方形或椭圆形的，到汉代方形的叫"钫"，圆形的又叫"钟"。

　　罍：圆形或方形，小口，广肩，深腹，圈足，有盖，肩部有两环耳，腹下又有一鼻，用以盛酒和水。瓿：圆口，深腹，圈足，用于盛酒和水，盛行于商代。方彝：始见于殷商时期，西周中期消失，殷商方彝为方体、直壁，下有方圈足，上有屋顶形盖。盘：形制为直沿，平底，圈足，殷周之际的盘多无耳，西周以后的青铜盘有兽耳或附耳，并且在圈足下附兽形足，也有以人形为装饰的器足。匜：形如瓢，前有流，后有鋬；下承四足或三足，用以注水洗手，下边以盘接水，成为一套盥洗器。鉴：形如大缸，有双耳或四耳，多平底，用以盛水沐浴。铙：体短而阔，有中空的短柄，插入木柄后可执，以槌击之而鸣，三个或五个一组，大小相次，盛行于商代。钟：悬挂于架上，以槌叩击发音，音频不同的钟排列在一起成为有音阶的编钟，西周中期开始有十几个大小相次成组的编钟。镈：形似钟而口缘平，有钮悬挂，以槌叩之而鸣，从钟发展而来，盛行于东周时代。钲：形似钟而狭长，有长柄可执，击之而鸣，传世有春秋晚期南方徐、吴等国的钲，自铭为"征城"，是行军乐器。铎：形如铙、钲，有舌，是大铃的一种，盛行于春秋至汉代。句鑃：其形似钲，有柄可执，口向上，以槌击之而鸣，用于宴享，传世有春秋时吴越的句鑃。錞于：形如圆筒，上大下小，顶有钮而悬挂，以槌击之而鸣，多用于战争中指挥进退，目前发现最早的属春秋时期，盛行于汉代。铜鼓：我国古代南方一些少数民族所使用的乐器，由作炊具的釜发展而成，年代约自春秋中期至清末，大小不一，制作精致，鼓面有浮雕图案，鼓身全部有花纹围绕，原为统治权力的象征，明清以来，随着社会的变化，成为一般的娱乐乐器。

　　戈：横刃，锋刃部如牛舌状，安装长柄，持之可以横击，钩援，盛行于商至战国时期。矛：直刺，安以木质的长柲（柄），两侧有较宽大的翼，商周时用青铜制成，至汉时多用铁矛。戟：将戈、矛合成一体，既能直刺，又有横击，盛行于东周，战国时开始用铁戟。钺：圆刃或平刃，安装木柄，持以砍斫，盛行于商及西周。剑：长刃两面，中间有脊，短柄，

1978年止发现最早的属商代，初行于西周的早期，盛行于东周，南方的吴、越地区是当时优质剑的著名产地。

4.3.1.5 青铜器的图纹装饰

青铜器的主要图纹归纳为以下四类。幻想动物纹：有饕餮纹、夔纹、龙纹、凤纹、蟠螭纹、蟠虺纹等。饕餮是传说中的一种贪食的恶兽，有首无身，是商至西周中期古青铜器物上的主题纹饰。写实动物纹：有鸟纹、蝉纹、蚕纹、象纹、牛纹、鹿纹、兔纹、鱼纹、虎纹、龟纹、贝纹以及人面纹等。几何形花纹：有云雷纹、环带纹、涡纹、波纹、圆圈纹、方形纹、三角纹、乳钉纹、窃曲纹等。人物活动的图纹：在春秋战国时期青铜器上出现了反映社会生活的纹饰，主要描绘贵族生活中的礼仪活动如宴乐、射猎、祭祀和描述水陆攻战的场面。

古代青铜器的装饰手段除雕铸纹饰外，还有线刻工艺（在铸好的铜器上，用锐利的锋刃刻出如发丝的线画，盛行于战国早期、中期）、镶嵌技术（商代晚期出现铜镶玉技术，如妇好墓出土的玉援铜戈即是将玉戈援纳入铜戈的陶范中铸成）、错金银（是在青铜器上镶嵌金属的工艺，在青铜器表面镶入红铜、金、银线条纹样，然后用砂石磨光，始于东周时期）和鎏金（我国特有的镀金法，所鎏的金层经久不退，始于东周时期）等。

4.3.1.6 青铜器铭文

古青铜器上所铸刻的文字一般称为青铜器铭文，又称金文或钟鼎文。我国约有铭文青铜器10000件。商代到春秋的铭文一般是铸成的，最简单的以一二字标出奴隶主或其民族的名称。商代铜器铭文比较简短，西周以后常有长篇铭文。现存最长的铭文见于西周晚期的毛公鼎，计32行，499字。铭文内容多记奴隶主贵族的祭典、训诰、征伐功勋、赏赐策命、盟誓、契约等。战国时代的铭文大都是刻成的，内容以记载作器工名、器物的所有者以及使用地点为主。青铜器铭文是研究我国商周历史的重要史料，也是研究汉字发展和书法艺术的珍贵资料。

特别提示

掌握青铜器的图纹装饰的方法及青铜器铭文的内容。

4.3.2 青铜礼器

4.3.2.1 概述

所谓青铜礼器就是古代贵族在进行祭祀、丧葬、朝聘、征伐和宴享、婚冠等活动时举行礼仪所使用的器皿，主要指鼎、簋、瓿、豆和钟镈等，它们构成中国古代青铜器的主体。鼎：本是古代炊器，也是古代的祭祀用器，用来盛祭品。奴隶主贵族将宗庙祭祀中最常用的鼎视为祖宗社稷的化身，政权的象征。相传，禹铸九鼎成为传国重器，从此"问鼎"遂成企图夺取政权的同义词。商代时期使用礼器已系列化，商代晚期到西周时期，青铜礼器更为考究，器物组合制度化。天子用九鼎，诸侯七，卿大夫五，士三。九鼎，第一鼎盛牛，称为太牢，以下各鼎依次为羊、猪、鱼、腊（干肉）肠胃、肤、鲜鱼和鲜腊。七鼎所盛的是去掉末尾的鲜鱼和鲜腊。五鼎，其第一鼎盛羊，称为少牢，以下依次为猪、鱼、腊（干肉）、肠胃（或肤）。三鼎盛猪、鱼、干肉或羊、猪、鱼。一鼎豚，为士一级所用。簋：古代食器，用来盛食物。盛行于商周时期。奇数的鼎还要用偶数的簋来配合使用，即九鼎用八簋，七鼎用六簋，五鼎用四簋，三鼎用二簋相配。这就是"名位不同，礼亦异数"。"钟鸣鼎食"成为贵族宴飨的礼制。钟：悬挂于架上，以槌叩击发音。音频不同的钟排列在一起成为有音阶的编钟。西周中期开始有十几个大小相次成组的编钟。如陕西长安普渡村出土的西周中期三件一组的编钟，陕西扶风齐家村出土的西周晚期的八件一组的柞钟，战国曾侯乙墓出土了由八组64件外加一件镈组成的编钟。礼器随着礼仪的产生而出现、发展变化，逐步形成礼器制度。随着奴隶制等级制度的礼崩乐毁，青铜器制度也发生了变化：一是打破了旧的规定，诸侯僭越行为日益普遍，如曾侯乙用九鼎六簋；二是形制上出现了礼器日用化的倾向。

4.3.2.2　著名青铜器

（1）后母戊鼎

我国商代青铜器代表作后母戊鼎，1939年3月出土于河南安阳侯家庄武官村吴玉瑶家的农田中，这里距武官村大墓西南隅大约80米。当时俗称此鼎为马槽鼎，意思是鼎大得可以作马槽。后母戊鼎是世界上罕见的青铜贵重文物，也是迄今为止所有出土的鼎中最大最重的。鼎重875公斤（因缺一耳，故原鼎重当不止此数），通高133厘米，口长111厘米，宽78厘米，足高46厘米，壁厚6厘米。立耳，长方形腹，四柱足中空，所有花纹均以云雷纹为地。耳的外廓饰一对虎纹，虎口相向，中有一人头，好像被虎所吞噬；耳的侧缘饰鱼纹。鼎腹上下均饰以夔纹带构成的方框、两夔相对，作饕餮形，中间隔以短扉棱。鼎腹四隅皆饰扉棱，以扉棱为中心，有三组兽面纹，上端为牛首纹，下端为饕餮纹。鼎腹四面的中央部分，都是没有花纹的长方形空白地。足部饰兽面纹，下有三道弦纹。腹内壁有铭文"后母戊"三字。就一般情况而言，铸造方形器要比圆形器困难，更何况像后母戊鼎这样的重器，工艺复杂程度，在当时的生产力水平下，其困难可想而知，这就要求制作者有相当高的技术水平。关于大鼎的铸造方法，根据研究者的观察分析，认为大鼎是采用组芯的造型方法，即先用黏土塑造泥模，用泥模翻制陶范，再把陶范合到一起灌注铜液。从铸造痕迹来看，后母戊鼎是用20块范铸成的。除双耳是先铸成再嵌入鼎范外，鼎身其余部分都是一次浑铸而成。一次铸造成功如此大的器物，本身就是一个奇迹，它标志着商代青铜器铸造技术的发展水平。它的造型厚重典雅，气势宏大，纹饰美观庄重，工艺精巧，是商文化发展到顶峰的产物。这是商代王权统治的象征，也是建邦立国的重器。鼎出土后，因太重太大，移动困难，人们便想锯断大鼎，然后运出，但仅锯一足，便锯不断，于是悄悄地把鼎埋起来。被日寇获悉，搜索未成。抗战胜利后，1946年6月，大鼎重新掘出，便已失去一耳。大鼎出土后，先存放于安阳县政府。同年10月底，当地驻军将大方鼎用专车运抵南京，被拨交中央博物院筹备处保存。1948年5月29日至6月8日，中央博物院筹备处与故宫博物院在南京联合展览，该鼎首次公开展出。后来，国民党曾拟将此鼎运往台湾省，终因此鼎过重过大而未遂。新中国成立后，此鼎存于南京博物院。1959年，中国历史博物馆在北京建馆，此鼎拨交中国历史博物馆。

> **特别提示**
>
> 　　掌握后母戊鼎的出土地点及特点。后母戊鼎于1939年3月出土于河南安阳侯家庄武官村吴玉瑶家的农田中，这里距武官村大墓西南隅大约80米。后母戊鼎是世界上罕见的青铜贵重文物，也是迄今为止所有出土的鼎中最大最重的。它的造型厚重典雅，气势宏大，纹饰美观庄重，工艺精巧，是商文化发展到顶峰的产物。

（2）毛公鼎

毛公鼎于清道光末年出土于陕西岐山周原。鼎通高53.8厘米，口径47.9厘米，腹围145厘米，重34.7公斤。器形作大口，半球状深腹，圆底，下附三兽蹄形足，口沿上有双耳。鼎表面装饰简洁，腹内有铭文32行，共499字，为现存铭文最长的一件青铜器。这篇铭文记述了周宣王命其臣毛公之辞，具有重要的史料价值。铭文气势宏伟，笔法端严，是一篇金文书法的典范。此器现存台北故宫博物院。青铜器是中国古代文化的瑰宝。青铜器是记录奴隶社会的形象载体。就商、西周、春秋、战国各时代、各地区成系统的收藏来讲，以北京故宫博物院、台北故宫博物院和上海博物馆最为突出。

知识之窗

上海博物馆收藏的青铜器门类齐全，器物精湛，尤以有长篇铭文和历见著录的重器为特色。这个青铜器馆充分反映了中国青铜工艺发展的完整体系和中华民族非凡的创造力。

中国青铜工艺的时代跨度，大致从公元前21世纪的夏代至公元前221年以前的战国时代，可分为初始期、育成期、鼎盛期、转变期、更新期等几个阶段。

中国青铜器以礼器为主，其形制总体上可归为五大类，即日常用器（包括炊器、食器、酒器、盥洗器、饰物）、乐器、兵器、工具和货币。

青铜器的装饰艺术丰富多彩，构成了青铜艺术的时代风貌，是奴隶贵族观念形态的反映。

大克鼎，是现存西周青铜器中第二大器，于1890年在陕西扶风出土，重201.5公斤。最为珍贵的是它内腹壁铸铭文290个字，记载了大贵族克颂扬其祖先师华父辅助周王的功德、周夷王赏赐他命服、土地及奴隶等史实。

牺尊。造型为写实的水牛，牛背上有三穴，中间一穴安放一个锅形器，牛腹中空。其是个温酒器，中间一穴容酒，两边穴内注以热水温酒。可见设计奇妙科学。而牛鼻上的圆环更富有研究价值，它反映了牵牛要牵鼻子的道理已被普遍掌握，也符合牛耕技术广泛应用于农业这一史实。❶

4.3.3　钱币

4.3.3.1　沿革

秦朝以前，中国货币史上曾有过先秦各国的金属贝、布、刀、圜等形制的货币。秦始皇统一中国后统一全国货币，明确了中央政府的货币铸造权和发行权，从而结束了战国币制紊乱的局面。从秦初到清末，圆形方孔的铜质钱币是我国流通时间最长、影响最大的一种货币，长达2000多年，这也是世界上仅有的现象。2000年的金属货币，大体可分为半两钱、五铢钱、通宝钱和制钱等几个阶段。

（1）半两钱

半两钱因币面有小篆"半两"二字而得名，并规定"重如其文"。半两钱有秦半两和汉

---

❶ 中华人民共和国国家旅游局.走遍中国：中国优秀导游词精选（综合篇）.北京：中国旅游出版社，1997：131.

半两之分。秦半两造型古朴，开始圆孔圆形，无轮廓，后改为外圆内方无轮廓，实际重量悬殊甚大。汉承秦制，但针对秦半两"太重"，提出"更令民铸钱"，改铸较轻的半两钱，称"汉半两"，但是汉半两钱小，穿孔大，钱体薄小，形似榆荚，又叫"荚钱"。汉半两的减重贬值，造成了汉初的通货膨胀，物价上涨，各地豪强乘机大发横财，迫使汉武帝不得不取缔私铸，废除半两钱。所以半两钱从秦始皇到汉武帝元狩五年（公元前118年），共行使了70余年。

（2）五铢钱

五铢钱跟半两钱一样，仍是以重量为钱名的钱币。法定重量为五铢，因此得名。五铢钱从汉武帝元狩五年到唐高祖武德四年（前118年—621年）共通行了739年，对我国古钱币的发展具有深远的影响。五铢钱的出现，是在总结秦、汉初经验教训的基础上创造出来的，它具有大小轻重适度、形制铸造先进和铸制全部归朝廷的特点。在形制上，五铢钱既继承了半两钱的外圆内方的基本形态，又吸收了战国时刀、布、圜在边缘上突起轮廓的铸法，这样既保护了币面文字不被磨损，又可增加钱币的牢度，这种制作方法一直延续到清末。五铢钱的制作由朝廷专门机构负责，采用铜质母范的铸造工艺，使铸出的钱币大小或式样达到一致。所以汉武帝制出的五铢钱一般铜色深厚匀称，文字端美俊秀。

（3）通宝钱

通宝钱是以"通宝"、"元宝"、"重宝"等"宝"文为钱名的钱币，所谓通宝就是通行的宝货。这种钱币从唐高祖武德四年（621年）铸"开元通宝"起，到清末（1911年）废除"宣统通宝"为止，共流通了1290年。对中国封建社会中后期经济有很大的影响。通宝钱以帝王年号为主要标志，改变了过去以重量为钱名的旧制，以一枚为一钱（合2.4铢，约重4克），钱成了货币单位，成为社会公认的媒介物，在流通中取代了五铢钱。通宝钱形状仍为外圆内方，肉（金属部分）好（中间的方孔）皆有周郭。通宝钱具有宝文复杂，年号钱极多，钱文书体书法多样，钱质有大小高低的差别等特点。通宝钱的铭文书法和图形标记具有较高的艺术性。总的说来，唐代多用隶书，五代十国的南唐开始用真书，两宋则真草行隶篆体并用。许多铭文书体很讲究书法艺术，多出自名家手笔。此外，还有不少钱币上铸有各种图案或标记。

（4）制钱与旧钱

制钱就是本朝所铸的钱币。它是通宝钱体系中的明清两朝的特殊类型。按照明朝的规定，本朝所铸造的钱币称为"制钱"，以前朝代所铸的钱币称为"旧钱"。制钱和旧钱可以并行流通，但在兑换比价等方面则有差别，如嘉靖时规定，制钱七文（一钱亦称为一文）可兑换白银一分，而前朝旧钱则需30文。清朝沿袭明朝制钱制度，直到清末，制钱制度实行了大约500年。

清朝后期，由于受西方铸币制度的影响，曾铸造过铜质铸币，形圆无孔，称为铜元。一般以一枚铜元当十枚制钱，制钱一钱称一文，千枚为一吊，铜元则以一枚为十文，一百枚为一吊。吊成了制钱的单位。但是它已不属于中国古钱的范围了。

特别提示

掌握我国古代货币发展的沿革情况。

4.3.3.2　著名钱币

（1）唐开元通宝

吉林省吉林市博物馆藏1982年桦甸县出土的唐代开元通宝，直径2.4厘米，穿宽0.6厘米，铜质，铸工精好。方孔圆形，面背均有内外廓。钱面模铸钱文"开元通宝"四字，直读或自上而右再自下而左回环旋读为开通元宝，其义亦通，但今一般不取旋读法。钱穿上皆有一仰月纹。据史籍记载，唐高祖李渊武德四年（621年）废五铢钱，铸行开元通宝钱。钱文出自唐初著名书法家欧阳询之手，书体既近隶书，又含楷意，文字结构精严，笔法洁净，凝重方正，为后世称道。终唐之世，以铸开元钱为主。唐开元通宝钱的铸行，是中国古代币制上一个具有划时代意义的转折点，自此以后，铸币不再以重量名钱，而代之以"通宝"或"元宝"之类的名称，使中国古代铸币进入了一个新阶段。

（2）北宋崇宁通宝和大观通宝

吉林省吉林市博物馆和吉林省博物馆分别收藏着崇宁通宝和大观通宝，均系北宋徽宗时代的通宝钱，该钱的钱文均系宋徽宗亲笔御书的铁线银勾瘦金体。古钱学家称宋徽宗为制钱能手，与王莽并称钱法"二圣"。

4.3.4　铜镜

4.3.4.1　沿革

铜镜是用青铜制成的照容的生活用具，"以铜为鉴可正衣冠"。

铜镜主要通过形制、花纹和铭文等方面的不同内容反映各个时期的铸造技术、工艺美术、工官制度、商业关系、思想意识以及与国外的交往方面的情况，表现出各异的时代特征。铜镜研究已经形成了专门学科分支，称为镜鉴学。

中国是世界上最早制造铜镜的古国之一。世界上古代铜镜大体可分为两大体系：一是西亚、埃及、希腊、罗马的铜镜，往往为圆形，但附有较长的柄；二是中国的铜镜，多为圆形，镜面平光，用以鉴容，镜背中央多设枘，以穿条带，多没有柄。铜镜背面还多铸有纹饰或铭文。但是也有菱花形、葵花形、八菱形、亚字形、盾形、方形等，到了唐宋还出现了有柄的铜镜。

中国制镜的历史很悠久，古代文献中尧尹寿铸镜和黄帝制镜的传说虽不可靠，但是考古工作者却在甘肃、青海两省出土了公元前2000年齐家文化的铜镜两枚，是我国迄今发现最早的铜镜。中国铜镜从青铜时代初出现，历商周、秦汉、隋唐，迄于明清，长期流行，并形成各个时代的特征。从齐家文化到西周，中国铜镜始终处在原始状态，形体小，制作粗糙，缺乏规格，铸造量也少。进入东周，铜镜的铸造量有所增加。春秋战国之交，随着社会经济的发展，铜镜铸造业迅速发达起来，质量也有显著提高。镜的形制和花纹已经规格化。各地所铸铜镜具有一定的地方特点。随着汉武帝以来大一统的政治局面的进一步巩固和发展，在文化和艺术方面也更趋统一，这使得铜镜的形制和花纹也在全国范围内一致化，几乎不存在地方性的差异。汉代铜镜较厚重，钮为半球形，开始出现铭文，并渐趋繁复。唐代铜镜无论是造型还是纹饰都在汉代的基础上有了新的突破，如菱花、八菱、海棠花等式样均出现于此时，特别是海棠兽葡萄镜最为名贵。镜铭常有楷书四言、五言小诗。宋代镜形又出现了亚字形、钟形、鼎形、鸡心形等，唯其镜多挂于高台，镜背的纹饰渐被忽视。纹饰多为缠枝卷草之类，但也有写实画面出现。元朝铜镜制作粗糙。明清除仿制之外，各朝虽然也制镜，但已经走下坡路，自乾隆以后，由于玻璃镜的大量出现，铜镜遂完成了历史使命而退出了历史舞台。

4.3.4.2 著名铜镜

（1）西汉内清以照明透光镜

上海博物馆珍藏内清以照明透光镜，是西汉中期遗物。年代之早，保存之完好，在国内外仅存的几面西汉透光镜中首屈一指。该镜镜面微凸，打磨光亮，背面有圆突的镜钮，钮周围以同心圆分成几个部分，最外一圈较为宽阔平整，自外向内依次是一圈绳纹、一圈铭文、一组边弧纹，可见主题是一圈铭文，内容是"内清以照明，光象夫日之月□不世"。其中央有七个"而"字，共21字。其实该镜的全称是"西汉内清以照明透光铜镜"。"透光镜"始于西汉。正面微凸，不仅能照人，而且当光束照射在上面时，其反射出来的光束在另一平面上会形成一定的影像，有趣的是这影像和铜镜背面的纹饰相吻合。就好像是从镜背透过来的一样，这也就是"透光镜"名称的由来。

（2）唐朝花鸟人物螺钿镜

中国历史博物馆珍藏着一枚1955年在河南省洛阳市涧西出土的花鸟人物螺钿镜。直径23.4厘米，正面光素平滑，可以照人，背面有装饰精美的图案，中心是一个凸起的圆形钮，边缘有一周凸起的边廓，主题纹饰是用螺钿镶嵌的饮乐图，也称"高逸图"，两位高士席地而坐于毯上，一人举酒盅，一人弹拨阮咸，面前一鼎一壶，相对弹饮，白鹤应声舞于前，侍女奉盒立于侧，钮上方有一株枝干苗壮繁花盛开的花树，树梢一轮明月，树下有猫憩息，两侧各有振翅飞腾的鹦鹉，满地落花纷纷，一派鸟语花香、乐声悠扬、祥和温馨的气氛。整个图案乃截片螺钿平复镶嵌，并且在螺钿截片口以点线勾画出人物及花鸟的细部，生动逼真，充满生活气息。螺钿镜是唐代铜镜中的一个新品种，出现于盛唐时期，工艺异常精致，流传下来的实物极少，考古出土迄今仅有两件，十分珍贵。这面花鸟人物螺钿镜是其中之一。

4.3.5 铜鼓

铜鼓是我国古代南方少数民族所使用的青铜铸造的打击乐器，由作炊具的釜发展而成。其形状"上宽而中狭，下则敞口"。因像倒置的大口罐，故又名罐鼓。鼓面浮雕图案中常附有青蛙的雕像，也称蛙鼓。我国是世界上铜鼓出土数量最多的国家，主要分布在我国的云南、贵州、广西、广东、四川、湖南等省区。年代约自春秋中期至清末。据统计，截至1980年，各省区共收藏铜鼓1388面。其中广西壮族自治区出土和收藏有500多面，所藏的雷云纹铜鼓是我国最大的铜鼓。铜鼓原是统治者权力的象征，明清以来随着社会的变化，成为传递信息的工具和一般的娱乐乐器。

4.3.6 金属工艺品

金属工艺品主要有北京景泰蓝、南京金箔、北京花丝镶嵌及个旧锡制工艺品等。

（1）南京金箔

南京金箔是南京市龙潭镇一带生产的特种手工艺品。系以金叶为原料，经熔条、拍叶、打箔、出起、切箔等12道工序制成。金箔的用途甚广。东晋以后，江、浙一带修建寺庙甚多，佛像与古建筑因贴金需要大量金箔；随着南京云锦的出现，金箔成为制作金线的主要原料。金箔生产始于南北朝，约有1500年历史。南京江宁金箔金线厂及南京金线金箔厂所产金箔1988年获国家优质产品金质奖。

（2）个旧锡制工艺品

个旧锡制工艺品是云南个旧市生产的传统工艺品。其制作系选用含量98%以上的精锡做原料，经熔化、铸片、剪料、造型、刮光、焊接、擦亮、雕刻等工序制成。其物理化学性能良好，耐酸、耐碱、无毒、无味、不生锈、不变形、耐腐蚀。装饰图案有山水花木、鸟兽鱼虫之类。产品包括生活用品及观赏性工艺品。个旧锡制品制作可追溯至千年以前，至明清两代日益发达。19世纪末至20世纪初，当地生产作坊达数十家，集中形成锡业街，产销旺盛。

铜花锡盘于1984年获中国工艺美术品百花奖优秀创作设计二等奖；银鸟盘锡制工艺品于1985年获中国工艺品百花奖银杯奖。

知识之窗

> 景泰蓝是北京特有的传统工艺品，因其制作工艺发展到明代景泰年间已十分完美，又因铜胎所点釉彩主要以蓝色为主，因此称为景泰蓝。景泰蓝的主要制作工序是打胎、掐丝、点蓝、烧蓝、磨光、点金等。打胎即做瓶胎。掐丝即将事先做好的铜丝图案用植物胶粘在瓶胎上。点蓝即将各种颜色的釉料填入铜丝图案的轮廓内。烧蓝即将点好釉彩的瓶体放到900℃高温的炉子中烧制。磨光即将烧蓝后的瓶体打磨光亮。点金即将显露的铜丝部分镀金。景泰蓝多采用中国传统的花鸟虫鱼、山水人物的图案。主要种类包括祭器、装饰用品及实用生活用品。

4.4　木、竹、漆器

学习情境

福州脱胎漆器

福州脱胎漆器产于福建省福州市，已有180年的历史。所谓脱胎就是以泥、石膏、木模等为坯胎，漆为黏合剂，用夏布、绸布等逐层裱褙阴干后，将原坯胎再脱去的工艺。脱胎后再经过上灰地、打磨、髹漆、研磨，并施以各种装饰纹样，便成为脱胎漆器工艺品。制作工艺别具一格，其主要特点是做工精巧细致、质地轻巧坚牢、造型美观大方、色泽鲜艳古朴，同时还具有耐酸、耐碱等优点，堪称"真正的中国民族艺术"。

问题研讨

1.你知道什么是漆器吗？

2.你了解中国漆器的制作工艺吗？

3.中国漆器按制作工艺可分为哪几种？

知识研修

4.4.1　木器

4.4.1.1　历史沿革

甘肃武威出土的汉代木猴，刀法简练，自然生动。唐宋以后，各种木雕如佛像、人像、鸟兽、杂器等，不断被发现。明清时期，民间木雕主要分布在浙江、福建、江苏、广东各地，浙江东阳木雕以浮雕见长，产品多为床饰、柜架、挂屏等，黄杨木雕以小件圆雕为主。广东金漆木雕以镂雕精细见称。福建龙眼木雕并髹漆，古朴浑厚，多具重要艺术价值。明清宫廷、府第往往把家具作为室内陈设的主要部分，于是成套的明清硬木家具应运而生。明代主要产于苏州，清代产于扬州、宁波、广州等地。硬木家具首推紫檀，次为黄花梨和红木。这些出产于热带、亚热带的木材质地坚硬、强度高、色质纹理优美，可用精细的榫卯进行细致的雕饰，因而出现了许多造型优美和装饰华丽的优秀产品。

想一想

为什么至今紫檀、黄花梨和红木市场价格仍很高？

4.4.1.2 著名木雕

（1）东阳木雕

东阳木雕产于浙江省东阳市，是我国古老的民间木雕工艺品之一。东阳木雕始于唐代，发展于宋代，盛行于明清。它以平面镂空和多层次镂空见长，造型美观，图案细致，技艺高超。现在的东阳木雕艺人在吸收前人经验的基础上，又使木雕艺术有了新的发展。主要作品有：佛像、建筑装饰及取材于神话故事、民间传说和戏曲故事的大型木雕。

（2）乐清黄杨木雕

乐清黄杨木雕产于浙江省乐清市。这里是黄杨木的出产地，也是黄杨木雕的发源地。黄杨木雕始于清代。由于这里的黄杨木体积较小，适宜雕刻小型的人物陈设品，故艺人们的雕刻技艺精细。主要作品有：人物、龙灯、佛像等。近年来乐清黄杨木雕有了很多创新，运用镂刻和群像拼接等技法，打破了黄杨木雕只能雕刻小件作品的格局。

特别提示

掌握东阳木雕、乐清黄杨木雕的产地及特点。

4.4.1.3 明清家具

明清硬木家具有以下七大类。

桌类：包括八仙桌、供桌、月牙桌、琴桌；几案类：包括书案、翘头案、平头案、条几、香几、茶几、炕几；椅凳类：包括圈椅（太师椅）、条凳、方凳、鼓墩；柜橱类：包括门户橱、书橱、衣柜；床榻类：包括木榻、架子床；台架类：包括衣架、盆架、博古架、镜台、花台、灯台、承足（脚踏）；屏座类：包括围屏、插屏、炉座、瓶座。

明代所制家具艺术风格高雅，造型简洁，落落大方，朴素浑厚，制作工艺精细，构件曲直转折，严谨准确，具有高雅的艺术特点。清代制品体形稳重，比例适度，线条利落，庄严而活泼，达到了框架式结构与重点装饰的统一，雕饰都集中在一些辅助构件上，既不影响坚固和实用的要求，又增加了美观度。总之，明代家具以简洁素雅著称，清代则进一步向繁杂方向发展，并采用了雕漆、填漆、描金、嵌犀角、象牙、螺钿等工艺美术手法，这种繁杂的装饰到清代晚期更为突出。

4.4.2　竹器

4.4.2.1　历史沿革

就竹器而言，目前所见到的较早的竹器是湖南长沙马王堆西汉墓出土的雕有龙纹的彩漆竹勺。《南齐书·明僧绍传》记载齐高帝赐明僧绍竹根如意。那时的竹刻还只是用于杖头、如意、拂柄、抓背之类。到了唐宋两代，竹刻范围逐渐扩大，既运用于各种实用的物件上，更多的制品则供人欣赏，成为特种手工艺品。竹刻成为专门艺术应自明代中期开始。当时江南竹刻工艺的发展形成了各具特色的两大派，一是"金陵派"，二是"嘉定派"，以"嘉定派"更为繁荣。嘉定派的创始人朱松邻原是一位善于诗画的人，他在创作中能以笔法运刀法，勇于创新，为他人所不能及。他的儿子朱小松、孙子朱三松都继承此业。后来，嘉定竹刻名家辈出，极盛一时。

4.4.2.2　著名竹刻

（1）嘉定竹刻

嘉定竹刻产于上海市，是我国最著名的竹刻工艺品。嘉定竹刻创始于明朝隆庆、万历年间（公元1567—1619年），其创始人是朱松邻。嘉定竹刻的主要特点和传统技艺是"以刀代笔，以书法刻竹"。主要作品有：笔筒、花、瓶等。其代表作是朱松邻的"松鹤笔筒"。

朱松邻，字子鸣，名鹤，号松邻，嘉定（今上海市）人。先世本籍新安（安徽歙县），宋时迁居华亭（松江），及至朱鹤，始定居嘉定，为嘉定派刻竹创始人。其子小松、孙三松，都是竹刻名匠，并称"嘉定三松"。笔筒用形状奇特的老竹一段刻成，高17.8厘米，径8.9厘米×14.9厘米，宽窄不等。雕老松主干一截，密布鳞皴瘿节。其旁又出一松支干，虬枝纷孥，围抱巨干，若附丽而生。松畔双鹤，隔枝相对。款识阴文，刻于松皮卷脱露木处，凡五行："余至武陵，客于丁氏三清轩，识竹溪兄，笃于气谊之君子也。岁之十日，为尊甫熙伯先生八秩寿，作此奉祝。辛未七月朔日，松邻朱鹤。"辛未为正德六年（1511年）。

（2）黄岩翻簧竹刻

黄岩翻簧竹刻产于浙江省台州市黄岩区，始于清同治八年（1869年）。这里是翻簧竹刻的发源地。黄岩翻簧竹刻的做法是，首先刨去大毛竹的青皮和竹肉，通过分层开片，翻出一毫米左右厚的竹簧；然后再把竹簧破开，放在锅内煮，将它软化压平，用鱼胶将竹簧胶合在木板或竹片制的半成品坯上，刨光成型，艺人们在上面进行深雕或浅刻，称为"翻簧竹刻"。主要作品有笔筒、台灯、花瓶等。其雕刻形式主要采用薄浮雕、阴雕、浅刻和透空雕，其中薄浮雕难度最大，工艺最精。

特别提示

掌握嘉定竹刻的历史沿革及代表人物、代表作品。

4.4.3　漆器

4.4.3.1　发展简史

在人类历史上，发现并使用天然漆，大概是中国人的独创了。考古发现证明，早在六七千年前的河姆渡文化时代，我们的祖先就已能制造漆碗，稍后，分处我国南北两地的良渚文化（浙江）和夏家店下层文化（辽宁）的先民们也造出了漆器，殷商时代，漆液里不仅已开始掺和各色颜料，且出现了在漆器上粘贴金箔和镶嵌松石的做法，开汉唐"金银平脱"

技艺之滥觞。历西周、春秋，漆器制作技术日精。

战国时代，漆器工艺更加蓬勃发展。从湖北江陵和湖南长沙楚墓中出土的大批精美的漆器看，这些漆器的制作技法已达到很高水平。漆胎类型有旋木的，有用薄木加裱麻布的，有用夹苎的，也有用皮胎的。漆器的品类已普及一般的生活用品，其装饰方法有彩绘、有针刻、有银扣、有施金彩漆等。图案有云龙、鸟兽、云气等。结构组合谨严精审，与器物十分协调，富有装饰性。两汉时期，漆器工艺达到了高峰，西汉漆器上承战国而有所开拓。汉代漆器设计和漆画已达到了很高的艺术水平。魏晋六朝的漆器，夹苎胎技法发展到高峰，甚至出现用夹苎胎制作的佛像。唐宋时期的漆器，其装饰技艺向更加多样化发展，首先从楚、汉的银扣、金铜扣发展成为"金银平脱"，还创造了剔红。宋代嵌螺钿漆器和创金漆器在继承前代的基础上有很大发展。元代漆器，名匠辈出，如嘉兴的张成、扬茂等，对明初的雕漆工艺影响极大。明清时期，我国漆器工艺更趋于繁盛，品目繁多，而且其制作工艺也有所发展，尤其在描金、螺钿、款彩、镶嵌等方面，其成功的作品，有很高的工艺美术价值和文物价值。

4.4.3.2 黄成《髹漆录》

黄成号大成，新安平沙（安徽省歙县）人，是明代隆庆（1567—1572年）以后的一位名漆工，他总结了前人和他本人的经验，写成《髹漆录》一书，对髹漆的各个方面进行了全面的叙述。《髹漆录》一书是我国现存唯一的古代漆工专著，它是研究漆工史、明代漆工的技法和原料的最重要的文献。我们通过它可以了解祖国漆器的丰富多彩。该书分乾、坤两集，共18章，186条，《乾集》讲制作方法、原料、工具及漆工禁忌等，《坤集》主要讲漆器分类及各个品种的形态。此书一直只有抄本在日本流传，1927年才经朱启钤先生刊刻行世。王世襄撰写《髹漆录解说》。

4.4.3.3 种类

漆器的种类按其使用功能可分为：生活器皿、宗教礼仪用品、其他工艺美术品。

按照制作工艺可分为下列几种：一色漆、罩漆（在色漆或描绘竣工后，上面再罩一层透明漆）、描漆（将漆或釉彩等描绘在漆器上以作髹饰，包括描漆、描画、描油三种）、描金（在漆地上先用金胶描绘花纹，趁它尚未完全干透时把金箔或金粉黏着上去）、填漆（在漆器上做出凹下去的花纹，把不同色漆填进去，干后磨平，使之像设色画）、雕填（用彩色作花纹，阴文金线勾轮廓及纹理，有的还做锦纹地）、螺钿（用贝壳薄片制成人物、鸟兽、花草等形象嵌在雕镂或髹漆器物上的装饰）、百宝嵌（用珊瑚、玛瑙、琥珀、玳瑁、螺钿、象牙、犀角、玉石等各种珍贵材料做嵌件而镶成的绚丽华美的浮雕画面的一种漆器）、雕漆（在漆胎上层层髹漆，多达一二百层，髹到一定厚度，雕刻花纹。据漆色不同有剔红、剔黄、剔黑、剔绿、剔彩、剔犀）等。

知识之窗

雕漆是在涂有厚漆层的胎体上进行雕刻的一种工艺品。因其主要工序是雕，主要原料是漆，故称雕漆。北京雕漆有金属胎和非金属胎两种。在胎体上逐层涂积漆层，涂层少则几十层，多则三五百层，主要以朱红色漆为主。漆层涂好后，按照设计画稿，以刀代笔，雕刻图案，形成一件艺术品。北京雕漆既有其欣赏价值，又有其实用价值，且具有经久耐用、防潮抗热、耐酸碱、不变形、易于收藏的特点，因此深受人们的喜爱。❶

---

❶ 北京市旅游局.北京导游基础.第二版.北京：北京：燕山出版社，2006：100.

4.4.3.4　著名漆器

（1）上海漆器

上海漆器工艺，主要有镶嵌、刻漆、描金、勾刀、磨漆五大类。其中以镶嵌、刻漆最为著名。镶嵌分骨石镶嵌、玉石镶嵌和手磨螺钿三种。刻漆是以刀代笔，在磨光后的漆器上，根据设计的画稿，用刀刻去漆皮，填上各种绚丽古雅的色彩，表现出美丽的画面。《清明上河图》就是刻漆作品的优秀代表。

上海是我国漆器的主要产地之一，主要产品有屏风、挂屏等欣赏品和果盘、橱盒、家具等实用品。

（2）扬州漆器

扬州漆器始于战国时代，至两汉时期，扬州漆器的制作工艺已臻精美。经过唐宋的发展，扬州漆器在明清两代进入全盛时期，到了近代，扬州漆器作品曾在巴拿马国际博览会上获得金质奖。主要作品有屏风、衣橱、茶具、文具等。扬州漆器造型古朴，纹样优美，雕刻精致，色彩绚丽，具有东方民族的艺术风格和浓郁的地方特色。

（3）大方漆器

大方漆器产于贵州省大方县，始于明末清初。大方漆器技艺精湛，具有保色、保味、防潮、防蛀、不传热、经久耐用的特点。主要作品有烟叶盒、针线盒、茶具、酒具等。

特别提示

掌握扬州漆器的发展历程及特点。

------------------------------ **本章内容举要** ------------------------------

1.石器是以石头为原料制作的工具。它是人类最初的主要生产工具。制作石器的石材的来源主要有两种：第一种是采集砾石；第二种是开采石料。石器的制作工艺主要有两种：第一种为打制工艺，这是一种原始方法；第二种是磨制工艺。石器的类别包括砾石石器、石片石器和磨制石器。磨制石器从用途上大体包括以下几类：砍伐工具、农耕工具、兵器、仪仗及装饰品。

2.著名石雕：包括青田石雕、寿山石雕、浏阳菊花石雕、湖北绿松石雕、灵璧磬云石雕、曲阳石雕等。

3.玉器是指以硬玉、软玉、碧玉、蛇纹石、水晶、玉髓为原料而制作的工具、装饰品、祭器和陈设品等。中国古代玉的产地为新疆的和田、河南的南阳及辽宁的岫岩。

4.中国古代玉器按用途可分为八类，即礼乐器、仪仗器、丧葬器、佩饰器、生产工具、生活用器、陈设品及杂器。古玉器的纹饰图案包括：吉祥如意类、长寿多福类、多子多孙类及安宁和平类。现存古代著名玉器有西汉金缕玉衣、元代的玉瓮、清代的大禹治水图玉山子。著名玉雕有北京玉雕、扬州玉雕。

5.陶器是用黏土成型，经700～1100℃的炉温焙烧而成的无釉和上釉的日用品和陈设品。陶器有手制和轮制两种方法。陶窑结构基本上可以分为横穴和竖穴两种。陶器的烧成温度一般为800～1100℃。陶器的器型主要有四类，即炊器、盛食器、水器和储藏器。著名陶器包括秦汉陶塑、唐三彩和紫砂陶器。

6.瓷器是以瓷土或瓷石为原料，经过成型、干燥、焙烧等工艺流程制成的器物。瓷器是我国古代劳动人民的一项伟大发明。自唐以来，中国瓷器就逐渐输出到世界各地，中国的瓷器制作技术、工艺也流传到东、西方各国。

7.瓷器的装饰主要有开片、刻花、印花、贴花和镂雕。釉是瓷器表面的涂料，是利用铁、铜、钴、锰的氧化物的呈色作用进行着色的。釉绘的彩釉包括釉下彩、釉上彩等。我国著名瓷器有：景德镇名瓷、钧瓷、汝瓷、龙泉青瓷、博山美术陶瓷、醴陵釉下彩瓷和德化瓷塑。

8.青铜器是以青铜为基本原料加工而制成的器皿、用具等。我国青铜器起源可上溯到公元前3000年左右。青铜器铸造工艺分冶炼和铸造两步。铸造一件青铜器需要经过塑模、翻范、烘烤、浇注等一整套工序。青铜器一般可分为十二大类，主要形制有鼎、爵、铙、戈等。

9.青铜器的图纹装饰有四类，即幻想动物纹、写实动物纹、几何形花纹及人物活动的图纹。青铜器的装饰手段有铸雕、线刻工艺、镶嵌工艺、错金银和鎏金。古青铜器上所铸的文字一般称为青铜器铭文。青铜礼器是古代贵族在举行祭祀、丧葬、朝聘、征伐等活动时举行礼仪所使用的器皿，主要指鼎、簋、瓿、豆和钟镈。我国著名青铜器有后母戊鼎、毛公鼎等。

10.秦始皇统一中国后，统一全国货币，圆形方孔的铜钱是我国流通时间最长、影响最大的一种货币，长达2000多年，大体可分为半两钱、五铢钱、通宝钱和制钱等几个阶段。铜镜是用青铜制成的照容的生活用具。自乾隆以后，由于玻璃镜的大量出现，铜镜退出了历史舞台。铜鼓是我国古代南方少数民族所使用的青铜制造的打击乐器。金属工艺品包括南京金箔及个旧锡制工艺品。

11.现存古代木器较早的是汉代木猴。我国著名木雕有东阳木雕、乐清黄杨木雕。明清硬木家具非常精美。我国著名竹刻有嘉定竹刻、黄岩翻簧竹雕。

12.早在六七千年前的河姆渡文化时代，我们的祖先就已经能制造漆碗。《髹漆录》是我国现存唯一的古代漆工专著，由明代漆工黄成写成。漆器的种类繁多，按其使用功能可分为：生活器皿、宗教礼仪用品、其他工艺美术品。按照制作工艺可分为下列几种：一色漆，罩漆，描漆，描金，填漆，雕填，螺钿，百宝嵌，雕漆等。我国著名漆器有上海漆器、扬州漆器和大方漆器。

思考与练习

一、名词解释

1.寿山石雕　　　2.元代的玉瓮　　　3.釉　　　　　4.青花

5.开片　　　　　6.款识　　　　　　7.铜鼓　　　　8.唐朝花鸟人物螺钿镜

9.《髹漆录》　　10.东阳木雕

二、问答题

1.石器的制作工艺主要有哪些？　　　　2.我国古代玉器可分为哪几类？

3.我国古代玉器装饰图案有哪些？　　　4.陶器的制作方法主要有哪些？

5.我国古代有哪些名陶、名瓷？　　　　6.陶器和瓷器有何区别？

7.铸造一件青铜器需要经过哪几道工序？　8.简述中国青铜器的特点。

9.青铜器主要有哪些装饰手段？有哪些装饰纹样？

10.我国铜钱的流通经历了哪几个阶段？　11."嘉定三松"指的是谁？

中国的宗教

宗教是人类历史上一种古老而又普遍的、复杂的社会文化现象，它包含了人类社会得以维系的几乎全部因素。作为导游员，要了解一个国家、一个地区、一个民族的社会生活、历史文化、心理素质，必须了解分析其宗教。

1.要认识宗教在旅游中的作用，就必须了解我国宗教信仰的状况，做到心中有数。

2.道教是土生土长的中国宗教，在民间流传很广，掌握道教知识，有助于我们更好地认识中国历史文化。

3.佛教公元前6—公元前5世纪创建于古印度，与基督教、伊斯兰教并列为世界三大宗教，在三大宗教中创教最早，广泛传播于亚洲很多国家和地区，对中国的社会文化生活产生过重大影响。了解中国佛教，有助于更好地认识中国历史文化。

4.伊斯兰教于公元7世纪创立，于公元651年传入我国。该教目前流行于亚洲、非洲，有90多个国家和地区信奉伊斯兰教。中国有10个民族几乎全民族信仰该教，总计1700万人口。

5.基督教是世界上拥有教徒最多的宗教。从公元7世纪起，基督教传入中国并在中国断续传播。

5.1 中国的宗教信仰

 学习情境

人类的起源

人类在起源之初，就相信"某种东西"，它是超自然的，超越这个可见的世界，高高在上。人们试图解释神秘事物。一首刻在土制书板上的美索不达米亚人的诗，记述着神是怎样创造人类的。很久很久以前，神的社会是由两部分成员组成的，即安努那库和伊估估。安努那库什么都不做，而伊估估要干一切活，侍候他们。一天，伊估估们反抗了，拒绝为他们劳动。于是众神召开会议，决定创造人类。人类的使命就是侍候他们，为他们生

产一切必需品。❶

问题研讨

1.人类命运的主宰是谁?

2.为什么会有战争、饥荒和疾病等祸患?

3.人们为什么要崇拜神? 为什么要建造神庙?

5.1.1　宗教的产生

宗教是原始社会发展到一定阶段的产物,最初是作为原始人群的自发信仰而产生的。世界上的宗教产生于早期智人阶段,大约10万年前。中国考古资料证实30000年前的晚期智人阶段已经出现了原始的宗教观念。北京山顶洞人将死者埋葬在下室,死者身上及周围撒有赤铁矿粉,说明他们已经有了原始的宗教信仰。有人认为,赤铁矿粉象征血液,人死血枯,加上同色的物质,是希望死者在另外的世界中复活。原始社会极端低下的生产力,使人们在自然面前无能为力,原始人的智力朦胧未开,分不清人和自然的区别,于是将支配人们生活的自然力量和自身的梦境加以神化,成了超自然、超人间的神灵,形成了万物有灵的观念,并从自然崇拜发展到图腾崇拜、祖先崇拜和神灵崇拜等。随着阶级社会的产生和发展,原始宗教的多神崇拜逐渐演化为一神教,部落宗教逐渐向民族宗教乃至世界宗教发展,产生了具有约束权力的宗教机构和权威性的专职宗教领袖,各种教条、教规、神学、宗教哲学等也更加完备起来。

当前,世界主要有佛教、伊斯兰教和基督教,称世界三大宗教。中国的宗教主要有佛教、道教、伊斯兰教和基督教,称中国四大宗教。

5.1.2　中国的宗教信仰状况

5.1.2.1　汉族宗教信仰状况

汉族对外来宗教采取兼容并蓄的态度。历史上,世界三大宗教都先后传入我国。佛教在两汉之际传入中国,已有2000多年的历史;伊斯兰教和基督教从唐代传入中国起,已有1000多年的历史;从明清以来,特别是鸦片战争后,基督教三派有了较为广泛的传播;道教产生于东汉中期以后,也有将近2000年的历史。

汉族始终没有一个全民族每个成员都必须信仰的民族宗教。佛教传入中国后,从隋唐开始与中国传统文化相结合,形成了汉地佛教并对中国的汉族文化产生了重大影响。道教虽然是汉族本土宗教,但也只有一部分汉族人信仰。世界宗教天主教和基督教新教,只在一定范围内有汉族人信仰。

想一想

汉族在宗教信仰方面有何特点? 有些人将儒家学说的思想体系称为儒教,你同意这种说法吗? 为什么?

---

❶ 姚祖培,庄根源.世界宗教.杭州:浙江教育出版社,1998:12.

5.1.2.2 各少数民族的宗教信仰状况

藏传佛教，大致上是在西藏、青海、内蒙古、四川、云南、甘肃等地，有藏族、蒙古族、门巴族、土族和裕固族等民族人民信仰；在纳西、怒、羌、普米、锡伯、鄂伦春、达斡尔等少数民族中，也有少部分人信仰。

南传上座部佛教，傣族全民信仰，德昂、阿昌、布朗、拉祜、佤族等少数民族部分人信仰。

大乘佛教，除汉族外，白族、壮族、布依族、侗族、畲族、纳西族、彝族、羌族、仫佬族、满族、朝鲜族等少数民族也有部分信徒。

伊斯兰教，在中国有回族、维吾尔族、哈萨克族、柯尔克孜族、乌孜别克族、塔塔尔族、塔吉克族、东乡族、保安族、撒拉族10个民族全民信仰。其中，回族从产生之时起就信仰伊斯兰教，维吾尔族是后来皈依伊斯兰教的。

在基督教中，信仰东正教的主要是俄罗斯族以及少部分蒙古族、达斡尔族和鄂伦春族等。天主教和基督教新教的传教士，对中国20多个少数民族的人民进行了传教。在这些民族中以云南怒族和傈僳族信仰的人占比例较大。

在近现代中国的南方许多接近汉族的少数民族中，都将道教的信仰内容纳入本族的宗教信仰之中，将道教的神作为主宰神来崇拜。例如，白族崇拜玉皇大帝，瑶族信仰三清尊神，在壮、侗、苗、仫佬、毛南、纳西、羌族等民族中也有对道教的传播和信仰的影响。此外，很多少数民族还保留着原始宗教的信仰。

特别提示

1949年中华人民共和国成立后，以立法形式将宗教信仰自由写进宪法。《中华人民共和国宪法》第36条规定："中华人民共和国公民有宗教信仰自由。任何国家机关、社会团体和个人不得强制公民信仰宗教或者不信仰宗教，不得歧视信仰宗教的公民和不信仰宗教的公民。国家保护正常的宗教活动。任何人不得利用宗教进行破坏社会秩序、损害公民身体健康、妨碍国家教育制度的活动。宗教团体和宗教事务不受外国势力的支配"。

知识之窗
▼

宗教无时不在非洲人的生活中出现，因为大自然本身就是具有神灵的。宗教仪式使信徒与神以及自己的祖先更加贴近。在诞生、结婚、去世、收获农作物或者出发打猎等人生的重要关头，这些神和祖先都能帮助他们。在这些仪式上，要向神和祖先奉献祭礼。主持祭祀的人将小米粥洒在地上，或者割断一只小动物的咽喉，以它的血供神用。剩下的小米粥或小动物的肉，人们吃了以后，可以重新获得神赋予的充沛活力。神还使人们的生活中不再有厄运和疾病。❶

---

❶ 姚祖培，庄根源.世界宗教.杭州：浙江教育出版社，1998：81.

5.2 中国的道教

真武大帝

在北京故宫御花园正中北面有一座大殿，即钦安殿。大殿供奉的是道教的神仙——真武大帝。相传真武为净乐国太子，后在武当山修炼，得道飞升，威震北方。真武原指黄道圈上二十八宿中的北方七宿玄武，呈龟蛇形象，为星宿神。宋代玄武被人格化，成为道教大神，龟蛇亦变成真武手下两员大将。为避赵宋所谓始祖赵玄朗之讳，改称真武。明代朱棣发动"靖难之役"向南京进攻时，传真武曾显像助威。明成祖朱棣即位后，在武当山大力营建宫观，真武信仰达到鼎盛，全国各地掀起修建真武庙的高潮。武当山亦成为全国各地真武庙的祖庭。因北方在五行中属水，真武又是水神，故有防止火灾之威力。

问题研讨

1.你知道真武大帝吗？

2.除武当山外全国各地还有哪些真武庙？

3.北京故宫中为什么供奉真武大帝？

知识研修

5.2.1 道教的创立和发展简史

5.2.1.1 道教的初创

东汉顺帝时，张陵在四川鹤鸣山，奉老子为教主，以《道德经》为主要经典，自称出于太上老君的口授，造作道书，吸收巴蜀地区的原始宗教信仰，传授符箓，降魔驱鬼，创立"五斗米道"。因后世道教尊张陵为天师（一说张陵自称天师），又称天师道。张陵之孙张鲁割据汉中20余年。建安二十年（215年），张鲁归降曹操，被拜将封侯，五斗米道获得合法地位而影响日增。汉灵帝时，张角以《太平经》为主要经典，创立太平道，自称大贤良师，"以善道教化天下"。教徒数十万，遍布青徐等8州，于中平元年（184年）发动起义，因起义者皆头戴黄巾，故人称"黄巾军"。起义失败后，太平道被残酷镇压，逐渐衰微。东汉的五斗米道、太平道均属早期的原始道教。

5.2.1.2 道教的发展

魏晋以后，道教内部逐渐分化：一部分仍然流传民间，成为被统治者组织起义的工具，如东汉末，孙恩利用民间五斗米道组织起义，后虽遭镇压，但却沉重打击了当时的统治者；另一部分向统治者上层发展，成为贵族化精神工具。葛洪、寇谦之、陆修静与陶弘景为后者代表。两晋之际的葛洪，致力于道教神仙谱系的总结与记述，总结战国以来神仙方术的理论，建立一套成仙理论体系，积极从事炼丹活动，开道教丹鼎派先河，对道教的理论化、贵族化有很大的影响。

南北朝时，北魏道士寇谦之、南朝道士陆修静对道教的教规、仪范进行修订。南朝道士陶弘景继续吸收儒、释两家思想，充实道教内容。

5.2.1.3 道教的兴盛及教派的创立

隋、唐、北宋时，不少帝王崇奉道教。唐代统治者自称老子后裔，封李耳为"太上玄元皇帝"，崇尚道教。北宋统治者仿效唐代奉老子为宗祖的做法，宋真宗称赵玄朗为其族祖，奉作道教尊神，封为圣祖上灵高道九天司命保生天尊大帝，并加封老子为太上老君混元上德皇帝。唐宋统治者的一系列崇道措施，对贵族化道教的发展起了促进作用。

金元以来，全国道教形成正一道、全真道两大教派。

（1）正一道

正一道原为五斗米道，元代形成道教宗派。事实上是江南道教的统一命名，统归龙虎山天师府领导，并以此与北方的全真道相对。正一道以天师为道首，以《正一经》为主要经典，集符箓派之大成，以行符箓为主要特征，不重修持，崇拜神仙，画符念咒，降神驱鬼，祈福禳灾。道士可不出家，不住宫观，具有家室，清规戒律不如全真道严格。

（2）全真道

全真道，亦称全真教或全真派，由重阳真人王喆创立于金初大定七年（1167年），因王在山东宁海（今山东牟平）自题所居庵为全真堂，凡入道者皆称全真道士而得名。全真道以《道德经》（道经）、《般若波罗蜜多心经》（佛经）和《孝经》（儒经）为主要经典，主张道、释、儒兼容合一。在修行方法上，早期以个人隐居潜修为主，重内丹修炼，不尚符箓，不事黄白之术（冶炼金银之术），以修身养性为正道。在教规上，主张全真道士必须出家住宫观，不得蓄妻室，并制定了严格的清规戒律。效仿佛教建立了丛林制度，各地全真道士云游至全真十方丛林，均可栖息学道。

全真道的支派较多。王重阳所传七大弟子，称全真七子，开创7个支派：马钰的遇仙派、谭处端的南无派、刘处玄的随山派、丘处机的龙门派、王处一的嵛山派、郝大通的华山派、孙不二的清净派，称为北七真。其中，长春真人邱处机在元太祖十五至十八年（1220—1223年）间，应诏赴西域大雪山谒见元太祖成吉思汗，受到礼遇，命其掌管道教。龙门派在各地大建宫观，势力最大，人数最多。但因在元宪宗八年（1258年）和元世祖至元十八年（1281年）的两次僧道辩论中失败，使全真道遭到了沉重的打击，元成宗时才见恢复。明代朝廷重视正一道，全真道相对削弱。清朝虽有王常月中兴之举，但总的趋势是走向衰落。

5.2.2 道教的教义、主要供奉对象、经籍、标志和教徒的主要称谓

5.2.2.1 道教的教义

（1）"道"是"万物之母"

道教的核心信仰，是宣扬"道"为"万物之母"，是宇宙万物之中最核心的东西。

（2）"神仙"崇拜是道教的最基本的信仰

相传张陵所著作的《老子想尔注》中，将老子作为道的化身。于是，老子在道教中被神化为众生信奉的神灵。六朝时，道又演化为至高无上的元始天尊，产生三清尊神。以后，又逐渐发展成了包罗许多天神、地祇、人鬼在内的神仙体系。

（3）众生均可修道成仙，长生不老

道教相信"道"可以"因修而得"，"神与道合，谓之得道"。按照这一众生均可修道成仙的思想，提出了一系列道功和道术。修炼的目的是追求长生不老、肉身成仙。

5.2.2.2 主要供奉对象

道教崇奉的神灵众多，天神、地祇、人鬼皆受奉祀，信奉的主要神灵有尊神、俗神、诸仙。

（1）尊神

尊神是指三清、四御、三官与四方护卫神等道教信奉的最高天神。

三清是玉清、上清、太清之合称。三清始于六朝，唐宋已臻极甚，道教奉为最高尊神：玉清元始天尊居清微天之玉清境，上清灵宝天尊居禹余天之上清境，太清道德天尊居大赤天之太清境。在道教中代表宇宙万物创造的三个阶段，即道生一，一生二，二生三，三生万物。

四御是指地位次于三清、辅佐三清的四位天帝：玉皇大帝，为总执天道之神；中天紫微北极大帝，协助玉皇大帝执掌天地经纬、日月星辰和四时气候；勾陈上宫天皇大帝，协助玉皇大帝执掌南北极和天地人三才，统御众星并主持人间兵革之事；承天效法后土皇地祇（女神），执掌地道，掌阴阳生育、万物之美与大地山河之秀（故有人称之为"大地母亲"），与执掌天道的玉皇大帝相对应。

三官指天官、地官、水官。道教称天官赐福、地官赦罪、水官解厄。有的道经称，"三官"即指尧、舜、禹。三官大帝又称"三元大帝"。

四方之神，即东方青龙、南方朱雀、西方白虎、北方玄武四神。道教常以此四神为护卫神，以壮威仪。玄武亦称真武帝君。北方的天神真武大帝受唐朝以来历代王朝的崇奉。元代被晋升为元圣仁威玄天上帝，明代被奉为护国大神。

（2）俗神

俗神，指流传于民间而被道教信奉的神祇。其中，有与自然现象相关的自然神，如雷公、风伯等；有带着明显的人间特征的英雄神、文化神，如关帝、文昌等；有被认为专门保护个人、家庭和城乡公众安全的守护神，如门神、灶神、城隍、土地、妈祖等；有被认为有特定职能的行业神和功能神，如药王、财神等。

妈祖，名林默，生于北宋建隆元年（960年）。相传她生而神异，8岁从师，10岁信佛，13岁学习法术，救助过不少海上遇难的渔民和船只，后在福建莆田湄洲岛羽化升天。当地渔民在岛上盖庙祭祀。道教继承民间传说，把妈祖列为海上保护神。妈祖得到元、明、清历代皇帝褒封。湄洲岛妈祖庙为妈祖庙的祖庭。

护法神将关圣帝君，即关羽，在宋代以后才名声大振，因其为"忠、孝、义、节"的楷模而屡受皇帝褒封。儒家尊其为"武圣人"，佛家尊其为伽蓝神，道教则尊其为关圣帝君。道教称，关圣帝君具有司命禄、佑科举、治病除灾、驱魔辟邪，乃至招财进宝、庇佑商贾等等"全能"法力。

王灵官，名王善，是宋朝萨真人（萨守坚）的弟子。后成为道教护法主神，专门镇守道观山门，镇妖压魔。

知识之窗

财神：中国民间历来奉祀财神，且传说颇多，有比干、范蠡、柴荣、和合、赵公明、关羽、沈万三等。比干因劝谏荒淫暴虐的殷纣王而被摘心，后人敬仰其品德，又因其无心则无偏无向，处事公正，故奉为"文财神"。

文昌帝君：道教中认为他是主宰人间功名和禄位之神。民间传说他选天聋地哑二童做陪侍，避免泄露科举考题和录取情况。中国各地都建有众多文昌祠，每逢旧历二月初三文昌帝君生日，朝廷都会派官员前往祭祀。

想一想

在日常生活中，人们比较重视哪些俗神？为什么？

（3）诸仙

仙是道教理想中修真得道、神通广大的长生不死者，又称神人或仙人。最初流传的神仙多为上古传说中的人物，如赤松子、彭祖、广成子、黄帝、王乔、西王母、东王公等。汉魏之后，多为道教人物之仙化，如安期生、三茅真君（茅盈、茅固、茅衷）、阴长生、王玄甫等；唐宋以降，则多为历史人物被仙化，如八仙：铁拐李、钟离权、张果老、何仙姑、蓝采和、吕洞宾、韩湘子、曹国舅。八仙是民间最熟悉的神仙群体。八仙传说故事先后见于唐代文人记载，到明代最后定型。山东蓬莱传为八仙过海发生地，当地建有蓬莱阁。

5.2.2.3 道教的经籍

道教在长期的发展过程中，积累了大量的经籍，内容十分庞杂。《道藏》是道教经籍的总集，是中国古代文化遗产的重要组成部分，对于中国封建时代的哲学、文学、艺术、医学、药物学、化学、天文、地理等方面曾产生过不同程度的影响。唐玄宗开元年间编成第一部道藏。以后历代皆有纂修，北宋有《天宫道藏》。现存为明英宗、神宗时的《正统道藏》和《万历续道藏》，所收之道经已增至5485卷。

5.2.2.4 道教的标志

道教的标志为八卦太极图。

5.2.2.5 道教教徒的主要称谓

男教徒称道士，又称道士先生。女教徒称道姑，也可称女冠。全真道道观的负责人可称为方丈、正一道道观的负责人称为住持。教外人对道士、道姑一般都可统称为道长。

5.2.3 道教建筑

5.2.3.1 道教的仙境

仙境是道教所称神仙所居之胜境，或在天上，或在海中，或在幽远的名山洞府。南北朝时期道教汲取佛教的三界说，构成了神仙所居的36天的天界说。仙境之说源于中国远古的神话，昆仑、方丈、蓬莱三神山皆神仙所居，以为道士修道成仙之归宿。隋唐以后，许多名山胜地被视为神仙所居之洞府或修道成仙之佳境，较早的记载见于《云笈七签》的《洞天福地·天地宫府图》，称天下名山中有10大洞天、36小洞天和72福地，均为神仙所居处。

5.2.3.2 道教的宫观

道教是我国土生土长的宗教，其建筑主要采用中国古代建筑传统的方法并结合道教教义，独具特色。道观为道教庙宇。因为道教崇尚仙人，仙人好楼居，所以袭用我国古代高层建筑的名称"观"作为建筑之名。后来封建帝王信道，为提高其地位，把道观尊封为"宫"，与帝王宫殿相提并论。道教著名宫观有楼观（陕西周至）、太清宫（河南鹿邑）、上清宫（江西贵溪）、青羊宫（四川成都）、玄妙观（江苏苏州）、万寿宫（江西南昌）、元符宫（江苏句容）、洞霄宫（浙江余杭）、朝天宫（江苏南京）、白云观（北京）、永乐宫（山西芮城）、重阳宫（陕西户县）。白云观、永乐宫、重阳宫被誉为全真道的三大祖庭。

被列入全国重点文物保护单位的道教建筑主要有山西芮城的永乐宫、湖北武当山的紫霄宫、辽宁盖县的玄贞观、江苏苏州玄妙观三清殿、湖北省武当山金殿和云南昆明太和宫金殿等。

道观中的大殿与帝王宫殿一样雄伟壮观。例如，江苏苏州的玄妙观三清殿，重檐歇山顶，面阔9间，通长45米，进深6间，通深25米多，是江南一带现存最大的宋代木构建筑。殿内砖须弥座制作精致，座上为三尊泥塑金身像，为宋代雕塑中的佳作。湖北武当山上的紫霄宫中的紫霄殿面阔5间，重檐9脊，翠瓦丹墙。其额枋、斗拱、天花，遍施彩绘，藻井浮雕二龙戏珠。全殿流金溢彩，富丽堂皇。殿内供玉皇、真武、灵官诸神，雕刻手法细腻。

道教建筑中另一有特色的建筑为金殿，即由金属铸成的大殿。例如，湖北武当山金殿，又称金顶，是明永乐十四年（1416年）由九种金属冶炼铸造的合金铜殿，俗称九花铜，是中国现存元、明、清几座铸铜殿堂中最华丽、制作技艺最精湛的一座，具有极高的科学和艺术价值。面阔、进深各3间，高5.54米，宽4.40米，深3.15米。金殿为铜铸镏金，仿木构建筑，重檐叠脊，翼角飞举。殿基为花岗岩砌石台。殿内神像、几案、供器均为铜铸。金殿为分件铸造，榫卯拼焊，连接精密，浑然一体，毫无铸凿之痕。云南昆明东北的鸣凤山上有一座太和宫金殿，为清康熙年间吴三桂所造。全殿系青铜铸造，仿木结构建筑形式，呈方形，边长6.2米，高6.7米，重檐歇山顶。殿内神像、匾联、梁柱、墙屏、装饰均系铜铸，为全国最大的铜殿。

道教宫观中塑像和壁画题材与道教崇拜的神仙密切相关。永乐宫中的壁画最著名。

永乐宫位于山西省芮城县，是我国现存最早的道教宫观，也是目前保存最为完整的一组元代建筑。据记载，永乐宫始建于1247年，主要建筑有宫门、龙虎殿、三清殿、纯阳殿和重阳殿，其中宫门为清代建筑，其余皆为元代修建。各殿四壁满绘精美的元代壁画，总面积为1005.68平方米，题材丰富，画技高超，既有确切的年代可考，又留有画师姓名，为元代寺院壁画之冠。三清殿为永乐宫主要大殿，殿内四壁及神龛内均满绘壁画，其内容为《朝元图》，即诸神朝拜道教始祖元始天尊图像，以八个帝后装的主像为中心，四周围以金童、玉女、天丁、力士、帝君等，共计290多尊，背衬瑞气，足蹬祥云，一派仙境。纯阳殿壁画绘有"纯阳帝君仙游显化之图"，描绘吕洞宾生平事迹的绘图共52幅。在这些壁画上，有宫廷、村落、舟船、酒店及各类人物的形象，是研究元代我国人民生活情况的珍贵资料。

白云观位于北京市。建于唐代，名天长观。金代重建，改名为太极宫。元朝丘处机西游归来，住持于此，改名长春宫。明代长春宫毁于兵火，就其下院白云观加以扩建，是为今日之白云观。观内处顺堂为丘处机遗骨埋葬处。现存建筑多为清代重修，是全真道第一丛林。

白云观中轴线上的主要建筑包括棂星门、山门、灵官殿、钟鼓楼、玉皇殿、老律堂、丘祖殿、三清阁、四御殿、云集园等。其中三清阁供奉道教的三位尊神，四御殿供奉的是上天的四位大帝。西路殿堂包括祠堂、元君殿、文昌阁、元辰殿、八仙殿等，大殿内主要供奉的是民间传说中的各路神仙。

特别提示

　　掌握道教的建筑特点。道教建筑中的大殿非常讲究，与帝王宫殿一样雄伟壮观；金殿由金属铸成，别具一格；壁画与雕塑惟妙惟肖，是研究元代我国人民生活情况的珍贵资料。

5.3 中国的佛教

学习情境

20世纪80年代，随着电影《少林寺》的热映，少林寺的名声大振，海内外的游人纷至沓来。在少林寺的第五进殿堂方丈室，室内正中供奉着禅宗初祖达摩的铜像。书中记载这位印度高僧在本国完成佛业后请教师父："应去何处教化？"答曰："应去震旦（中国）。"于是达摩漂洋过海到达广州，又经金陵（南京）渡江北上。相传他来到江边，见江水茫茫无舟楫可渡，便向一位洗衣老妇化得一根芦苇，放入江中，双脚踏上，凭借一阵东南风悠悠北去。铜像后面一幅《达摩一苇渡江图》，生动传神地反映了这段故事，是少林弟子引以为豪的宝物。传说达摩公元527年来到嵩山少林寺，见此地山清水秀、人杰地灵，决定就在这里发展佛业。他在寺后山上找到了一个天然石洞（现在的达摩洞），面壁九年，终日默然。最后面影身形摄入石中，形成"面壁石"，真是精神可嘉，诚心可鉴。少林僧众佩服得五体投地，全成了他的门徒，佛教之禅宗就在这里安家落户了。禅宗主张把心专注在一法境上，以期觉悟。但坐禅时间久了，自然肢体麻木，必须起来活动一下手脚。达摩首创"罗汉拳"之后，寺僧在此基础上博采百家之长，将它发展成一套人人演习的健身护寺的武功。历代不断沿袭发展，少林武术渐成体系。使得"禅宗祖庭"又获"武林胜地"美称。达摩功成隐退，离开少林，据说在洛河岸边遇毒身亡，葬在熊耳山旁（今河南宜阳县境内）。又有传说他并没有死，手提他的鞋子，潇洒地返回故里了。留给中国人民的，是美好的记忆和深切的怀念。❶

问题研讨

1. 少林寺是佛教哪一派的祖庭？
2. 禅宗的创立者是谁？
3. 少林寺僧人为什么喜欢习武？

知识研修

5.3.1 佛教概述

5.3.1.1 印度佛教的创立、发展和向外传播

（1）佛教的创立

公元前6世纪到公元前5世纪，南亚次大陆达罗毗荼人已被雅利安人征服，民族矛盾尖锐；城邦国际林立，大国兼并攻伐，小国处境艰难。种姓制（瓦尔纳）又把人分成四等，即婆罗门（僧侣）、刹帝利（骑士）、吠舍（工商业者）及首陀罗（奴隶）。婆罗门作为一切知识的垄断者和神权统治代表的至上地位已成众矢之的；各阶层的思想活跃，出现了各种反传统信仰的沙门思潮，佛教属于其中之一。佛教创始人释迦牟尼，姓乔达摩，名悉达多，是古印度北部（今尼泊尔境内）小城邦国家迦毗罗卫国净饭王的太子，其母是摩耶夫人。他生活

---

❶ 中华人民共和国国家旅游局.走遍中国：中国优秀导游词精选（综合篇）.北京：中国旅游出版社，1997：266.

的时代相当于中国的春秋时期。相传他感到人世间充满苦难、变幻无常，为摆脱人生苦难，29岁出家修行，6年后得道成佛，在鹿野苑转法轮，向首批教徒传教，并在印度恒河流域中部地区向大众宣传自己证悟的真理，拥有越来越多的信徒，从而组织教团，形成佛教。80岁时，在拘尸那迦入灭（逝世）。在南亚次大陆有与其相关的佛祖圣地，如蓝毗尼花园、菩提加耶、鹿野苑、涅槃处（哥拉克甫尔附近）等。

释迦牟尼，是佛教信徒对乔达摩·悉达多的尊称，意为释迦族的圣人，简称释尊、佛陀、佛，即为三觉圆满的智者。他既是创立佛教的教主，也是佛教徒崇拜和供奉的对象。

（2）印度佛教的发展

佛教在其发祥地古印度的发展，从公元前6世纪至公元12世纪末，大约有1800年的历史，大致可分为4个时期。

① 原始佛教时期（至释迦牟尼涅槃后100年）

佛教创立后，在印度几经演变。佛陀及其直传弟子所宣扬的佛教，称为根本佛教；佛陀涅槃后，弟子们奉行四谛、八正道等基本教义，在教团生活中维持着他在世时的惯例。

② 部派佛教时期（公元前4世纪至公元前1世纪）

由于弟子们对原始佛教教义、戒律产生不同的理解，佛教分裂为上座部、大众部两大派，称根本分裂。此后的100余年间续有分裂，先后分成18部或20部，称枝末分裂。

③ 大乘佛教时期（公元1世纪中叶至7世纪）

这一时期，从大众部演化出的大乘佛教在古印度急速发展。公历纪元前后在佛教徒中流行着对佛塔的崇拜，从而形成了大乘最初的教团——菩萨众。他们中间的一部分人根据《大般若经》、《维摩经》、《妙法莲华经》等阐述大乘思想和实践的经籍，进行修持和传教，形成了中观派（空宗）和瑜伽行派（有宗）两大系统，而将早期佛教贬称为小乘。与此同时，小乘佛教中的说一切有部、经量部等，仍继续发展。大乘佛教认为十方世界都有佛，修行果位分为罗汉、菩萨、佛三级，修行的最终目的在于成佛。该教派弘扬菩萨和"菩萨行"，即寓自我解脱于救苦救难、普度众生的践行之中。小乘佛教又名上座部佛教，在理论和实践的基础体系上仍接近于原始佛教，认为世上只有一个佛，即佛祖释迦牟尼。其教义重自我解脱，修行的最高果位为罗汉。

④ 密乘佛教时期（公元7世纪至12世纪末）

印度密教是大乘佛教部分派别吸收婆罗门印度教及民间信仰因素而形成的特殊宗教形态。它以高度组织化了的咒术、仪轨、世俗信仰为其特征。密宗自称受法身佛大日如来秘密传授深奥教旨，为"真实"言教，故名密教。相对而言，其他大乘教派被称为显宗（显教），即受应身佛释迦牟尼所说种种经典的传授。

（3）印度佛教的向外传播

佛教原来只流行于中印度恒河流域一带。孔雀王朝时期，阿育王奉佛教为国教，广建佛塔，刻敕令和教谕于摩崖和石柱，从此传至南亚次大陆的很多地区。同时，又派传教师到周围国家传教，使佛教逐渐成为世界性宗教。

佛教从古印度向亚洲各地传播，大致可分南传、北传和藏传3条路线。

① 南传佛教

从古印度向南，传入斯里兰卡、缅甸、泰国、老挝、柬埔寨等南亚、东南亚国家以及中国云南傣族等少数民族地区。以小乘佛教（上座部佛教）为主。

②北传佛教

从古印度北传，经帕米尔高原传入中国，再由中国传入朝鲜、日本、越南等国。以大乘佛教为主，也包括密乘佛教。

③藏传佛教

7—8世纪，佛教分别由印度和中国汉族地区传入中国西藏，10世纪中叶以后，形成藏语系佛教，后又辗转传到四川、青海、甘肃、内蒙古的藏、蒙、裕固、纳西等少数民族地区以及不丹、尼泊尔、蒙古和俄罗斯的布里亚特等邻国。近年来，在欧美地区也有流传。

5.3.1.2　佛教的基本教义

释迦牟尼所创佛教的基本教义，主要是四谛、八正道、十二因缘因果报应轮回说等。

（1）四谛

"四谛"即苦、集、灭、道四大真谛。谛意为永恒的真理。"四谛"是佛教各派共同承认的基础教义。苦谛把社会人生判定为"苦"，人在世间有所谓"八苦"，即生、老、病、死、怨憎会、爱别离、求不得、五阴盛（或称五蕴取）。"人生在世间就是苦难"为释迦牟尼创教初期教义的最主要内容，是佛教的人生哲理。集谛是对造成痛苦与烦恼原因的分析。《四谛经》以"到处不断地追求快乐的渴爱"为苦的原因。灭谛提出了佛教出世的最高理想——涅槃。"涅槃"是梵文音译，意译为"圆寂"。涅槃的根本特点是达到熄灭一切"烦恼"、超越时空、超越生死轮回的境界。道谛是达到涅槃的修行方法，即从身、口、意三个方面规范佛教徒的日常思想行为的正道。

（2）八正道

八正道，亦称八圣道，或八支正道，也称八中道，是由凡入圣的正确道路。它指正见、正思维、正语、正业、正命、正精进、正念、正定。佛教称，人们如果按照上述"八正道"来观察、思考、说话、行动和生活，就可以由"迷"转"悟"，达到无苦境界。

（3）缘起说

缘起说，也叫缘生说，是因缘生起的简称。佛教认为一切事物的产生、发展变化都处在因果关系之中。十二因缘生起说将人生分为12个环节：过去世二因（无明、行）造成现在世五果（识、名色、六处、触、受），现在世三因（爱、取、有）造成未来世二果（生、老死），生而复有老死，构成未来世之苦。这种三世、两重、十二缘起的生死轮回之苦的根源是过去世的无明、行二因。佛教以此教导人们弃恶从善、积德行善，以求得解脱。缘起因果报应轮回说，是佛教宇宙观、人生观和宗教实践的理论基础。

（4）三法印

佛教还针对婆罗门教"梵天一如"说，提出五蕴（或称五阴）说，认为一切众生乃至整个世界都是由色、受、想、行、识5种因素组成的，聚散生灭，变化无常，既无绝对的主宰者，也不存在一个常住实体。五蕴说是原始佛教出世宣传的哲学基础和依据。"诸法无我"、"诸行无常"及"涅槃寂静"便成为"三法印"，即佛法之特征，再加上"一切皆苦"，也称为"四法印"。只有符合法印的学说才称得上是佛教学说，这是用以印证佛教学说的标准。

5.3.1.3　佛教的供奉对象

（1）佛

所谓佛，即自觉、觉他（使众生觉悟）、觉行圆满者。

三身佛，据天台宗说法，佛有三身，即法身佛毗卢遮那佛，代表佛教真理（佛法）凝聚所成的佛身；报身佛卢舍那佛，指以法身为因，经过修习得到佛果、享有佛国（净土）之身；应身佛（又称化身佛）指佛为超度众生，来到众生之中，随缘应机而呈现的各种化身，特指释迦牟尼之身。

横三世佛又称三方佛，体现净土信仰。佛经称，世界有秽土（凡人所居）和净土（圣人所居佛国）之分。最著名的净土为西方极乐世界、东方净琉璃世界，教主分别为阿弥陀佛、药师佛。中国佛教徒大多愿往生西方极乐世界。娑婆世界，即我们人类现住的"秽土"，教主为释迦牟尼佛，"娑婆"为"堪忍"之意。

竖三世佛又称三时佛，从时间上体现佛的传承关系，表示佛法永存，世代不息。正中为现在世佛，即释迦牟尼佛；左侧为过去世佛，以燃灯佛（或以释迦前一任佛迦叶佛）为代表；右侧为未来世佛，即弥勒佛。佛经上说，约3900亿年以前，释迦牟尼前世未成佛时曾借花献给燃灯佛，燃灯佛为他"授记"（预言他将来要成佛接班）。弥勒现在还是菩萨，据佛经说，他还在兜率天内院中（即弥勒净土）修行。释迦牟尼预言弥勒将在56.7亿年后降生印度，在华林园龙华树下得道成佛接班并分批超度一切众生，故称未来世佛。

弥勒音译慈氏，相传将继释迦牟尼之后为佛。寺院中弥勒造像有佛像、菩萨像（天冠弥勒）和化身像（大肚弥勒）3种。天王殿中供奉的"大肚弥勒"是已经中国化的化身像。相传为五代梁朝时明州（今宁波）奉化人，名契此，其道场在浙江奉化岳林寺。

（2）菩萨

所谓菩萨，即指自觉、觉他者。寺院中常见的菩萨有：文殊师利菩萨、普贤菩萨、观世音菩萨、地藏菩萨和大势至菩萨。

文殊师利菩萨，简称文殊菩萨，意译为"妙德"、"妙吉祥"。手持宝剑（或宝卷），象征智慧锐利；身骑狮子，象征智慧威猛，人称大智菩萨。相传其道场在山西五台山。

普贤菩萨手持如意棒，身骑六牙大象（表示六度），人称大行菩萨。相传其道场在四川峨眉山。

观世音菩萨也称为观自在、观世音等。为避唐太宗李世民讳，故又称观音。其左手持净瓶，右手持杨柳，因其大慈大悲，救苦救难，人称大悲菩萨。为普济众生，观音可以示现33身。常见的还有海岛观音，又名渡海观音。相传观音菩萨的道场在浙江普陀山。

地藏菩萨，因其"安忍不动犹如大地，静虑深密犹如地藏"（《地藏十轮经》），所以称地藏王菩萨。又因其决心"众生度尽，方证菩提，地狱未空，誓不成佛"，所以称大愿菩萨。手持锡杖或手捧如意珠。相传其道场在安徽九华山。

大势至菩萨，《观无量寿经》载"以智慧光普照一切，令离三涂（指地狱、饿鬼、畜生'三恶趋'）得无上力"，因此称为大势至菩萨。佛教还称，其头顶宝瓶内存智慧光，让智慧光普照世界一切众生，使众生解脱血火刀兵之灾，得无上之力。相传其道场在江苏南通的狼山。

（3）罗汉

罗汉全称为阿罗汉，即自觉者。佛教称，他们已灭尽一切烦恼，超脱生死轮回，并受到天人供养。寺院中有十六罗汉、十八罗汉以至五百罗汉。还有中国民间传说的济公，也列在罗汉之中。

（4）护法天神

护法天神为古印度神话中惩恶护善的人物，佛教称之为"天"，是护持佛法的天神。著名的护法天神有：四大天王、韦驮、二王尊、伽蓝神等。

四大天王：东方持国天王，身白色，手持琵琶；南方增长天王，身青色，手握宝剑；西方广目天王，身红色，手缠龙或蛇，有的另一手持宝珠（取龙戏珠之意）；北方多闻天王，身绿色，右手持宝伞，有时左手握神鼠。在天王殿内，四大天王像分列在大肚弥勒像的东西两侧。

韦驮：原为南方增长天王手下神将，佛经称，他曾亲受佛祖法旨，周统东、西、南三洲护法事宜，保护出家人，护持佛法，故称"三洲感应"。汉化韦驮为身穿甲胄的少年武将形象，手持法器金刚杵。通常置于天王殿大肚弥勒像背后，脸朝大雄宝殿。

二王尊：指伽蓝守护神密迹金刚和那延罗天。二王尊专门把守山门，中国民间俗称为"哼哈二将"。

伽蓝神：关羽是最著名的汉化伽蓝神。关平成了其左胁侍，周仓成了其右胁侍。

特别提示

掌握三身佛、横三世佛、竖三世佛及四大菩萨。三身佛指法身佛、报身佛、应身佛。横三世佛指阿弥陀佛、药师佛、释迦牟尼。竖三世佛指释迦牟尼、燃灯佛、弥勒佛。四大菩萨指文殊师利菩萨、普贤菩萨、观世音菩萨、地藏菩萨。

5.3.1.4 佛教典籍

释迦牟尼时代并无文字记载的佛教经典，释迦牟尼涅槃后大弟子迦叶在王舍城举行第一次结集，编成了最早的佛典。佛教及其经典传入中国前，印度已有4次三藏（经、律、论）的结集，内容全属小乘。但古印度梵文佛教经典因历史的原因，仅有极少量残存。现存佛经按语系划分，一般认为有三大系统。

巴利语系佛经。流传在斯里兰卡、缅甸、柬埔寨、老挝、印度、泰国和中国云南的傣、布朗和德昂等少数民族地区的巴利语系佛经，主要是上座部佛教的经典。现存的最完善版本巴利语大藏经，是1954—1956年间缅甸政府召集的第六次结集时勘定的。

藏语系佛经。流传在中国藏、蒙、土、羌、裕固等民族以及尼泊尔、不丹、蒙古、俄罗斯西伯利亚地区的藏语系佛经，分为甘珠尔、丹珠尔、松绷三大类。甘珠尔又名正藏，收入律、经和密咒三个部分；丹珠尔也称续藏，收入赞颂、经释和咒释三个部分；松绷即杂藏，收入藏、蒙佛教徒有关著作。

汉语系大藏经。佛教典籍"藏"的原意是可以盛放东西的竹箧，有容纳、收藏的含义，佛教用以概括全部佛教典籍，分为经、律、论三藏：经是释迦牟尼本人所说的教义，为释迦牟尼说法的言论汇集；律是佛陀为教徒制定的必须遵守的规则及其解释，为戒律和规章制度的汇集；论是释迦牟尼以后大弟子对其理论、思想的阐述汇集，为阐明经、律而作的各种理论的解释和研究。

5.3.1.5 佛教的标志

佛像的胸部，往往有右旋"卐"或左旋"卍"的标记，表示吉祥万德。佛教的标志也往往以法轮表示。因为佛法如车轮辗转，摧破众生烦恼。

5.3.1.6 僧伽制度

僧伽制度是僧尼共同遵守的制度、规定及传统习惯。

（1）出家与受戒

相传释迦牟尼成道后，到鹿野苑为憍陈如等五人初转四谛法轮，始建僧团。佛教信徒为求解脱而出家修行。这种制度原非释迦牟尼所创始，古印度早有此风尚。佛教徒出家，先要剃发，这是取得僧人资格的必需条件。

自唐代律宗兴起，推行《四分律》，基本上保持了印度传统，但也具有自己的特点，如僧徒必须素食，不行乞食，僧人可务农自养等。

佛教徒出家，须受十戒才成为沙弥和沙弥尼；沙弥和沙弥尼受具足戒后即成为高一级的佛教徒比丘或比丘尼；对比丘尼要求更严格，年满20岁的沙弥尼在受具足戒前二年要受式叉摩那戒，是对学戒女由沙弥尼过渡到比丘尼更严格的考察。大乘佛教出家信徒还须受菩萨戒。

（2）丛林清规与寺院管理制度

丛林，原称"阿兰若"，意为森林、丛林。印度原用以称僧众住处。佛教建立寺院后，泛指佛寺。清规即僧众日常应遵循的规定。在古印度，佛教原规定"三衣一钵，日中一食，树下一宿"。在古印度僧团中，原只有执掌与监督进食等项的上座，称为维那，此外别无他职。汉地佛教寺院一般都有住持（方丈）、监院、维那、知客等僧职。唐末禅宗盛行后，逐渐在全国寺院推行改订的《百丈清规》，对僧徒诵经的仪式和参禅、普请等活动，做了具体的规定。

5.3.1.7 常用礼仪

合掌亦称合十。左右合掌，十指并拢，置于胸前，以表示由衷的敬意。

围绕佛而右转，即顺时针方向行走，一圈、三圈或百圈、千圈，表示对佛的尊敬。

五体投地也称顶礼或五轮投地。"五体"（或称五轮）指两肘、两膝和头。五体都着地，为佛教最高礼节。

知识之窗

　　莫高窟第285窟的天井上绘有一个美丽又动人的故事，名字叫《小沙弥守戒自杀因缘》，故事说：有一位长者送爱子出家做了沙弥。沙弥年少聪明，每日随师专心诵经，从不触犯清规。一天师父让沙弥去乞食，来到一家，时值家人外出赴宴，只留下16岁的女儿守家。这时沙弥叩门索食，少女见沙弥后喜出望外，拉拉扯扯把沙弥骗进家院，向沙弥倾吐了爱慕之情。沙弥严守戒律，毫无怜香惜玉之情。但少女相逼不舍，沙弥为表明心志，不得不自刎而死。少女见状悔恨万分，向国王报告了实情，并按法规交纳了罚金。国王被沙弥的行动所感动，以香木火化了沙弥的尸体，起塔供养。❶

5.3.2 中国汉族地区的佛教

汉族地区的佛教，也称内地佛教，是中国佛教的三大派系之一。传入中国汉族地区的佛教，经过长期的经典传译、讲习、融化，与中国传统文化相结合，从而形成了具有民族特点的各种宗派并外传朝鲜、日本和越南。

佛教传入中国汉地年代大概在两汉之际，西汉哀帝元寿元年（公元前2年），大月氏王使臣伊存向汉朝博士弟子景卢口授《浮屠经》，佛教开始传入中国。传播的地区以长安、洛阳

---

❶ 中华人民共和国国家旅游局.走遍中国：中国优秀导游词精选（文物古迹篇）.北京：中国旅游出版社，1998：434.

为中心。

　　魏晋南北朝时期为译传阶段，中国先后译出大量的佛教经典，研究佛教的风气盛行一时。隋唐两代是中国佛教经典的创造和开宗立派的鼎盛时期。中国僧人分别以一定的经典为据，创构了自己的理论体系，形成8个主要宗派，即天台宗、三论宗、法相宗、律宗、净土宗、禅宗、华严宗及密宗。

　　宋元明清四朝，中国佛教在这900年间空前广泛、深入地与中国的文化全面结合。元明清三代，精英佛教停滞衰退，而大众佛教取得长足发展，出现"家家观世音，户户阿弥陀"的局面。这一阶段从教派上说，主要流行禅宗和净土宗，其他各宗逐渐衰落。

　　汉地佛教文化是中国历史文化中的重要组成部分，它深刻影响其他文化形态，如哲学、道德、文学、音乐、雕塑、美术、音韵学等，并已深刻地渗透到社会习俗之中。

5.3.3　中国藏传佛教

　　藏传佛教，或称西藏佛教、藏语系佛教，内地俗称喇嘛教，是中国佛教的三大派系之一。藏传佛教曾传遍整个藏族地区和其他一些少数民族地区。据不完全统计，中华人民共和国成立时，全国有藏传佛教寺庙5000余座，僧侣40余万。在国外，藏传佛教还传到印度、不丹、尼泊尔、蒙古、俄罗斯等地。

　　在7世纪佛教传入西藏以前，雪域高原上的藏族祖先信奉原始宗教苯教。佛教在传入西藏后的发展过程中，出现了前弘期、后弘期两次高潮。

　　从7世纪中叶至9世纪中叶，是藏传佛教第一个发展阶段，称为"前弘期"。这一时期，西藏正处于奴隶制的吐蕃王朝时期。佛教从印度、汉地两个方向传入西藏地区，为藏传佛教的形成时期。此后发生了两次灭佛运动，佛教遭到重大打击。

　　公元10世纪以后，是藏传佛教形成发展的重要历史时期，宗教史上称为"后弘期"。公元978年，佛教重新传入西藏。1042年，印度超岩寺首座阿底峡大师应邀进藏，对西藏密教的发展影响极为深远。后弘期中陆续出现了二三十种教派和教派支系。主要有宁玛派（俗称红教）、噶当派（俗称老黄教）、萨迦派（俗称花教）、噶举派（俗称白教）与格鲁派（俗称黄教）5大教派。

　　公元15世纪初，由原噶当派宗喀巴进行宗教改革创立格鲁教派，噶当派改宗格鲁派。因宗喀巴师承噶当派，所以又称其为新噶当派。由于格鲁派的僧人都戴黄色僧帽，所以这一派又俗称黄教。格鲁派是藏传佛教最后出现的教派，是最有实力的教派、最大宗派。格鲁派的创立和执政，标志着藏传佛教发展的高峰，对西藏的社会历史有着极为重要的影响。

　　宗喀巴晚年和他去世（1419年）以后，黄教势力的发展是靠他的几个重要弟子和再传弟子来推动的。从17世纪中叶开始，政教合一，掌握了西藏大权。在清代顺治、康熙年间，清政府先后册封宗喀巴的再传弟子为达赖和班禅额尔德尼，从此正式形成两大活佛转世系统。

　　宗喀巴的主要门徒的活动，仅几十年时间，遍布全藏，可见格鲁教派本身发展非常迅速。格鲁教派寺院占据了大量的庄园、牧场和农牧奴，势力逐渐扩展到四川、青海、甘肃、蒙古等地，与各个地方的封建势力广泛建立联系。格鲁教派势力迅速发展，作为西藏实力最强大的教派，一直延续至今。

　　佛教从正式传入西藏地区起，经历了1300多年的发展，形成了完整形态的藏传佛教文化，并且在近现代世界上以突出的个性特色，引人注目。

5.3.4　云南地区上座部佛教

云南上座部佛教，也称南传上座部佛教，属巴利语系，是中国佛教的三大派系之一。我国云南上座部佛教主要分布在西双版纳、德宏、思茅、临沧和保山等市、州，为傣、布朗、德昂、阿昌等族和部分佤族群众所信仰，信教人数约为70余万人。

上座部佛教，约在7世纪中从缅甸传入中国云南傣族地区。西双版纳的小乘佛教受泰国佛教的影响较大，德宏地区的小乘佛教受缅甸佛教的影响较大。

云南上座部佛教经典，内容和南传巴利语系三藏相同，但编次稍有差别。三藏典籍有巴利语的傣语译音本及注释本和部分重要经典的傣语译本，还有大量的傣族、布朗族的著述。除经典注释外，还有天文、历算、医药、历史、诗歌、传说及佛经故事等。

南传上座部佛教保持早期佛教传统，崇拜佛牙、佛塔、菩提树等释迦牟尼的纪念物，又特别重视禅定和早期佛教的一些戒律。佛教对当地的民俗影响较大。傣族男童达到入学年龄必须出家为僧，接近成年时再还俗。个别继续留寺深造并按僧阶逐步升为正式僧侣。

5.3.5　佛教建筑

佛教自西汉传入我国，于68年由官方营建白马寺。白马寺是见于记载的中国最早佛寺，有中国佛教祖庭之誉。中国佛教建筑主要可分为两大类，即寺庙和塔。

5.3.5.1　佛教寺庙

佛教寺庙是佛教僧侣供奉佛像、舍利，进行宗教活动和居住的处所。在中国历史上曾有浮屠祠、招提、兰若、伽蓝、精舍、道场、禅林、神庙、塔庙、寺、庙等名。到明清时期通称寺庙。佛教在中国流行2000年，虽然不同时代、不同宗派的佛寺在建筑上存在差异，但大体上都是以佛殿或佛塔为主体，辅以讲堂、经藏楼、僧舍、斋堂、库厨等建筑，布局上沿袭中国传统建筑形式。寺庙又可分为汉地佛教寺庙、藏传佛教寺庙和上座部佛教寺庙。内地佛寺多为庭院形式，有明显的纵中轴线，供奉佛像的主要殿阁布置在中轴线上，次要建筑布置于两侧；藏传佛教寺庙以大经堂为中心依山而建，将曼陀罗运用到佛寺布局或佛殿造型上；南传上座部佛教寺庙保留着傣族和东南亚建筑风格。

汉地佛教寺庙最初由官署改建，以后受到印度的影响，即平面布局以佛塔为中心，四周布置僧房、佛殿。魏晋以后，佛教建筑采用中国宫殿官署的院落布局，有明显的中轴线，主体建筑或佛殿位于寺院中央。隋唐以来，佛教寺院继承和发展了魏晋南北朝的传统，平面布局依中轴线做纵深的展开，以殿堂廊庑等组成的庭院为单元，殿宇重叠，庭院错落；供奉佛像的佛殿已成为寺院的主体，塔往往建于寺旁。被列入全国重点文物保护单位的汉地佛教寺庙主要有白马寺、佛光寺、显通寺、悬空寺等著名寺庙。白马寺位于河南省洛阳市，为中国第一古刹。寺院创建于东汉永平十一年（68年），是佛教传入中国后营建的第一座佛寺。白马寺经历代翻建修葺，已非原貌。现存寺院为明清重修。寺坐北朝南，主要建筑分布在中轴线上，有山门、天王殿、大佛殿、大雄宝殿、接引殿等，两侧有门头室、云水堂、祖堂、客堂、禅堂、方丈院等。显通寺位于山西五台山台怀镇北侧，始建于东汉永平年间。现存建筑为明清两代所建。建筑布局紧凑，中轴线上殿堂七重，自前至后分别为观音殿、菩萨殿、大佛殿（即大雄宝殿）、无量殿、文殊殿、铜殿、藏经殿。左右两侧为铜塔、配殿、厢房、大钟楼、僧舍、厨库、禅堂、方丈院、粮仓等现存建筑400余间。

14世纪以后，藏传佛教兴起，留下了许多藏传佛教寺庙建筑，被列入全国重点文物保护单位的主要有西藏拉萨的甘丹寺、哲蚌寺、色拉寺和日喀则的扎什伦布寺、萨迦寺，甘肃的拉卜楞寺、青海的塔尔寺、北京的雍和宫及承德的外八庙等。藏传佛教建筑布局比较自由，多依山而建。建于元代的萨迦寺位于西藏日喀则萨迦县奔波山下，寺院由河流分成南北两寺，北寺建筑多已毁坏，南寺犹存。南寺形似城堡，四周围以城垣。城内的主体建筑为大经堂、佛堂、萨迦法王居住的宫殿等，其中，大经堂位于正中。明清时期的藏传佛教建筑以札仓（经学院）和佛寺为中心建筑，周围有活佛的办公所和住宅、印经院、讲经院、塔和僧众住宅。扎什伦布寺位于西藏日喀则城西，依山傍水，建于明代，全寺由宫殿、堪布会议厅（后藏政府最高机关）、班禅灵塔殿、经学院组成。其中，经学院的错钦大殿是全寺喇嘛集合的场所，建筑面积约有580平方米。殿堂内部满绘壁画。拉卜楞寺位于甘肃省夏河县，建于清代。寺院建筑包括6大学院、16处佛殿、18处大活佛官邸、2座讲经坛以及大片的喇嘛住宅。其中，闻思学院的经堂可容纳3000人念经。

特别提示

掌握中国佛教寺庙布局的前后变化。汉地佛教寺院从以塔为中心，到以大殿为中心。藏传佛教建筑布局比较自由，多依山而建。

5.3.5.2 佛塔

佛塔起源于印度，称窣堵波或浮图，用以藏佛舍利，其形状为一个半圆形的坟冢。佛塔传入中国后，与中国原有的传统建筑形式相结合，出现了许多新的塔型。中国佛塔分布广，数量多，规模大，造型美。

印度窣堵波是由台基、覆钵、宝匣、相轮四部分组成的实心建筑。中国塔一般由地宫、塔基、塔身和塔刹组成。地宫藏舍利，位于塔基正中地面以下。塔基包括基台和基座，塔刹在塔顶之上，通常由须弥座、仰莲、覆钵、相轮和宝珠组成。也有在相轮之上加宝盖、圆光、仰月和宝珠的塔刹。这些形制是由窣堵波演变而来的。

中国佛塔可分为楼阁式、密檐式、覆钵式和金刚宝座式等类型。

楼阁式塔，源于中国传统建筑中的楼阁形式，可以登高远眺。早期为木结构，隋唐以后多为砖石仿木结构。山西应县佛宫寺释迦塔是现存最古的一座木塔，该塔建于辽清宁二年（1056年）。塔平面为八角形，高9层，其中有4个暗室，塔高达67.3米，底层直径30.27米，体形庞大，雄壮华美。砖石仿木结构塔很多，著名的有西安大雁塔、河北定州开元寺塔等。河北定州开元寺塔建于高台之上，八角11层，高84米，是我国现存最高的砖塔。开元寺塔建于北宋。塔身外部通体涂白色，各层四面辟门。塔内有塔阶可通塔顶。内壁设有壁龛并绘有精美的壁画。

密檐式塔，以外檐层数多且间隔小而得名。塔下部第一层塔身特别高，以上各层则塔檐层层重叠，距离很近。密檐式塔大都是实心，一般不能登临。著名的有河南登封嵩岳寺塔、西安小雁塔、云南大理千寻塔等。嵩岳寺塔建于北魏正光年间（520—524年），是我国现存年代最早的砖塔。塔高约39.5米，平面呈十二角形，底层直径约10.6米，外部以密檐分为15层。塔身四壁辟券门，门洞宽敞高大，塔身每层各面均砌出拱形门和小窗，这些门窗多为装饰性的，共有门窗500余个。整个塔身呈抛物线形，线条清晰流畅，造型雄伟秀丽。

覆钵式塔又称喇嘛塔，为藏传佛教所常用。流行于元代，明清继续发展。著名的有北京妙应寺白塔等。妙应寺白塔建于元朝至元八年（1271年），是我国建筑年代最早、规模最大的一座喇嘛塔，由尼泊尔青年匠师阿尼哥设计。塔通高51米，通体洁白，下有三层须弥式基座。其上覆莲座，塔身形似宝瓶。此塔各部分的比例十分匀称，轮廓雄浑，气势磅礴，是喇嘛塔中最杰出的创作。

金刚宝座式塔，其造型仿照印度佛陀迦耶精舍而建，具有浓厚的印度风格。其形式为：塔的下部为一方形巨大高台，台上建5个正方形密檐小塔。我国共有5座金刚宝座塔，北京真觉寺金刚宝座塔是我国同类塔中年代最早、雕刻最精美的一座。此塔于明成化九年（1473年）竣工，由汉白玉石和砖砌筑而成，总高17米，分塔座和五塔两部分。宝座为正方形，高7.7米，前后辟门，门内有阶梯，盘旋可达宝座顶部。顶部有5座石塔。此塔以精美的雕刻艺术而著称，塔座和五塔上遍刻绚丽多姿的佛像、花草、鸟兽等图案。

此外，还有单层塔和傣族笋塔等特殊形制的塔。前者如山东济南四门塔，后者如云南景洪曼飞龙塔。

特别提示

掌握中国佛塔的变化。佛塔从半圆形的坟冢发展成多种形式，包括楼阁式、密檐式、覆钵式、金刚宝座式等。功能也发生很大变化，从埋藏佛舍利、藏经到登高远眺。

5.3.5.3　石窟寺与摩崖造像概述

（1）石窟寺与摩崖造像

石窟寺是佛教寺庙建筑的一种，在河畔山崖开凿而成，简称石窟。许多石窟寺洞密集，故有千佛洞之称。

佛教石窟渊源于印度。在印度，凿石开窟约开始于公元前3世纪中叶。在我国，石窟开凿约始于公元3世纪，盛于5—8世纪，最晚的可到16世纪。

摩崖造像为佛教石窟的一种类型，是利用巨大的山崖陡壁在洞窟之外雕成大像。为了保护摩崖造像，特意为其修造了楼阁殿堂。

（2）石窟寺与摩崖造像分布

被列入全国重点文物保护单位的石窟寺主要分布在新疆地区、中原地区和南方地区。

新疆地区，石窟开凿时间比较早，主要有克孜尔千佛洞、库木吐喇石窟和柏孜克里克千佛洞。

中原北方地区，指新疆以东、黄河流域及长城内外的广大地区。石窟数量多，内容复杂。主要有甘肃的敦煌莫高窟、安西榆林石窟、永靖炳灵寺石窟、天水麦积山石窟、宁夏的固原须弥山石窟、陕西的彬县大佛寺和钟山石窟、山西大同的云冈石窟和太原天龙山石窟、河南的洛阳龙门石窟和巩县石窟寺，还有山东的驼山石窟、河北的响堂山石窟、辽宁的万佛堂石窟及江苏连云港的摩崖造像。

南方地区，指长江流域及其以南地区。这一地区石窟数量不多，分布分散，除个别地点外，摩崖龛像多于开凿洞窟。四川盆地的石窟寺遗址与摩崖造像最为丰富。主要有：四川安岳卧佛院摩崖造像、广元千佛崖造像、皇泽寺摩崖造像以及乐山大佛、重庆大足北山摩崖造像、宝顶山摩崖造像。此外，还有浙江的飞来峰造像、江西的通天岩石窟和云南的石钟山石窟。

摩崖造像主要分布在南方地区。江苏连云港孔望山摩崖造像雕凿于东汉，为我国最早的石窟艺术雕刻。现存造像108个，图像多以释迦牟尼的本生故事为主题，有涅槃图、宴饮图、立佛像、坐佛像、供养人像等。四川的广元千佛崖和皇泽寺、巴中南龛、安岳卧佛院，重庆的大足北山和宝顶山摩崖造像，都雕凿于唐宋时期。8世纪以后盛行倚坐弥勒、净土变相和各种观世音造像。10—11世纪多雕地藏和罗汉群像。11世纪在大足出现了最早的儒释道三教石窟。12世纪大足大佛湾造像内容更为庞杂，除佛传、经变、观世音等形象外，还有祖师像和西藏喇嘛教造像。浙江杭州飞来峰造像雕凿于10—14世纪，有造像约300余尊，13世纪末以前多雕阿弥陀佛、观世音菩萨和罗汉像，13世纪以后多雕西藏佛教造像。

（3）石窟寺与摩崖造像的形制

中心柱形窟：在窟的中心雕塑成塔柱，在塔柱四周雕刻或塑绘佛像、佛传故事、伎乐天、动植物花纹等。窟顶做成穹窿形、覆斗形或方形。

龛形窟：在崖壁上凿出一个大龛，正中雕刻或塑绘出一个或一组佛像，在四周雕刻或塑绘小佛、菩萨、飞天及装饰花纹。洞窟平面呈椭圆形、方形或长方形。

佛坛窟：在窟内设坛置像。敦煌莫高窟的佛坛窟，壁面不凿佛龛，窟内中部设置方形佛坛，佛坛后部有通连窟顶的背屏，塑像置于佛坛上。

大像窟：在窟内雕塑大型佛像的石窟。敦煌莫高窟唐前期出现的大像窟高30米以上，窟内靠正壁为一身石胎泥塑大像。

禅房窟：主要为僧人生活起居和禅行的石窟。在克孜尔千佛洞此类洞窟数量较多，主室做方形或长方形，前壁凿有明窗，窟中有灶坑和炕，不绘壁画。

5.3.5.4　石窟寺与摩崖造像的内容

（1）雕塑

印度在1世纪出现了佛像雕塑，大约在公元2—3世纪，即东汉魏晋时期，正式经由西域传到中国内地。

南北朝时期，石窟雕塑得到很大的发展。云冈石窟几乎全是这一时期的作品，莫高窟和炳灵寺在这一时期作品也很多。早期雕塑受印度犍陀罗艺术影响较大，佛像的头部轮廓丰满圆润，形象纯厚庄重。后期雕塑出现中国化的风格，如衣纹的表现技法受到中国传统艺术的影响。隋唐时期，石窟雕塑达到了高峰。这一时期除继续在已开石窟增加窟龛外，还增开许多新石窟。在雕塑风格上，外来因素逐渐减少，中国化民族化的程度进一步加深。彩塑内容更加丰富，整个造型比例适度，面相丰满。在雕塑技法上从端庄转向动态，肌肉表现手法已经完全成熟。塑像的彩绘色调变得富丽鲜艳。五代至元时期，在北方地区，除了在一些著名石窟群中增添部分作品之外，很少新凿石窟。南方地区，自唐以来，开凿之风兴起，一直延续到元代。在重庆大足的北山和宝顶山以及浙江杭州的飞来峰，都留下了很多精美之作。这一时期造像的艺术特点是向世俗化发展，石刻中出现了吸收民间的因果报应、轮回故事的"六道轮回"、"地狱变相"等场面。石刻的表现手法使人物更接近于写实，出现了"牧牛者"、"养鸡女"等人物形象。石刻表现技法很高，注意刻画人物内心的世界，塑造了神情潇洒、妩媚多姿的媚态观音菩萨的形象。

（2）壁画

①发展简况

从十六国到南北朝时期是壁画的兴起发展阶段。开始，受西域画法的影响，人物形象体态粗壮，上身半裸，保存较多的西域衣冠，面部晕染采用表现明暗的凹凸法。北魏以后，逐渐为中国风格所代替，人物肢体修长，动态感强，线条流畅，色彩丰富并且吸收了中国传统的晕染法。

隋唐时期是壁画发展极盛时期。人的比例适度，面部丰满圆润，颜色与线条运用纯熟精练，塑造了大量富有艺术生命的人物形象。在构图上不断创新，开拓了意境创造的新领域，绘制了各种各样气势磅礴的巨型经变图像。

五代、宋、元以后，壁画相继衰落。人物形象出现千人一面的公式化倾向，色彩也不如以前丰富，例如，莫高窟的西夏壁画多以绿色为地，色调清冷。

② 主要内容

佛像画，包括佛、菩萨、弟子、罗汉及护法部众等。

佛传故事画，主要是宣传释迦牟尼的故事，包括佛本生和佛传故事。佛本生故事指佛出世前的某一世的行善故事。佛传故事指佛托梦投胎降生人间后至出家成佛、转法轮、入涅槃的故事。

经变画，即把经文图像化，是佛教宣传画的一个重大发展。唐朝经变画达到高峰。

供养人像，即一些虔诚的信徒、僧人，为了表示对佛的时刻礼奉，特将自己的形象绘在石窟中，以示时刻都在向佛供养。

礼佛图、出行图，这是帝王、藩镇首领等以礼佛、敬佛的形式把他们自己的形象绘在石窟之中。敦煌莫高窟中有《张议潮统军出行图》。

天宫使乐，为歌舞演奏的场面，表现了天宫的欢乐热闹情景。

传统神话，传统的道教思想的神仙灵异故事以及儒家思想的忠孝故事等。

装饰图案，包括动植物花纹和几何形花纹。

建筑图案，壁画中的建筑图案，包括殿堂、楼阁、城池、宫殿、寺观和住宅等。

知识之窗

莫高窟第285窟南壁禅窟上面绘有《五百强盗成佛因缘》故事，讲的是：在古印度有五百人造反为盗，国王派军队将他们捕获，挖去双眼，放逐山林。他们痛苦不堪，号啕大哭，呼唤佛的名号。佛听后，大发慈悲，用神通力使他们恢复光明，并现身说法，终于使五百强盗皈依佛门。❶

5.3.5.5　著名的石窟寺与摩崖造像介绍

（1）著名的石窟寺

中国著名的三大石窟是敦煌莫高窟、大同云冈石窟和洛阳龙门石窟。如果加上天水麦积山，则合称中国四大石窟。

① 莫高窟

莫高窟俗称千佛洞，位于甘肃敦煌县城东南25公里。洞窟开凿在鸣沙山东麓的崖壁上，上下5层，南北长约1600米。莫高窟始凿于366年，后经十六国、北魏、西魏、北周、隋、唐、五代、宋、西夏、元等代相继开凿，形成一座内容丰富、规模宏大的石窟群。至今仍保存有洞窟492个，壁画45000多平方米，彩塑2415尊，唐宋木结构建筑5座，莲花柱石和铺

---

❶ 中华人民共和国国家旅游局.走遍中国：中国优秀导游词精选（文物古迹篇).北京：中国旅游出版社，1998：433.

地花砖数千块。窟形制有禅窟与中心柱式、方形佛殿式、覆斗式。造像均为泥塑，有单身像和群像，精巧逼真，神态各异。壁画的主要内容是形象化的佛教思想及当时的一些社会生活场景。敦煌艺术继承了我国优秀的民族艺术传统，同时吸收了外来艺术的精髓。它的大量壁画和彩塑，为研究我国美术史提供了丰富的实物，是一处由建筑、绘画、雕塑组成的博大精深的综合艺术殿堂，是我国也是世界上现存规模最宏大、保存最完好的佛教艺术宝库。1987年被列入《世界遗产名录》。

1900年道士王圆箓发现"藏经洞"（莫高窟第17洞），洞内藏有从4世纪到10世纪的写经、文书和文物五六万件。这是20世纪初我国考古学上的一次重大发现。对于研究我国古代的政治、经济、文化、军事以及中外友好往来等，具有重要的历史、科学价值。但藏经洞的文物发现以后，从1907年至1925年间，先后遭到英国的斯坦因、法国的伯希和、沙俄的鄂登堡、日本的桔瑞超、美国的华尔纳等人的偷盗和掠夺，致使2/3流失国外。敦煌莫高窟内丰富的历史文物和艺术珍品引起国内外学者极大的兴趣，形成了著名的敦煌学。

② 云冈石窟

云冈石窟位于山西大同城西的武周山南麓，石窟依山开凿，东西绵延1公里。现存主要洞窟有53个，分东、中、西三部分，其中主洞21个，小龛1100多个，造像51000多尊。大窟多建成于453—495年之间，较小窟龛的开凿则一直延续到524年。

云冈石窟雕刻以造像气魄雄伟、内容丰富多彩见称，作为中原北方地区开凿较早、以北魏洞窟为主体的石窟，对后来隋、唐艺术的发展产生了深远的影响。窟中最小佛像高仅几厘米，最大佛像高达17米，菩萨、力士和飞天等形象生动活泼。还有形制多样的仿木构建筑物、主题突出的佛传浮雕、精雕细刻的装饰花纹等。

云冈石窟中以昙曜五窟（第16号窟至第20号窟）开凿最早，气魄最为雄伟，第5、6号窟和五华洞内容丰富多彩，是云冈艺术的精华。第5号窟中央的坐佛，高17米，端庄雄伟，为众佛像之最，第6号窟的大塔柱和五华洞的伎乐天、交脚弥勒菩萨等，都很有特色。2001年被列入《世界遗产名录》。

③ 龙门石窟

龙门石窟位于河南省洛阳市城南13公里的伊水两岸东、西山上。南北长约1公里。石窟始凿于北魏迁都洛阳（493年）前后，历经东魏、西魏、北齐、隋、唐、北宋续有雕凿。其中北魏窟龛约占1/3，唐代窟龛约占2/3。两岸现存窟龛2100多个，造像10万余躯，碑刻题记3600多方，佛塔40余座。具有代表性的洞窟有北魏古阳洞、宾阳洞、莲花洞和唐代潜溪寺、奉先寺、看经寺等。其中，奉先寺是龙门石窟中规模最大、艺术价值最高的石窟。窟龛南北宽36米，深41米，主像卢舍那通高17.14米，面容丰腴，神态端庄持重。两旁立弟子、菩萨、天王、力士等9尊，各具姿态，栩栩如生。这组雕塑艺术精湛，显示了盛唐造型艺术的高度成就。

龙门石窟是中国北魏晚期和唐代武则天时期的典型石窟，其造像艺术集世俗化和民族化于一体，完全摆脱了早期造像艺术的神秘色彩和外来影响，是石窟艺术中国化发展趋势中的重要一环。此外，龙门石窟的造像题记碑刻还是北魏和初唐书法艺术的代表作品。2000年被列入《世界遗产名录》。

（2）著名的摩崖造像——乐山大佛

乐山大佛是我国最大的一尊石刻坐佛，位于四川省乐山市岷江东岸、凌云山西壁，这里是岷江、青衣江、大渡河汇合之处。大佛依山而凿，面临三江。佛高71米，肩宽28米。佛像建造的发起者为海通和尚，海通去世后，由川西节度使韦皋继续组织开凿，历时90年完工。乐山大佛不仅体形巨大，且雕刻技巧高超，结构匀称，比例适宜。佛体上还筑有科学而巧妙的排水系统，以避山水冲蚀和减弱风化作用。

佛像右侧的石壁上，自上而下凿有一险峻的栈道，盘旋九折而下，即著名的"九曲栈道"。开凿于修建佛像之初。栈道岩壁上尚存有两龛唐代造像，是佛像两侧原有的千百龛造像中保存较完整的。栈道第一折处，有一龛"西方极乐图"，雕刻精细，造型生动，并刻有楼台亭塔，是研究唐代建筑和艺术的宝贵资料。1996年乐山大佛已被列入《世界遗产名录》。

想一想

佛教信徒为什么要开凿摩崖石像？

5.4　中国的伊斯兰教

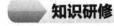

学习情境

北京的清真寺——牛街礼拜寺

牛街礼拜寺位于北京广安门内牛街，是北京市规模最大、历史最久、采用中国传统建筑形式的清真寺。寺院始建于辽代，明、清时屡经重修。全寺占地面积6000平方米，主要建筑有礼拜殿、邦克楼、望月楼和碑亭等。牛街清真寺在整体布局及建筑手法处理上，采用了我国古建筑木结构的传统形式，而在具体的装饰上又带有浓厚的伊斯兰建筑的阿拉伯风格，因为《古兰经》禁止用动物形象作装饰，因此牛街清真寺的彩绘均为阿拉伯文字和几何图案。礼拜殿殿宇宽敞，殿内壁龛遍雕阿拉伯文字和各种花卉图案。邦克楼是一座歇山顶重檐方亭建筑。望月楼平面呈六角形，重檐攒尖顶，构件装饰带有浓厚的伊斯兰教风格。

问题研讨

1. 北京规模最大、历史最久的清真寺是哪一座？
2. 你了解牛街清真寺的建筑特点吗？
3. 我国有哪些著名的清真寺？

知识研修

5.4.1　伊斯兰教的创立传播和主要教派

5.4.1.1　穆罕默德创立伊斯兰教

穆罕默德（约570—632年）生于麦加城的古来氏部落的一个没落的贵族家庭，自幼父母双亡，12岁因生活所迫追随伯父到巴基斯坦、叙利亚经商，后来成了商队的头目。25岁受雇于富孀赫蒂彻，不久与赫蒂彻结婚，为创教提供了经济保障。长期的经商生活使他熟悉阿拉伯社会世界的社会情况，特别是当时阿拉伯地区的各种宗教的知识和原始信仰情况，为后来创教准备了条件。

610年前后，阿拉伯半岛麦加城的穆罕默德宣布自己是"先知"，得到了"安拉"的启示，正式创立了伊斯兰教。穆罕默德于622年7月16日率领其信徒前往麦地那，使麦地那成为伊斯兰教的根据地。后来，伊斯兰教国家规定，以622年7月16日为伊斯兰教历法纪年的开始。630年，穆罕默德率军打回麦加。631年，阿拉伯半岛基本统一，政教合一的国家初步形成，穆罕默德成为统一国家的宗教、政治和军事三合一的首脑。632年，穆罕默德逝世"归真"，葬于麦地那。

伊斯兰为阿拉伯语的音译，本义为"顺服"，即顺服唯一的安拉；教徒称穆斯林，为阿拉伯语的音译，本义为"顺服者"，即顺服安拉意志的人。

伊斯兰教目前流行于亚洲、非洲，特别是西亚、北非、东南亚各地的90多个国家和地区。中国有10个民族几乎全民族信仰该教，总计1700万人口。

知识之窗

麦加人反对穆罕默德及穆斯林，但一些麦地那人喜欢聆听穆罕默德的讲道。他们便请穆罕默德到麦地那去，穆罕默德决定迁往麦地那。穆罕默德要求他的追随者三三两两地进入麦地那，当他们当中的许多人离开之后，一天傍晚，穆罕默德和他的挚友艾卜·伯克尔也一道离去。麦加的密探在后面跟踪他们，但他们机警地躲藏在一座山洞里。几天以后，当处境安全时，他们才安然地出发到麦地那。穆罕默德的麦地那之行是个值得纪念的事件，它的日期——622年7月16日，成为伊斯兰教历的起点。这个事件被称为"希吉勒"，意思是"迁徙"。穆斯林从希吉勒元年开始推算时间，在乌尔都语和波斯语里，也称作"希吉拉特"。❶

5.4.1.2 伊斯兰教的信奉对象、教义、经典、圣地及标志性习用图形

（1）伊斯兰教的信奉对象

安拉（即真主或主），是伊斯兰教信奉的独一无二的主宰，唯一的创造宇宙万物、主宰一切、无所不在、永恒唯一的主。

（2）伊斯兰教的教义

伊斯兰教的教义由3部分组成。

伊斯兰教教义的主要内容可以概括为六大基本信仰，简称"六信"：信安拉，安拉是宇宙唯一的主宰；信天使，天使是安拉用光创造的一种妙体，受安拉差遣监视人类，记录人们的行为，惩处不信者；信先知，穆罕默德是安拉的"封印"使者，人间的先知；信经典，《古兰经》是安拉"启示"的经典；信前定，世间一切事物均由安拉前定；信后世，"死后复活"、"末日审判"。

伊斯兰教教规，即宗教仪式和义务。穆罕默德在传教中，为了坚定信仰，规定了教徒必须严格遵守的宗教制度，称为"五功"：念功，背诵"安拉是唯一的主宰，穆罕默德是安拉的使者"，以表白自身信仰；拜功，穆斯林每天五次朝向麦加方向礼拜，每周一次聚礼（星期五），每年两次会礼；斋功，凡是穆斯林（病人、旅客、怀孕和哺乳期妇女除外）都必须在每年伊斯兰教历九月全月斋戒，每天从日升到日落，禁绝一切饮食，到伊历十月初新月初

---

❶［巴基斯坦］赛义德·菲亚兹·马茂德.伊斯兰教简史.吴云贵等译.北京：中国社会科学出版社，1981：23.

出现开斋；课功，以纳天课的名义，穆斯林缴纳定量财产税；朝功，即朝觐，凡条件允许的穆斯林，不分性别，一生中应去麦加圣地朝觐一次。朝觐者必须受戒，在受戒期间朝觐者不得互相辱骂、争吵、行房事、杀生、狩猎、拔草、折树等。经过朝功者，在名字前冠以"哈只"以示荣誉。

穆斯林必须遵循善行的道德规范。

知识之窗

穆斯林年的最后一个月是朝圣月，即朝觐麦加之月。麦加是伊斯兰教最神圣的城市，克尔白圣殿位于麦加的中心点。这是一座小型的建筑，是伊斯兰教最神圣的处所。据说：放在里面的黑石是阿丹从乐园里带来、由易卜拉欣和他的儿子封存在那里的。现在克尔白上罩着黑布，每个穆斯林必须身体力行的五功之———朝圣就是以它为中心的。朝圣的旅程开始之前，信徒必须披上两块无缝的白布。朝圣的主要仪式是自左向右绕克尔白7圈。每次走到圣石前面，信徒都要对它亲吻、抚摸或行礼。朝圣是各国穆斯林相会并一同祈祷的一个机会。朝圣以"大宴会"结束，也叫"献祭之宴"或"绵羊之宴"。在麦加朝圣的同时，世界各地的穆斯林也遥相庆祝。每家奉献一头牲畜，通常是绵羊，用以纪念易卜拉欣拿来代替他儿子的那只绵羊。羊肉则由家人、邻居和穷人一同享用。❶

（3）伊斯兰教的经典

伊斯兰教的经典为《古兰经》和《圣训》。

《古兰经》是伊斯兰教的根本经典。"古兰"是阿拉伯语的音译，意为"诵读"。伊斯兰教认为，《古兰经》是安拉通过天使哲布勒伊来降给先知穆罕默德的最后一部天启经典。《古兰经》是穆罕默德在传教过程中发表的有关宗教和社会政治主张的言论。在第三哈里发奥斯曼时，派专人汇编成册。伊斯兰教国家把《古兰经》奉为圣典，成为伊斯兰教社会穆斯林生活中的准则，也是国家立法的最高依据。

《圣训》是阿拉伯语哈迪斯或逊奈的意译，又名《哈迪斯》，是穆罕默德的言行录，是穆罕默德在传教过程中发表的有关宗教和社会政治主张的言论。《圣训》也是《古兰经》的补充和注释，是穆罕默德的言行和穆罕默德认可的教门弟子言行的集录，是仅次于《古兰经》的伊斯兰教的重要经典。

（4）伊斯兰教的圣地

根据穆罕默德的创教活动，形成了麦加、麦地那、耶路撒冷三个主要圣地。

麦加：是阿拉伯半岛最古老的城市之一，在伊斯兰教兴起之前就是古代阿拉伯人多神崇拜的中心，穆罕默德诞生和伊斯兰教发源地。麦加是全世界穆斯林朝觐瞻仰的第一大圣地。

麦地那：原称叶斯里卜镇。622年，穆罕默德及其信徒从麦加被迫迁入后改称为麦地那，意为"先知之城"。在此建立了最早的穆斯林政权。城内有著名的清真寺、穆罕默德陵墓，为穆斯林谒陵的圣地。

耶路撒冷：是一座有着5000年悠久历史、饱经沧桑的古城。犹太教、基督教和伊斯兰教都尊其为圣地。相传为先知穆罕默德登霄（升天）之地，建有阿克萨清真寺和萨赫莱清真寺，仅次于麦加和麦地那清真寺。

---

❶ 姚祖培，庄根源.世界宗教.杭州：浙江教育出版社，1998：59.

（5）标志性习用图形

伊斯兰教的标志性习用图形是新月。

特别提示

掌握伊斯兰教的经典。伊斯兰教的经典为《古兰经》和《圣训》。《古兰经》是伊斯兰教的根本经典。《圣训》是穆罕默德的言行录。

5.4.1.3 伊斯兰教的主要节日、习俗禁忌与称谓

（1）伊斯兰教的主要节日

伊斯兰教主要有圣纪节、开斋节（中国新疆地区称肉孜节）和宰牲节（波斯语称为古尔邦节）三大节日。

穆斯林在伊历九月内斋戒。斋月最后一天登高眺望新月，见月的次日即行开斋，为开斋节。若未见新月，则顺延，但不得超过3天。开斋时，穆斯林沐浴盛装，参加会礼和庆祝活动。庆祝活动持续3、4天的时间。

宰牲节又名古尔邦节，在伊历十二月十日，麦加朝觐的最后一天。在中国，这是穆斯林最大的节日。据传，易卜拉欣受安拉"启示"，命他将儿献祭，以考验其对安拉的忠诚。当易卜拉欣遵命执行时，安拉又命以羊代替，遂产生宰牲节。穆斯林每逢此日沐浴盛装，举行会礼，互相拜会，宰牛、羊、骆驼，互相馈赠以示纪念。宰牲节是中国穆斯林最大的节日。

圣纪节又称圣忌日，在伊历三月十二日。相传为穆罕默德诞生和归真（逝世）的日子。节庆活动有举行圣会、诵读《古兰经》、讲述穆罕默德的生平业绩等。

（2）伊斯兰教的习俗禁忌

伊斯兰教认为安拉不是实体，没有形体特征，不可能有他的肖像或塑像。所以，穆斯林禁忌一切偶像崇拜。穆斯林把一切表现安拉的偶像和实物都视为对安拉的亵渎。

伊斯兰教规定，穆斯林做礼拜前必须做大净或小净。小净是拜功的先决条件，做小净必须先念经文，然后再手持"汤瓶壶"，依次清洗教义规定的身体的某些部位，即脸和手脚等。大净是自头至脚依次洗遍全身。如在沙漠，可用沙土代替水洗，称为土净或代净。

伊斯兰教的饮食禁忌严格，穆斯林饮食极注重洁净，不食猪肉，不食自死动物，不食动物血液，不食非诵真主之名而宰的动物，禁止饮酒。牛羊等必先经阿訇诵安拉之名宰后才能食用。

伊斯兰教认为，穆斯林男子从肚脐到膝盖、妇女从头到脚都是羞体，禁止观看别人的羞体，违者犯禁。男女穆斯林必须穿不露羞体的衣服，女性必须戴面纱和盖头。

敬茶、端饭、握手均用右手，用左手被视为不礼貌。

伊斯兰教不主张独身主义，反对强迫和买卖婚姻。穆斯林与非穆斯林之间的婚姻有一定限制。

（3）伊斯兰教的主要称谓

伊玛目，是阿拉伯语音译，意为"站在前列的人"，指穆斯林集体礼拜时，站在前面主持礼拜者。也指清真寺的教长。

阿訇，是波斯语音译，指主持清真寺教务者，一般有数名。其中，担任教坊最高首领和

经文大师的分别称作"教长阿訇"和"开学阿訇"。

毛拉，是阿拉伯语音译，是对伊斯兰教学者的尊称。新疆地区有些穆斯林对阿訇也称毛拉。

5.4.1.4　伊斯兰教的主要教派

632年，穆罕默德逝世后，伊斯兰教内部围绕继承权问题发生了争论，以致逐渐分裂成两个相对独立的主要派别，后来发展为宗教教派，长期斗争，延续到现在。这两个主要派别就是逊尼派和什叶派。

（1）逊尼派

自称正统派，全称逊尼和大众派，原意为"遵守逊奈者"。该派流传很广，是伊斯兰教中人数最多的一派，目前世界上90%左右的穆斯林属于逊尼派。我国的穆斯林大多也属于此派。

（2）什叶派

原意为"追随着阿里的人"，专指拥护阿里的人，是主张世袭的合法主义者派，并且成为伊斯兰教教派中最善于秘密活动的教派，主要分布在伊朗、伊拉克、叙利亚、黎巴嫩、科威特、巴林、巴基斯坦、印度、也门等国；占穆斯林总人数的10%左右，在阿拉伯地区约占30%，是一支重要的社会力量。什叶派内部分为若干支派，主要有栽德、伊斯玛仪、十二伊玛目、努赛里、阿里伊拉希等支派。中国有些少数民族信仰什叶派。

5.4.2　伊斯兰教在中国

从唐永徽二年（651年）起，伊斯兰教经陆上丝绸之路、海上丝绸之路两条路线由大食（今阿拉伯）传入中国中原地区与东南沿海。中国东南沿海的伊斯兰教多经海路传入，而西北地区的伊斯兰教则经陆路传入。

元朝时伊斯兰教在中国迅猛发展，穆斯林不仅人数多，而且遍及全国各地。元朝政府设专门管理伊斯兰教事务的机构"回回掌教哈的所"，设回回国子学进行教育。同时，为适应穆斯林宗教生活的需要，建筑了更多的官修清真寺，规模较大的清真寺还设掌教，负责传呼礼拜，执掌教法和管理寺务等。从10世纪中叶起，中亚伊斯兰教进入新疆地区，天山南北的各民族开始由信仰佛教改信仰伊斯兰教，后来扩及全新疆。13世纪以后，成吉思汗及其子孙们西征，带回了大批阿拉伯、波斯、中亚的工匠、士兵。这部分伊斯兰教信徒，起初主要分布在甘肃、河西走廊一带，后渐渐遍布全国各地，形成了大分散、小聚居的居住的特点，这些人具有全民信仰伊斯兰教的风俗习惯。

明清时期，特别是明末清初，我国境内的伊斯兰教出现了新的变化，即伊斯兰教的中国化趋向，形成经堂教育制度及门宦制度。

伊斯兰教学者的汉文译著活动活跃。其中，著名的有明清之际的王岱舆的《正教真诠》、马注的《清真指南》、刘智的《天方理性》、马德新的《性命宗旨》等。他们都受过儒家文化熏陶，被称为"中阿兼通"、"长攻儒者之学"、"学通回教"的学者。他们在著作中大量吸收和改造了儒释道各家的概念，将伊斯兰教教义同中国以儒家为主的传统思想相结合，使伊斯兰教的神学理论中国化。

中国伊斯兰教，除新疆少数民族，如塔吉克族有什叶派外，在中国其他地方并无明显派别之分，都称是逊尼派。

　　掌握伊斯兰教在中国的传播。唐朝伊斯兰教传入，元朝伊斯兰教在中国迅猛发展，明清时期伊斯兰教与中国传统文化相结合。

5.4.3　伊斯兰教建筑

　　伊斯兰教自唐朝传入我国后，相继建立寺院，名叫清净寺、清真寺或怀圣寺。唐宋时期的清真寺保留了浓厚的阿拉伯建筑风格，明清时期的清真寺中国化、民族化的程度加深了，并且形成了回族和维吾尔族两大不同建筑风格。回族清真寺，是在大量吸收汉族传统建筑艺术手法的基础上发展起来的，同时又保留了自己的宗教特色。维吾尔族清真寺，是在本民族原有建筑体系的基础上，接受了伊斯兰教特有的建筑因素而形成的，在以后的发展中又不断吸收了其他民族的建筑因素，如汉族、回族、藏族的某些纹样等。

　　清真寺是穆斯林的聚会堂，每星期五为穆斯林聚礼日。清真寺建筑形式因各地各民族而异，主要由大殿、经堂、沐浴室、宣礼楼和望月楼组成。大殿为寺院的主体建筑，坐西朝东，殿内不设偶像，仅在西壁正中设装饰精美的圣龛。望月楼是清真寺内楼形的高层建筑。阿拉伯半岛居民信奉拜物教，主要崇拜月亮，伊斯兰教兴起后，沿袭此旧习。伊斯兰教规定，教徒每年在伊历九月内斋戒，须在伊历八、九两个月的最后一日的黄昏，观察新月，以定斋月起讫的确切日期。由享有威望的见证人登楼望月。宣礼楼亦称"邦克楼"，是掌教人按时登高召唤穆斯林进行每日五次礼拜的地方，其建筑形式为楼或塔。

想一想

　　我国清真寺的大殿为什么要坐西朝东？

　　清真寺在装饰方面，反对偶像崇拜，装饰纹样以阿拉伯文字、几何图案和植物花纹为主。装饰手法有绘画、雕刻。其中，雕刻包括砖雕、木雕、石雕等。

　　被列入全国重点文物保护单位的伊斯兰教建筑主要有福建泉州的清净寺、陕西西安的清真寺、北京的牛街礼拜寺和宁夏同心的清真大寺等。

　　泉州清净寺位于福建泉州通淮街北侧，是阿拉伯穆斯林在中国创建的、现存最古的、具有阿拉伯伊斯兰建筑风格的清真寺，建于1009年，元、明曾重修。清净寺现存主要建筑有寺门、奉天坛和明善堂，占地约4248平方米。寺门和奉天坛皆为伊斯兰风格建筑，明善堂是一间小礼拜堂，为中国四合院式建筑。

　　西安清真寺位于陕西西安市化觉巷内，习称化觉寺，是一座我国现存规模最大、保存最完整、采用中国传统建筑形式的清真寺。寺院始建于唐代，经宋、元、明、清历代增建，形成今日规模。全寺占地12000平方米，建筑面积4000平方米，均为明代建筑。寺院坐西面东，背向圣地麦加。主要建筑有牌坊、省心楼和礼拜殿。省心楼是掌教人招呼教徒礼拜的地方，为三檐二层八角攒尖顶式楼阁，造型玲珑秀美。礼拜殿为全寺的主要建筑，宽33米，进深38米，可同时容纳1000多人礼拜。寺内砖、木雕饰十分丰美。寺院建筑将伊斯兰和汉民族传统风格融为一体，形成风格独特的建筑群。

特别提示

我国清真寺有两种风格，一种是回族清真寺，另一种是维吾尔族清真寺。

5.5　中国的基督教

 学习情境

哈尔滨索菲亚教堂

教堂原意为主的居所，后成为基督教进行宗教活动的场所。哈尔滨索菲亚教堂，始建于1907年，是哈尔滨现存最大的东正教教堂，属俄罗斯拜占庭式建筑。拜占庭式建筑风格，有浓厚的东方色彩，主要特点是采用"集中式"和"希腊十字形平面式"布局，建筑平面外形通常为方形、十字形、八角形等。圣堂中央是一大型穹窿圆屋顶，大教堂包括中央大圆屋顶及几个小型圆屋顶。

问题研讨

1. 你参观过教堂吗？
2. 你了解基督教教堂建筑特点吗？
3. 我国有哪些著名的基督教教堂？

 知识研修

5.5.1　基督教的产生、发展和教派

5.5.1.1　基督教的产生和发展

"基督"源自希腊文，其意为"救世主"，是基督教对其创立者耶稣的专称。根据《圣经》的记载，相传公元1世纪由巴勒斯坦北部加利利的拿撒勒村人耶稣创立。耶稣的母亲是木匠约瑟的未婚妻、童贞女马利亚。30岁时他先后到巴勒斯坦地区和以色列传教，大约公元30年，当他和门徒前往耶路撒冷时，为第十二位门徒犹大以30元钱所出卖，被罗马帝国驻犹太的总督彼拉多以"犹太人的王"的罪名钉死在十字架上。他死后第3天复活，多次向他的门徒显灵。复活后的第40日，耶稣升天坐在上帝的右边，声称到世界末日再从天上降临人间，按上帝的意志拯救人类，审判地上的活人和死人并建立"千年王国"。耶稣的受难是因十二门徒中犹大的出卖造成的，受难之日为星期五，最后的晚餐加上耶稣有13人，所以西方人忌讳"13"并将13日又遇星期五视为凶日。

知识之窗

　　为了扩大影响，提高传教效果，耶稣从众门徒中选出12个作为自己的伙伴。这12个人被称为十二使徒。他们是彼得、安德烈、大雅各、约翰、腓力、巴多罗买、多马、马太、小雅各、达太、西门、犹大。

　　初期的基督教徒大多是贫民和奴隶。公元4世纪，由于中上层人士渗入并取得教权，从而基督教主张效忠、顺从执政者。罗马帝国当局对之由迫害改为利用，于392年将该教定为国教，基督教遂成为统治者的工具和占统治地位的意识形态。欧洲中世纪，基督教正统教会曾成为封建社会的精神支柱，从而得到了迅速发展。近代，基督教各派曾被西方资本主义国家利用，成为对外侵略的工具并传播到世界许多地区。目前，全世界共有12亿左右基督徒，遍布五大洲150多个国家和地区。

5.5.1.2　基督教的教派

　　在基督教的历史上，曾发生过两次大的分裂，形成3大教派。

　　公元395年，罗马帝国分裂为东、西罗马帝国，教会之间斗争亦日趋激烈。至1054年，经过长达700年之久的纷争，罗马东、西教会终于彻底决裂。东派教会自称"正教"，在中国被称为"东正教"；西派教会自称"公教"，在中国被称为"天主教"。

知识之窗

　　东部教会标榜自己的正统性，自称"正教"（Orthodoxia），因为是东部教会，又称"东正教"，又因为在崇拜仪式上采用希腊礼仪，所以又称"希腊正教"。西部教会则强调自己的普世性，自称"公教"（Catholicity），因为其领导中心在罗马，所以又称"罗马公教"，汉语又译做"罗马天主教"。

　　公元16世纪文艺复兴时期，欧洲出现宗教改革运动，西部天主教产生了第二次分裂。这次从天主教内部分离出新的宗派，反对罗马教皇的绝对权威，不接受教皇的支配，不承认天主教的某些教义，称为抗罗宗，中国称为基督教新教，又称为耶稣教或基督教。

5.5.1.3　基督教的信奉对象

　　基督教宣称，上帝（天主）只有一个，但包括圣父、圣子、圣灵（圣神）三个位格。圣父，即上帝，是创造和管理万物的主。圣子，即耶稣基督，是上帝的独生子，也是上帝的化身，既具有神性，也具有人性。圣灵运行在世界和人类心中，由圣父和圣子共同发出，使人知罪、悔改和成圣。三者虽各有特定位格，却完全同具一个本体，同为一个独一真神，而不是三个神，故称为三位一体。

5.5.1.4　基督教的教义

　　在基督教各派中，天主教、东正教、新教在教义上虽有所差异，但如下的基本教义是相同的。

　　相信上帝（亦译为"天主"或"神"）创造并主宰世界，上帝创造一切，包括创造地球和人。

　　相信人乃上帝"按照自己的形象"所造，由身体和灵魂组成，在万物中居于最高地位，但因背叛上帝而陷入罪恶之中，不能自救，唯有信仰、依靠上帝才能使人知罪、悔改和成圣，获得永生。

基督教认为，人类都有原罪，它与生俱来，无法自救。只有通过信仰上帝而使灵魂得救，才能升入天堂。相信天堂是极乐世界，信仰上帝而使灵魂得救者都能升入天堂，不信仰上帝、不思改悔的罪人死后灵魂受惩罚下地狱。天主教和东正教还为既不能升天堂又不能下地狱者设炼狱，暂时受苦，炼净灵魂，罪恶赎完，可再升入天堂。

5.5.1.5　基督教的经典

基督教的经典称为《圣经》，由《旧约全书》（希伯来文）和《新约全书》（拉丁文）两部分组成。《旧约》又名《约书》，包括《律法书》、《先知书》、《圣录》三部。《新约》是基督徒增编的经典，包括《福音书》、《使徒行传》、《使徒书信》、《启示录》四部。《圣经》既是一部宗教经典，又是一部不可多得的古代历史资料，具有相当高的研究价值。

5.5.1.6　基督教的标志、教堂、节日和圣事

十字架，象征耶稣受难。相传创教的耶稣是上帝的独生子，是派往人间的救世主，为替世人赎罪而被钉死在十字架上。所以，基督教各派都尊十字架为信仰的标志，以示信仰耶稣的主张和学说。

教堂原意为主的居所，后来成为基督教进行宗教活动的场所。在教堂建筑上，主要有罗曼式、哥特式、巴洛克式和俄罗斯拜占庭式，等等。因教派不同，名称、结构、风格有异。但教堂保留、传承了西方建筑、雕塑、绘画、音乐等艺术的精品。

基督教的节日众多，其中最隆重的是圣诞节和复活节。

圣诞节（每年12月25日），纪念耶稣的诞辰，是西方国家每年最隆重的节日。届时罗马教会由教皇主持盛大的弥撒，普通人互赠礼物，合家欢宴。圣诞老人和圣诞树更为节日增添了喜庆的色彩。

复活节（每年3月21日至4月25日之间，每年春分月圆后第一个星期日），纪念耶稣钉死在十字架后第三日"复活"。耶稣复活的意义在于战胜死亡。

圣事也称圣礼，包括洗礼、坚振、告解、圣体、终傅、神品、婚配七个方面，是基督教的重要礼仪。但是，各教派有所不同。

5.5.1.7　基督教的主要称谓

天主教实行严格的三级教阶制，教皇，又称罗马教皇，是天主教的最高首领；枢机主教（俗称红衣主教），是天主教最高级主教，由教皇直接任命；司铎（俗称神父）是教堂负责人（大神父）或一般神职人员。离家进修会的男教徒称修士；离家进修会的女教徒称修女。

东正教最高首领称牧首；东正教没有产生至高的教皇，因此形成了各大教区自主的、以牧首为最高领导的牧首区。重要城市的主教称都主教；地位低于都主教的称大主教；教堂负责人也有称主教或神甫的。修士、修女称呼同天主教。

新教在组织上不是一统化的，分成许多宗派且各宗之间无隶属关系。新教称教区负责人为主教，教堂负责人为牧师。修士、修女称呼同天主教。

5.5.2　基督教在中国的断续传播

5.5.2.1　唐朝的景教

唐贞观九年（635年），流行于中亚的基督教聂斯脱利派，由波斯传入中国的唐朝都城长安（今西安市），称为大秦景教。经200多年，于会昌五年（845年）唐武宗崇道灭佛时，与其他宗教一起遭到厄运。此后，景教在内地绝迹，只留下了一块《大秦景教流行中国碑》及

甘肃敦煌文书中的7种关于景教的文献。

5.5.2.2 元朝的也里可温教

元朝时，基督教第二次在中国传播，是指景教在元朝的复兴和罗马天主教来华传教。基督教教徒蒙古语为也里可温，意思是有福缘的人或信奉福音的人。基督教称为也里可温教或十字教。教堂称为十字寺。大蒙古国奠基人成吉思汗发动大规模军事远征，与欧洲的基督教方济各会和我国边境少数民族中的聂斯脱里派发生了联系。元朝建立后，元世祖忽必烈在接见马可·波罗时，托他致书罗马教皇，请派传教士来华传教。于是西欧传教士来到元朝大都等地。元朝设崇福司（后称崇福院）专管该教事务并在北京、杭州、西安、甘肃、宁夏、镇江、泉州等地建立教堂传教，使该教成为仅次于佛、道二教的宗教。教徒多为蒙古族人或侨居中国的西亚人。随着元朝的覆灭，该教也迅即消失。

5.5.2.3 基督教三大派相继传入中国

明清之际，以1582年意大利耶稣会士利玛窦来华为标志，基督教开始了在华的第三次传播。西方传教士通过结交中国知识分子与地方官员，觐见皇帝，学习中国传统文化，介绍西方古代科技知识，在华展开了广泛而深入的传教活动，取得明显效果。后来，由于东西方文明的冲突、天主教内部爆发"中国礼仪之争"以及罗马教皇和清朝皇帝的干预，双方直接冲突。雍正遂宣布禁止基督教传教，驱逐传教士。但却于1712年与俄国签订《中俄恰克图条约》，使俄国东正教取得了在华俄罗斯人中的合法传教权。英国传教士马礼逊自1807年来华以后，基督教新教也传入中国。

想一想

利玛窦的传教为什么取得了较好的效果？

5.5.2.4 鸦片战争以后基督教各派在华传播

1840年鸦片战争以后，特别是1844年《中法黄埔条约》签订后，西方基督教各派取得了在中国传教、建造教堂的特权。基督教各派传教士蜂拥来华，在不平等条约的保护下，在华强行传教，所以激起了中国人民的反抗斗争。

5.5.2.5 中国当代基督教

1949年，中华人民共和国成立。由于外国反动教会势力持敌视中国革命的态度，基督教各派爱国信徒走上了自治、自传、自养的"三自"爱国道路，开创了"独立自主、自办教会"的时代。

5.5.3 中国的基督教教堂

基督教传入中国后，教堂建筑基本保持了西方外来文化的特征。中国的基督教教堂在建筑形式上主要有罗曼式、哥特式、巴洛克式和俄罗斯拜占庭式等。中国著名教堂包括天津老西开教堂、北京南堂、上海徐家汇天主堂、哈尔滨圣索菲亚大教堂等。

北京南堂：1605年，意大利传教士利玛窦始建堂于此。以后屡次损坏又屡次修复。是北京最古老的天主教教堂。

上海徐家汇天主堂：建于1906年，1910年竣工，为中世纪哥特式建筑，是上海最大的天主教教堂。

熟悉中国基督教教堂的建筑形式。中国的基督教教堂在建筑形式上主要有罗曼式、哥特式、巴洛克式和俄罗斯拜占庭式等。

本章内容举要

1. 宗教是原始社会发展到一定阶段的产物，最初是作为原始人群的自发信仰而产生的。中国的宗教主要有佛教、道教、伊斯兰教和基督教。汉族对外来宗教采取兼收并蓄的态度。在少数民族中，藏族、蒙古族等信仰藏传佛教；傣族、德昂族等信仰南传上座部佛教；白族、壮族等信仰大乘佛教。回族、维吾尔族等信仰伊斯兰教。俄罗斯及部分蒙古族等信仰基督教。

2. 东汉末年，张陵于蜀中创立道教。金元以来，全国道教形成全真道与正一道两大教派。道教宣扬"道"是"万物之母"；追求长生不老，肉身成仙。《道藏》是道教经籍的总集。道教的标志是八卦太极图。道教供奉的对象包括三清、四御、八仙、天妃娘娘等。道教建筑主要采用中国古代建筑传统的方法，并结合道教教义，独具特色。著名的宫观有山西芮城的永乐宫及北京的白云观。

3. 公元前6世纪到公元前5世纪，释迦牟尼在古印度创立佛教。以后佛教发展经历了四个时期，即原始佛教时期、部派佛教时期、大乘佛教时期和密乘佛教时期。从世界范围来说，佛教的传播分为三条路线，即北传佛教、南传佛教和藏传佛教。佛教教义包括四谛、八正道、缘起说、三法印等内容。佛教信奉的对象包括佛、菩萨、罗汉、四大天王等。佛教典籍有三大系统，即巴利语系佛经、汉语系大藏经和藏语系佛经。

4. 公元前2年，佛教传入汉族地区。唐代僧人创立了三论宗、天台宗、华严宗、法相宗、律宗、净土宗、禅宗、密宗8个主要宗派。公元7世纪，佛教传入藏族地区。藏传佛教现有四大教派，即宁玛派、萨迦派、噶举派和格鲁派。活佛转世制度为藏传佛教所特有，历代转世必须经中央政府批准。西藏有达赖喇嘛和班禅额尔德尼两大活佛转世系统。约在7世纪中叶，南传上座部佛教传入云南傣族地区，佛教对当地的民俗风情影响较大。

5. 佛教建筑包括佛教寺庙、佛塔、石窟寺与摩崖造像。汉地佛教寺庙最初受印度佛寺的影响，后采用中国宫殿官署院落布局。藏传佛教建筑布局比较自由，多依山而建。云南傣族佛寺保留着傣族和东南亚的建筑风格。佛塔可分为楼阁式、密檐式、覆钵式和金刚宝座式等类型。石窟寺是佛教寺庙建筑的一种，在河畔山崖开凿而成，简称石窟。摩崖造像为佛教石窟的一种类型，是利用巨大的山崖陡壁在洞窟之外雕成的大像。我国的石窟寺与摩崖造像主要分布在新疆地区、中原北方地区及南方地区。石窟寺内有精美的壁画和雕塑。我国著名的石窟寺有莫高窟、云冈石窟、龙门石窟和麦积山石窟；著名的摩崖造像有乐山大佛。

6. 穆罕默德于公元7世纪在阿拉伯半岛创立伊斯兰教。穆罕默德逝世后，伊斯兰教不断向外传播，成为世界性宗教。伊斯兰教的教义由三部分组成，即六大信仰、五功和善行。伊斯兰教的经典即《古兰经》和《圣训》。根据穆罕默德的创教活动，形成了麦加、麦地那、耶路撒冷三个主要圣地。伊斯兰教的标志性习用图形是新月。伊斯兰教主要有圣纪节、开斋节（中国新疆地区称肉孜节）和宰牲节（波斯语称为古尔邦节）三大节日。穆斯林禁忌一切偶像崇拜，把一切表现安拉的偶像和实物都视为对安拉的亵渎。伊斯兰教的饮食禁忌严格。伊斯兰教主要有两大教派，即逊尼派和什叶派。伊斯兰教于唐代传入中国。元朝时伊斯兰教在中国迅猛发展。明清时期，特别是明末清初，我国境内的伊斯兰教出现了新的变化，即伊斯兰教的中国化趋向。形成经堂教育制度及门宦制度。我国清真寺分回族和维吾尔族两大不同建筑风格。我国著名的伊斯兰教建筑主要有福建泉州的清净寺、陕西西安的清真寺、北京的牛街礼拜寺和宁夏同心的清真大寺等。

7.公元1世纪巴勒斯坦拿撒勒人耶稣创立了基督教。基督教于11世纪分为东正教、西部公教（天主教）；16世纪，西部教会又分裂出基督教新派，也称新教。基督教的教义可概括为上帝创世说、原罪救赎说和天堂地狱说。基督教的经典为《圣经》。标志为十字架。基督教的聂斯脱利派于唐朝传入中国。元朝第二次在中国传播，指景教在元朝的复兴和罗马天主教来华传教。明清之际，以1582年意大利耶稣会士利玛窦来华为标志，基督教开始了在华的第三次传播。1840年鸦片战争以后，特别是1844年《中法黄埔条约》签订后，西方基督教各派取得了在中国传教、建造教堂的特权。基督教各派传教士蜂拥来华，在不平等条约的保护下，在华强行传教，所以激起了中国人民的反抗斗争。

基督教传入中国后，教堂建筑基本保持了西方外来文化的特征。中国的基督教教堂在建筑形式上主要有罗曼式、哥特式、巴洛克式和俄罗斯拜占庭式等。中国著名教堂包括天津老西开教堂、北京南堂、上海徐家汇天主堂、哈尔滨圣索菲亚大教堂。

思考与练习

一、名词解释

1.三清　　　　2.四御　　　　3.八仙　　　　4.全真道
5.三身佛　　　6.四大菩萨　　7.四大天王　　8.四谛
9.伊斯兰　　　10.五功

二、问答题

1.简述中国的宗教信仰状况。

2.道教主要有哪些教派？

3.举例说明道教建筑有何特点。

4.现存佛教经典主要有哪三大语言体系？

5.概述中国古代佛寺建筑的由来、主要类型。

6.何谓石窟寺？何谓摩崖造像？

7.举例说明中国伊斯兰教清真寺建筑的特点。

8.基督教曾在哪几个时期传入我国？各叫什么名称？

中国的烹饪与风味特产

中国的烹饪源远流长，是中华民族文化宝库中的一颗璀璨的明珠。中国的特产是祖国传统文化的重要组成部分，是物质文明和精神文明的凝聚、积累和传承，具有极其重要的文化价值。旅游者除了欣赏祖国的美景之外，还有两项比较重要的活动，就是品尝当地的美味佳肴和购买土特产品。作为旅游业的从业者必须了解中国的烹饪与风味特产。

1. 必须熟悉烹饪的概念、菜系等方面的情况。吃是旅游环节中的一个重要的要素。

2. 要熟悉景点所在地的风味特产情况，因为购物也是旅游环节中的一个重要的要素。

3. 茶叶是我国最重要的特产之一。了解茶叶的知识，有助于我们掌握茶文化。

4. 我国的中医中药在世界上别树一帜，了解中医中药知识，有助于我们认识祖国的医学。

5. 文房四宝是中国书写和绘画不可缺少的工具和材料，了解文房四宝方面的知识，有助于我们更好地认识传统文化。

6.1 中国的烹饪

学习情境

北京烤鸭

游客来北京必做的三件事就是：游长城、逛王府井、吃烤鸭。北京烤鸭的历史久远，早在南北朝的《食珍录》中，就有"炙鸭"的字样出现，宋代有"炙鸭"的文字记载，元朝烤鸭已是御膳奇珍之一，明代烤鸭已成为宫廷美味之一。明清两代，从王公贵族到巨富豪门，都把烤鸭列为宴客珍品，每餐必备，特别是清朝乾隆皇帝和慈禧太后都十分爱吃便宜坊的烤鸭。北京烤鸭有挂炉烤鸭和焖炉烤鸭之分。挂炉不安炉门，以果木为燃料，底火足。鸭子入炉后，用调杆有规律地调换鸭子的位置，以使鸭子受热均匀，烤制的鸭子皮脆肉嫩。焖炉有炉门，使用秫秸为燃料，鸭子不见明火，主要靠烤炉内的温度将鸭子烘熟，

中间不打开炉门。焖炉烤制的鸭子鸭肉喧腾。❶

问题研讨

1. 北京烤鸭始于何时？

2. 北京烤鸭的烤制方法有哪两种？各有何特点？

3. 全聚德和便宜坊烤鸭店分别使用哪种烤制方法？

 知识研修

6.1.1　中国烹饪概述

6.1.1.1　烹饪的概念

"烹饪"一词是由"烹"和"饪"二字组成的。在古汉语里，"烹"作"烧煮"解释；"饪"指食物烧煮到一定程度，合为"烹饪"，通常理解为运用加热方法制作食品。我国最早的古籍之一《周易·鼎》中，就出现了"烹饪"一词。约在唐代出现"料理"一词，宋代出现"烹调"一词，二词之义与烹饪基本一样。以后，"料理"一词弃置（今时仍用），"烹调"一词在实际应用中逐步分化出来，成为专指制作各类食品的技术与工艺的专用名词，也称为烹饪工艺，烹饪则被赋予广泛得多的内容，包含烹调及烹调制作的各类食品饮食消费、饮食养生以及由烹调和饮食所衍生的众多文化（狭义）现象等。

6.1.1.2　中国烹饪的特点

中国烹饪的特点从大的方面来讲是优选原料，精细加工，讲究火候，讲求风味，合理膳食。具体到每道菜肴，则讲究色、香、味、形均为上等。

所谓色美，指菜肴色彩多样，和谐美观。中国菜除特意保持食物本来的颜色外，还注意针对不同原料的色泽和性质，通过加色使食物原来的色泽变好，通过配色使不同食物的多种颜色彼此衬托，通过缀色使朴素单调的菜品显得鲜美活泼，通过润色使菜品色泽更加明亮或强烈，引起食者的食欲。

所谓香，指吃时感到鲜香、脆香等。它一方面通过烹制加热，将食物固有的香味激发出来；另一方面是外加的，如加茴香、八角等香料，在菜里放点香菜、葱花，或用有香味的气体熏制要吃的食品，或将菜料用有香气的材料（如荷叶之类）包裹起来加热，使香气渗入菜料之中。

所谓味，指尝到的酸味、甜味、辣味、咸味等。这是中国菜肴进入艺术境界的核心。食用中国菜肴讲究"吃味"，即欣赏一种微妙的味觉美感，从而使人在生理、心理两方面均得到极大的满足。

所谓形，指烧成的菜肴花色繁多，外形美观。中国菜讲究形状美观，主要表现在切制成形、摆布匀称、衬托得当等几方面：片是片，丝是丝，块是块，大小适度，加上摆布整齐或摆成一定图案，以给人带来美好的印象。菜肴盛具，亦加选择，目的在于使菜品更加美观。

6.1.1.3　菜品类别

中国菜肴品种繁多，按消费、加工、地区和民族、原料、时代、功能等标准，有以下不同分类法。

---

❶ 北京市旅游局. 北京导游基础. 第二版. 北京：燕山出版社，2006：90.

（1）按消费类别划分，由于消费对象不同，形成了层次不一的菜品，主要有家常菜、市肆菜、寺院菜、官府菜、宫廷菜、药膳菜等。

（2）按加工类别划分，由于中国菜肴加工制作技法多样，菜肴形式及其作用也有一定差别，主要分为冷菜、热菜、大菜、小菜、甜菜、汤菜等。

（3）按地区菜系和民族风味划分，地区菜系主要有八大菜系。少数民族风味有清真风味、蒙古族风味、藏族风味等。

（4）按原料性质划分，可以分为素菜与荤菜两个流派。

（5）按时代划分，有仿古菜和现代菜之分，前者如仿宫廷菜和仿官府菜。

（6）按功能划分，有保健医疗菜（药膳）和普通菜之分。

6.1.2 中国的地方风味菜肴

6.1.2.1 四大菜系

（1）鲁菜

鲁菜源于山东，最大的特点是丰盛实惠。由济南、胶东菜组成，孔府菜也自成体系。注重以当地特产为原料，多选畜禽、海产、蔬菜；善用爆、炒、熘、扒、烤、拔丝、蜜汁等烹调方法；偏于用酱、葱、蒜调味，精于制汤，以汤调味；口味咸鲜比较明显。菜品风格大方高雅，适应性强。鲁菜的著名菜肴有糖醋鲤鱼、扒原壳鲍鱼、葱烧海参、油爆双脆、奶汤蒲菜等。

由于鲁菜有许多优点，很快大量进入宫廷，并在华北、东北、北京、天津等地广为流传，成了我国影响最大的菜系之一。

（2）川菜

川菜发源于四川，主要由成都、重庆、自贡3个系统风味组成。川菜取料广泛，原料多选山珍、江鲜、野蔬和畜禽；技法中以小煎、小烧、干烧、干煸见长，善用小炒、干煸、干烧和渍、烩等烹调方法；以善用"味"闻名全国，味型多样，富于变化，以鱼香、红油、怪味、麻辣较为突出，注重调味，一菜一格，百菜百味；菜品风格朴实而又清新，具有浓厚的乡土气息。著名菜肴有干烧岩鲤、宫保鸡丁、樟茶鸭子、鱼香肉丝、官燕孔雀、清蒸江团、麻婆豆腐、毛肚火锅、开水白菜和水煮牛肉等。

四川菜烹饪特点是清香醇浓并重，以麻辣见长，可以说是调味多样，取材广泛，菜式适应性强，有"一菜一格，百菜百味"之美誉，"食在中国，味在四川"之美称。

（3）淮扬菜

淮扬菜是扬州、镇江、淮安等地方风味菜肴的总称。其原料以水产为主，取料不拘一格，物尽其用，且重鲜活；刀工比较精细；特别讲究火工和造型；擅长炖、焖、煨、烤、塘、煨等烹调法；调味重清爽平和，清鲜而略带甜味。著名菜肴有清炖蟹粉狮子头、大煮干丝、三套鸭、叫化鸡、水晶肴肉、荷包鲫鱼、松鼠鳜鱼、梁溪脆鳝、沛公狗肉等。

淮扬菜以清淡味雅著称于世。现在淮扬菜已蜚声中外。

（4）粤菜

粤菜由广州菜、潮州菜、东江菜组成。其原料广采博收，追求生猛；烹调方法多而善于变化，长于炒泡、清蒸、煲，尤其独擅烧、炆、煲、焗、软炸、软炒等烹调法；调味重清脆鲜爽嫩滑，突出原味，口味清淡鲜和；菜品风格清丽洒脱，刻意求新。著名菜肴有烧乳猪、红烧大群翅、白云猪手、清汤鱼肚、清蒸鲈鱼、狗肉煲、油泡虾仁、冬瓜燕窝、牛肉丸子、东江盐焗鸡等。

粤菜突出一个"杂"字，并以博采众长、独具一格的风味誉满四方。

6.1.2.2　八大菜系

以上四大菜系跟浙江、福建、安徽、湖南地方风味合称为八大菜系。

（1）安徽菜

安徽菜包括皖南、沿江、沿淮3大风味菜。其选料严谨，重油、重色、重火功，以烹制山珍野味著称。擅长蒸、炖、烧。主要名菜有砂锅鳜鱼、符离集烧鸡、无为熏鸭、问政山笋、屯溪醉蟹、徽州毛豆腐、石耳炖鸡、红烧划水、清炖马蹄鳖、李鸿章杂烩等。

（2）浙江菜

浙江菜主要由杭州菜、宁波菜、绍兴菜等地方风味菜肴组成。具有色彩鲜艳，味道滑嫩，脆软清爽，菜式小巧玲珑、清俊秀丽的特点。取料广泛，以炖、炸、焖、蒸见长，重原汁原味。主要名菜有西湖醋鱼、东坡肉、龙井虾仁、叫化童鸡、蜜汁火方、荷叶粉蒸肉、油焖春笋、宋嫂鱼羹等。

（3）福建菜

福建菜是以福州、漳州、厦门、泉州等地方菜为主组成的菜系。福建菜以炸、熘、焖、炒、炖、蒸为特色，尤以烹制海鲜见长。菜品淡雅、鲜嫩，富有南国风味。主要名菜有佛跳墙、鸡丝燕窝、沙茶焖鸭块、鸡汤汆海蚌、东壁龙珠、糟汁汆海蚌、荔枝肉、橘汁加吉鱼等。

（4）湖南菜

湖南菜由湘江流域、洞庭湖地区和湘西山区3大地方风味组成。湖南菜制作精细，擅长炒、蒸、熘，集酸、辣、咸、甜为一体。主要名菜有麻辣仔鸡、组庵鱼翅、腊味合蒸、洞庭鮰鱼肚、冰糖湘莲、白煨鱼翅、一品海参、东安鸡、红烧全狗、吉首酸肉等。

除了八大菜系外，中国菜肴还有许多地方风味流派，像北京、上海、湖北、陕西、河南、云南、天津、辽宁等地方风味在全国都有不同程度的影响，吉林、黑龙江、河北、陕西、内蒙古、江西、广西、贵州、甘肃、宁夏、青海、新疆、西藏、中国台湾等地的菜肴也各有其浓厚的地方特色。

特别提示

重点掌握四大菜系的组成、烹制方法、口味特点及代表名菜。鲁菜由济南、胶东菜组成；善用爆、炒、熘、扒、烤、拔丝、蜜汁等烹调方法；口味咸鲜比较明显；著名菜肴有糖醋鲤鱼、葱烧海参等。川菜主要由成都、重庆、自贡3个系统风味组成；技法中以小煎、小烧、干烧、干煸见长；以善用"味"闻名全国，味型多样，富于变化；著名菜肴有宫保鸡丁、樟茶鸭子、鱼香肉丝等。淮扬菜是扬州、镇江、淮安等地方风味菜肴的总称。擅长炖、焖、焐、烤、煻、煨等烹调法；调味重清爽平和，清鲜而略带甜味；著名菜肴有清炖蟹粉狮子头、大煮干丝等。粤菜由广州菜、潮州菜、东江菜组成；长于炒泡、清蒸、煲，尤其独擅烧、炆、煲、焗、软炸、软炒等烹调法，口味清淡鲜和；著名菜肴有烧乳猪、红烧大群翅等。

6.1.3 中国其他地方风味菜肴

6.1.3.1 仿古风味菜肴

（1）宫廷菜（御膳）

宫廷菜原指历代皇宫内由御厨制作的专供皇帝、后妃们食用的菜肴。由于明朝以前的宫廷菜我们只能见到一些零星的文字记载，真正流传至今的可谓凤毛麟角，唯有清代的宫廷菜较为完整地流传下来。清宫菜以满族食风为主，既有山东、江南、四川等各地方的风味，也包括蒙、回各民族的风味，制作精致，色形美观，擅长熘、炒、蒸、炸，以清、鲜、酥、嫩著称。

清代宫廷菜有熘鸡脯、凤凰扒窝、燕窝贺字锅烧鸭子、荷包里脊、鱼藏剑、炸佛手卷、龙须驼掌、炒豆腐脑、烧鹿筋、抓炒鱼片、金银鹿肉、雪花桃泥、荷花鱼丝、罗汉菜心、炒胡萝卜酱等。

仿宫廷菜（仿膳）是指仿制历代帝王皇宫内御膳房由御厨制作的专供皇帝、后妃等用膳的菜肴，为仿古菜之首。清亡后，原清宫御膳房中的几位老御厨走出紫禁城，于1925年在北海公园内开设了"仿膳斋"（即仿膳饭庄的前身），专门经营仿清宫风味，讲究色、香、味、形、器，经营的细点，小巧玲珑，色泽鲜艳，清甜爽口，百吃不厌，立刻名扬北京城。如今在北京北海公园内的仿膳饭庄和颐和园内的听鹂馆餐厅，均可以品尝到正宗的仿清朝宫廷菜。仿膳的仿清宫廷名菜，约有二三百种，特别讲究色、香、味、形和菜肴的名称。比如，罗汉大虾、怀胎鳜鱼、凤凰趴窝、蛤蟆鲍鱼等，不仅味道佳美，而且取名形象，把色彩和形状有机地结合起来。还有不少风味点心，如肉末烧饼、豌豆黄、芸豆卷、小窝头等。

现在西安、开封、杭州等地在挖掘试制仿唐菜和仿宋菜。

（2）孔府菜

孔府菜又称府菜，是山东曲阜县孔府里的菜肴，是经千百年的发展演变而形成的典型的官府家菜。山东曲阜县的孔府居住着孔子后裔世袭家族，至今已传承77代。经历2500多年。自汉武帝刘彻承认了儒家的正统地位之后，历代皇帝对孔子及其嫡系累有加封和赏赐。孔府的主人经常接待帝王贵官，酒食饮宴极其讲究，从而促进了孔府烹饪的发展，逐渐形成了自成体系的一种风味肴馔。

孔府菜可以分为两部分：一是衍圣公及其府内家人日常饮食的菜肴，由"内厨"负责烹制，称为家常菜；二是为来孔府之帝王、贵胄、名族、官宦祭孔、因拜访而举办的各种宴请活动的菜肴，由"外厨"负责烹制。

孔府正席菜具有制作精细、注重营养、豪华奢侈、讲究礼仪等特点。孔府的日常饮食肴馔，选料精而广，技法多而巧，并具有浓厚的乡土气息。

孔府的名菜名点繁多，数以千百计。如筵席菜有孔府一品锅、燕菜一品锅、白扒通天翅子、八仙过海闹罗汉、奶汤燕菜、把儿鱼翅、把儿海参、红扒熊掌、糟烧海参、奶汤鹿筋、烤乳猪、烤鸭子、八仙鸭子、神仙鸭子、三套鸭子等。

孔府点心也有特色。用各种花卉为料制作馅心的桂花饼、荷花饼、菊花饼、薄荷饼、百合酥、玫瑰粽子以及各式风味点心，均花样精巧，味美可口。

自1947年第77代衍圣公离开孔府后，厨房停火，厨师离散。20世纪80年代中后期，山东济南和北京先后开办了孔膳堂饭庄，对外经营仿孔府菜。

（3）谭家菜

谭家菜出自清末官僚谭宗浚家中。谭宗浚，字叔裕，广东南海人，同治十三年考中榜眼，在翰林院供职。谭宗浚一生酷爱珍馐美味，热衷于在同僚中相互宴请，宴请时他总要亲自安排，将肴馔整治得精美可口，因此清末时已颇具名声。谭宗浚之子谭瑑青，讲究饮食过于其父。谭家的女主人都善烹调，不断吸收各派名厨之长，久之则成功地将南方菜（特别是广东菜）同北方菜（特别是北京菜）相互融合，成为独创一派的家庭风味菜肴。后来谭家败落，便变相经营谭家菜以补贴家庭开支，自20世纪30年代起对外营业，取名谭家菜。由此逐渐流传到北京市场上，以其独树一帜的家庭风味流传百余年而不衰。

谭家菜有四大特点：一为甜咸适口，南北均宜；二为讲究原汁原味；三为选料精，加工细；四为火候足、下料重，菜肴软烂，易于消化，特别适合老年人食用。

谭家菜共有200余种佳肴，尤以做海味菜最为有名。在烹制海味中又以燕窝和鱼翅的烹制最为出名。谭家菜的名菜有：红烧鱼翅、葵花鸭子、草菇蒸鸡、网油山鸡卷等。谭家菜的素菜、甜菜、冷菜以及各类点心也都有特色。点心中著名的有：麻茸包、酥盒子等。

1950年烹制谭家菜的三位厨师离开谭家，在北京宣武区白果子巷经营谭家菜。1954年迁西单恩成居后院，加入了国营企业。1958年，在周恩来总理的建议下，谭家菜全部并入北京饭店，成为北京饭店四大菜（指川、粤、淮扬、谭家）之一。

6.1.3.2 中国的特殊风味菜肴

（1）素菜

素菜通常指用植物油、蔬菜、豆制品、面筋、竹笋、菌类和干鲜果品等植物性原料烹制的菜肴。

中国的素菜素食，历史悠久。素菜的特征主要有：第一，以时鲜为主，清爽素净。第二，花色繁多，制作考究。第三，富含营养，健身疗疾。

素菜以其食用对象分为寺观素菜、宫廷素菜、民间素菜。

寺观素菜主要是指用蔬菜（含菌类）、果品和豆制品、面筋等制作的素菜，善用竹笋、豆芽等吊制的素高汤增鲜。起初只限于寺观内部食用，后来香客多了，需就地进餐，有些较大的寺庙香积厨就经营素菜。寺院素菜一般烹制简单，品种不繁，且多就地取材。时至今日，驰名的寺观素菜仍不少，如厦门南普陀寺、杭州灵隐寺、成都宝光寺等。

宫廷素菜制作精致，配菜典式有一定规格，一些专做素菜的御厨技艺精湛，他们以面筋、豆腐等为原料，能做出二百多种风味独特的素菜。中国历代宫廷均设有专司饮食机构，到了清代御膳房下有素局，专门烹制素菜，主要供帝王斋戒时食用。

民间素菜主要以素菜馆为代表。素菜馆源于宋代，到了清代有了较大的发展。素菜馆创制出许多风味独特的菜肴。现在仍享有盛誉的素菜馆有天津的真素园、上海的功德林、南京的绿柳居、北京的全素斋、广州的菜根香、杭州的道德林、西安的素味香等。

素菜从制作方法上，大致可分为3类：第一是卷货类，用油皮包馅卷紧，淀粉勾芡，烧制而成，品种有素鸡、素酱肉、素肘子、素火腿等；第二是卤货类，以面筋、香菇等为主烧制而成，品种有素什锦、香菇面筋、酸辣片等；第三是炸货类，通过油炸而成，品种有素虾、香椿鱼、小松肉等。

著名素菜有罗汉斋、炒豆腐脑、半月沉江、糟烩鞭笋、醋熘素黄鱼、糖醋素鲤、笋炒鳝丝、脆皮烧鸡、炒腰花、红焖鸭、素火腿等。

（2）药膳

药膳是在食品中加中药的膳食，将一些可供食用的药材，按药膳配方跟烹饪原料做成的菜肴。其特点是既有一定的药效，又味美可口，是食疗法的一部分。

著名的药膳有冬虫夏草全鸭、当归炖乌骨鸡、枸杞叶炖猪腰、果仁排骨、草果豆蔻炖乌骨鸡、杜仲爆羊腰、玫瑰花烤羊心、人参鹿尾、山药茯苓包子、双耳汤、百合鸡蛋黄汤、白术猪肚粥、荷叶粥、马齿苋粥等。

想一想

在日常生活中，素菜和药膳为什么受欢迎？

6.1.4　少数民族风味流派菜

6.1.4.1　回族风味

清真菜又称回族菜。清真菜最突出的特点在于饮食禁忌比较严格，其饮食习俗来源于伊斯兰教教规。清真菜选料严谨，工艺精细；口味偏重咸鲜，汁浓味厚，肥而不腻，嫩而不膻；烹制方法早先主要由炮、烤、涮，后来吸收了汉蒙等民族的烹饪方法，炒、熘、爆、扒、烧、煎、炸无所不精。

中国清真菜有500多种，如葱爆羊肉、焦熘肉片、黄焖牛肉、扒羊肉条、清水爆肚、油爆肚仁等。

6.1.4.2　维吾尔族风味

维吾尔族饮食以面食、肉类、瓜果为主。擅长烙、烤技法。

维吾尔族传统名食有：烤全羊、烤羊肉串、抓饭、馕等。

6.1.4.3　蒙古族风味

蒙古族饮食大致分三类：即粮食、奶食和肉食。农区大体与汉族相似。牧区主要是奶食和肉食，奶食包括白油、黄油、奶酪等，肉食包括牛羊肉。

蒙古族传统名食有：烤全羊、手把羊肉、糖醋骆驼、拔丝奶皮、奶豆腐等。

6.1.4.4　朝鲜族风味

朝鲜族以米饭为主食，以汤、酱、泡菜为副食。口味以辛辣爽口、清淡鲜香为主，烹调方法多采用生拌、明烤、腌渍为主。

朝鲜族传统名食有：狗肉火锅、烤肉、烤鱼片、生拌鲜肉片、泡菜、打糕、冷面等。

6.1.4.5　满族风味

满族主要食物有高粱、小米、玉米等，喜粘食。

满族传统名食有：白肉血肠、猪肉酸菜炖粉条、萨其玛等。

6.1.5　中国的风味小吃点心

6.1.5.1　中国的风味小吃点心分类

小吃、点心是中国烹饪的重要组成部分，历史悠久，品类丰富，外观精美，讲究风味，富有中国传统文化特色。

中国小吃，用料广博，技法多变，品种多样，以粮食为主料的，按成熟方法分为下列几类。

（1）蒸类

利用蒸汽传热而成的食品，著名品种有天津狗不理包子、扬州翡翠烧卖、上海南翔小笼馒头、山东高庄馒头等。

（2）煮类

以水传热成熟的食品，著名品种有山东的福山拉面、四川抄手（馄饨）、兰州牛肉面、山西刀削面、宁波汤团、云南过桥米线等。

（3）炸类

以油为传热介质，用大量油加热成熟的食品，著名品种有天津大麻花和耳朵眼炸糕、淮安茶馓、北京蜜麻花和北京焦圈等。

（4）烙类

通过金属镟子或饼铛传热而成熟的食品，著名品种有天津煎饼、上海蟹壳黄、吉林（四平）李连贵熏肉大饼、北京褡裢火烧等。

（5）烤类

包括烘、烤类，通过热辐射制熟的食品，著名品种有重庆蛋松糕、江苏黄桥烧饼、北京烤白薯、新疆烤羊肉串等。

（6）煎类

面制品有锅贴、煎包等，鱼鲜制品有蚝煎等。著名品种有厦门蚝煎、山东煎包、上海生煎馒头、武汉三鲜豆皮、北京灌肠等。

（7）爆炒类

用油或水传热使小型原料快速变熟的食品，著名品种有扬州炒饭、北京爆肚等。

6.1.5.2　中国面点小吃的风味流派

（1）北方风味的京式流派

北方风味的京式流派点心小吃，最早起源于华北、东北、山东、河南地区的农村和满、蒙、回等少数民族地区，后来在我国首都北京形成了一个制作体系与一大批主要风味代表，北京也成了全国食品制作的中心。

北京点心、小吃具有汉族风味、清真风味和宫廷风味的特色。各种小吃有300多种。著名的点心、小吃有北京都一处"烧卖"、艾窝窝、小窝头、豌豆黄、豆面糕（驴打滚）、焦圈、蜜麻花、爆肚、豆汁、肉末烧饼、褡裢火烧等。

> **知识之窗**
>
> 小窝头是清宫御膳房的厨师创制的，为慈禧太后晚年斋戒时吃的食品，形状小巧玲珑，颜色金黄，质地细腻，味道香甜，很得慈禧的赞赏。清朝覆灭后，小窝头就流传到了民间。制作时需用新磨的细玉米面，并加黄豆面、白糖、桂花调制。制作时，厨师凭着两只灵巧的手，竟能将一块重约900克的玉米面团，捏成100个玲珑别致的小窝头。

天津小吃著名的有：天津煎饼果子、狗不理包子、嘎巴菜、虾籽豆腐脑、什锦烧饼、耳朵眼炸糕、桂发祥什锦麻花、王记剪子股麻花、芝兰斋糕干、陆记烫面炸糕、锤鸡汤面、白记水饺等。

河南小吃著名的有：大枣锅盔、凤球包子、鸡丝卷、八宝馒头、瓠包、白糖焦饼、粘面墩、绿豆糊涂、武陟油茶、豌豆馅、开封第一楼小龙包子、小焦杠油条、荆芥面托、鸡蛋布袋。

山东小吃著名的有：蛋酥炒面、金丝面、蓬莱小面、福山拉面、周村酥烧饼、糖酥煎饼、高汤小饺、煎包、余子面、开花馒头、武成喧饼、潍县杠子头火烧等。

（2）长江下游风味的苏式流派

在我国富裕的长江下游江苏、浙江一带地区，产生了以苏式面点小吃为主要代表的流派，它起源于扬州、苏州，发展于江苏、浙江、上海等地，以江苏为代表。

苏式著名点心、小吃有：猪油年糕、松子百果蜜糕、椒盐桃麻酥糕、淮安茶食徽、文楼汤包、淮饺、三丁包子、太湖船点、黄桥烧饼等。

浙江小吃著名品种有：虾爆鳝面、马蹄酥、宁波汤团、嘉兴五芳斋鲜肉粽子、吴山酥油饼、清明艾饺、豆腐圆子等。

上海著名小吃有：南翔小笼馒头、鸽蛋圆子、枣泥酥饼、面筋百页、小绍兴鸡粥、排骨年糕、糟田螺等。

（3）岭南风味的广式流派

广式面点小吃是珠江流域及南部沿海地区面食制作的总称。由于广州长期以来是我国南方政治、经济、文化的中心，客观上致使广州面点为其主要代表。

广东著名小吃和点心有：月饼、糕点、粥品、鸡仔饼、煎堆、粉果、肠果、云吞面、蚝油叉烧包、酥皮莲茸包、蟹黄灌汤饺、荷叶饭、冰肉千层酥、蜂巢香芋角、薄皮鲜虾饺、干蒸烧卖等。

此外，四川位于长江上游，物产丰富，素有"天府之国"称号，其点心、小吃用料广泛，制法多样，著名品种有：龙抄手、钟水饺、担担面、赖汤圆、蛋烘糕、芝麻圆子、小笼蒸牛肉、叶儿粑、灯影牛肉、夫妻肺片等。

6.2　名茶、名酒及名贵中药

学习情境

云南白药

1938年3月，中国军队取得了台儿庄战役的胜利。在中方军队的阵营里，一支来自云南的部队让人惊讶。他们头戴法式头盔，脚踏剪刀口布鞋，作战十分骁勇。他们身上还带有一小瓶白色的粉末。这些战士受了伤，不管伤势如何，只要还能动，就不打绷带，不做担架，只把这白色的粉末吃一点，外敷一点，又上阵拼杀。滇军将士们所用的白色粉末，究竟是什么神奇的东西呢？这就是被称作疗伤圣药的曲焕章万应百宝丹，后来人们又把它叫做云南白药。

问题研讨

1.你知道云南白药吗？

2.云南白药主要有何疗效？

3.中国有哪些著名的中草药？

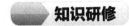

6.2.1 名茶

6.2.1.1 中国是茶叶的故乡

茶叶，自古以来就是我国的重要特产之一，又是世界三大饮料（即茶叶、咖啡、可可）之一，是以茶树新梢上的芽叶嫩梢（称鲜叶）为原料加工制成的饮品。

中国是茶叶的故乡，既是茶树的原产地，又是人类最早发现茶叶功效、利用茶叶、制作茶叶和栽培茶树的国家。中国第一部茶叶专著《茶经》在唐代问世，茶圣陆羽亲身实践，广泛调查，在《茶经》中记述了茶的起源、茶树品种、种植方法、茶叶产地、茶叶采摘和制作技术、烹饮方法以及同采制、烹饮有关的各种器具等。

茶树是经自然选择以及人工培育而成的。按照树株来分，有乔木、半乔木和灌木三种，起源于云贵高原的云南，逐步向东南移种。中国茶树的分布，北至黄河流域，南到海南岛，西至云南，东到我国台湾地区、舟山群岛。

> **知识之窗**
>
> 陆羽曾是湖北天门县一个被抛弃的孤儿，被当地龙盖寺的智积禅师收养，在寺院里艰苦长大，因不愿皈依佛门而曾经逃离寺院，在戏班子里谋生。他打小在寺中为师父煮茶，对茶叶有着浓厚的兴趣。中唐"安史之乱"时，陆羽南下遍历长江中下游和淮河流域各地，考察茶区，收集资料，最后定居于湖州青唐别业，深入研究，闭门写作，完成《茶经》初稿，到780年付梓。《茶经》共七千多字，对茶叶的起源、生产、加工、烹煮、品饮及一般饮茶习俗作了归纳，使茶学发展成一门专门的学问。陆羽被后世茶人恭称为"陆子"，他的理论体系被称为"陆学"，而茶商们则把陆羽奉为"茶神"。❶

6.2.1.2 茶叶的分类

茶叶的分类和命名有多种方法。按茶叶初加工后，毛茶汤色可分为绿茶、红茶、青茶、黑茶、黄茶、白茶6类。

（1）绿茶

绿叶绿汤。绿茶是最古老的茶叶品种。绿茶是不发酵茶，初制时采用高温杀青，以保持鲜叶原有的绿嫩。绿茶色泽光润，汤澄碧绿，清香芬芳，味爽鲜醇。绿茶产量大，品种多，其中，以西湖龙井茶、太湖碧螺春茶、黄山毛峰茶最为著名。

（2）红茶

红叶红汤。红茶始出现于清朝，用全发酵法制成。红茶香甜味醇，具有水果香气和醇厚的滋味，还具有耐泡的特点。红茶的产地、品质很多，多以产地命名，以安徽祁红、云南滇红尤为出众。

（3）青茶

汤色橙黄或金黄。青茶也称乌龙茶，于清朝出现，属半发酵茶。乌龙茶香气芬芳浓醇，

❶ 中华人民共和国国家旅游局.走遍中国：中国优秀导游词精选（民俗风情篇）.北京：中国旅游出版社，2000：131.

既有红茶的甜醇，又有绿茶的鲜浓香味。乌龙茶的主要产地集中在福建、广东、中国台湾一带，主要名品有福建的武夷岩茶（含"茶王"大红袍）、铁观音、广东的凤凰单丛、我国台湾地区的冻顶乌龙等。

（4）黑茶

汤色褐黄或褐红。黑茶香气纯，味不涩。黑茶制作的主要特点是有渥堆变色的过程，以充分进行非酶氧化，从而使较粗老的鲜叶原料经制作后具有该茶类特有的品质特征。名品有安化黑茶、普洱茶等。

（5）黄茶

黄叶黄汤。黄茶香气清悦，味厚爽口。黄茶加工中采用杀青、闷黄工艺。名品有君山银针等。

（6）白茶

汤色浅淡或初泡无色。白茶滋味鲜醇，毫香明显。制茶时不炒不揉，只经过自然萎凋、干燥过程。白茶色白如银，汤色浅淡、素雅。主要产于福建的政和、福鼎等地。名品有白毫银针、白牡丹等。

有将绿、红、黑茶以外的各种茶统称特种茶类，把压制成型的茶和经鲜花窨制的茶合称为再加工茶类。紧压茶，即以红茶、绿茶为原料，经过蒸压处理，加工成茶块，保留了古代的形态。具有茶叶浓、解油腻、醒酒、开胃、生津、解毒，质地坚硬，久藏不易变质等特点，深受西北、西南人民的喜欢。紧压茶主要以云南普洱茶、四川沱茶、广西仓梧六堡茶为代表。花茶出现于宋代，明代进一步发展，茶叶经过鲜花窨花后，具有芬芳的花香，尤受我国北方人民的喜爱。现在，窨制花茶主要用茉莉、玉兰、珠兰、柚子等鲜花。花茶以福州的茉莉花茶和苏州的茉莉花茶最为著名。

特别提示

掌握不同茶叶的制作方法、特点及代表名茶。

6.2.1.3　中国传统名茶

（1）西湖龙井

又名龙井茶，因产于杭州市西湖龙井村及其附近而得名，属于扁形炒青绿茶。西湖地区产茶历史久远，唐代陆羽的《茶经》已有记载，宋代以后，西湖地区所产的白云茶等已列为贡品。明代龙井茶已成茶中上品。清乾隆以前龙井茶还是一种先炒后烘的茶，后来逐渐发展成目前的全炒扁形龙井茶。龙井茶的产地在过去主要是狮子峰、龙井、五云山、虎跑、梅家坞等地，曾因产地和制茶方法略有差异而分为狮、龙、云、虎、梅5个品类，1965年后分为狮、龙、梅3个品类，统称为西湖龙井。其中，尤其以狮子峰所产为最佳，被誉为"龙井之巅"。每年春季分四次按档采摘，清明前采头茶，称"明前茶"，也称为"莲心"，极为名贵；谷雨前采二春茶，称"雨前茶"或"旗枪"；立夏之际采三茶，称"雀舌"；四春茶则在三茶后一个月采摘，称为"梗片"。龙井茶具有干茶扁平挺直，大小长短匀齐，色泽绿中透黄，茶香清高鲜爽，宛如茉莉清香、味甘而隽永，泡在玻璃杯中，清汤碧液，可见茶芽直立的特点，世人誉为"色绿、香郁、味甘、形美"四绝。若以当地虎跑泉水冲泡，香清味冽，号称杭州"双绝"。

（2）祁红

又称祁门红茶，属条形红茶，是祁门工夫红茶的简称。主要产于安徽省祁门县及附近的石台、东至、黟县等县。1875年黟县人余干臣从福建罢官回原籍经商，因羡红茶利多畅销，便仿效福建"闽红"的制法，在至德县（今东至县）尧渡街设立茶庄试制红茶，成功后扩大红茶经营，别人亦效仿之。于是很快祁红声誉超过闽红，1915年获巴拿马国际博览会金奖。祁红外形条索紧细秀长，金黄芽毫显露，锋苗秀丽，色泽乌润，汤色红艳透明，叶底鲜红明亮，香气芬芳，馥郁持久，似苹果与兰花香，国外誉为"祁门香"。在国际市场上与印度大吉岭、斯里兰卡乌伐齐名，并称为"世界三大高香名茶"。

（3）安溪铁观音

因树种而得名，原产于福建省安溪县，也称为安溪铁观音。疑是观音所赐，便取名铁观音。属卷曲形乌龙茶。创制于清朝雍正年间。目前，永春、南安、晋江、长安、同安、龙海等地也有生产。此种茶树最适合制乌龙茶，制红茶、绿茶均品质一般。其制法与武夷岩茶基本相同，区别仅为铁观音萎凋轻，摇青次数少，但每次摇青后间隔的时间长。铁观音具有外形条索壮结，呈螺旋形，身骨沉重；色泽砂绿翠润，红点明显；内质香气清高，持久馥郁，滋味醇厚甘鲜，有天然的兰花香，俗称"观音韵"。汤色金黄明亮，叶底肥厚软亮，边缘略向背面卷曲，耐冲耐泡，要冲泡两三次才能品出茶的香气、滋味来。饮时入口微苦，瞬即回甘，带有蜜味的特点。铁观音的泡饮方法较为特殊，概括为壶小、盏小、茶多、味浓。品茶时要细饮慢咽，才能尝出茶的真味，饮量虽不多，但能满口生香。

（4）君山银针

君山银针产于湖南省岳阳市洞庭湖中君山岛。此地早在唐代便已产茶。唐宋时以其形似鸟羽而被称为黄翎毛，清代以有白茸毛称为"白毛尖"，被纳为贡茶，深得乾隆皇帝的喜爱。1957年始定为君山银针。君山银针属针形黄茶，采制要求很高，多在清明节前三四天开采，采摘的鲜叶为春茶首摘的单一芽尖之苞蕊，经杀青、摊凉、初烘、初包、复烘、复包、干燥等工艺程序制成。该茶的特点是，芽头苗壮紧实，挺直不曲，长短大小匀齐，茸毛密盖，芽身金黄，被称为"金镶玉"。冲泡后汤色浅黄，叶底明亮，滋味甘醇，香气清雅。若以玻璃杯冲泡，可见芽尖冲上水面，悬空竖立，下沉时如雪花下坠，沉入杯底，壮似鲜笋出土，又如刀剑林立，观之使人赏心悦目，再冲泡再竖起，能够三起三落。

（5）白毫银针

白毫银针又名银针白毫，也简称银针或白毫。因色白如银，形状似针而得名。属芽形白茶。创制于清朝嘉庆（1796—1820年）初年。白毫银针主要产于福建省福鼎市和政和县。自1891年起，白毫银针已出口海外。白毫银针的加工方法较为简单，只有萎凋和烘焙两道工序，但是采摘要求极为严格，有"十不采"的规定，采下的茶芽要及时加工，不然会变质。其性寒，有解毒、退热、降火之功效，被视为治疗麻疹良药。

想一想

祁红为什么在国际市场上受欢迎？

6.2.2　名酒

6.2.2.1　概述

酒是用高粱、大麦、米、葡萄或其他水果等发酵制成的饮料。

中国是世界上最早的酿酒国家之一，早在新石器时代，人们就已开始酿酒，到了殷商时代，饮酒之风极盛，酿酒业也很发达。两汉时期，酒曲的种类增多，出现了块状的"饼曲"，晋代出现了在酒曲中加入草药的新的制曲法，南北朝人贾思勰写的《齐民要术》记录了9种酒曲的制作法、39种酒的酿造法和2种药酒的配制法。宋代出现了谷物蒸馏酒，即用蒸馏酒醅的方法取得酒液。宋代还出现了一本较全面地谈制曲、酿酒的专著——《北山酒经》，作者朱翼中，既懂医学，又开过酒坊，详细记述了制曲酿酒的方法。

6.2.2.2　分类

根据酿酒的方法分类，有蒸馏酒、酿造酒和配制酒。根据酒中酒精的含量分类，有高度酒（一般在40º以上）、中度酒（20º～40º之间）和低度酒（在20º以下）。根据商业习惯，酒可分为白酒、黄酒、果酒、啤酒和配制酒等。

（1）白酒

白酒，以各种谷物淀粉为原料，经过糖化发酵，用蒸馏法制成。一般酒精度在40º～65º之间。按香型，白酒可分为以下几种。

酱香型，又称茅香型。以贵州茅台酒为代表。酱香幽雅、回味长久。

清香型，又称汾香型。以山西汾酒为代表。清香、微甜。汾酒产于山西汾阳杏花村，始于南北朝时期。

浓香型，又称泸香型。以四川泸州老窖特曲、五粮液等为代表。浓香、醇厚、味甜。此型酒工艺严格、用窖池发酵。

米香型的代表是广西桂林三花酒和广东的长乐烧，用大米酿造，有浓厚的米香。

特别提示

> 掌握白酒的香型、特点及代表性名酒。

（2）黄酒

黄酒，是中国最古老的饮料酒种，也是中国特有的酿造酒。酒精含量一般在10º～20º之间。黄酒多以糯米为原料，蒸熟后加入专门的酒曲和酒药，经糖化、发酵后，压榨去渣、高温杀菌，陈酿一段时间再饮用。黄酒颜色黄亮，香气浓郁，富含营养，能促进新陈代谢，是营养价值很高的低度饮料。黄酒主要产于中国长江下游一带，最著名的黄酒有浙江绍兴老酒和福建龙岩沉缸酒。

想一想

黄酒为什么老少皆宜？

（3）果酒

果酒是以水果与浆果为原料酿造的饮料酒，以葡萄酒为主。

我国用葡萄酿酒的历史悠久，汉代西域地区就以酿葡萄酒驰名。唐代葡萄酒的酿造达到了高峰，饮葡萄酒之风非常兴盛。中国最早最大的近代葡萄酒酿造厂是1892年华侨张弼士创建的山东烟台张裕葡萄酒厂。该厂生产的红葡萄酒、味美思、雷司令和金奖白兰地，在1915年美国旧金山举行的巴拿马国际博览会上一举拿到4块金质奖章。

葡萄酒在酿造中如去掉果皮，只取果汁发酵，成品为白葡萄酒，如山东青岛白葡萄酒；如果皮、果汁同时发酵，成品为红葡萄酒，如山东烟台红葡萄酒；如果在葡萄酒中加一些香料、药物，就叫加香葡萄酒，如烟台味美思；葡萄酒中如含充足的二氧化碳，叫加气葡萄酒，如青岛产的大香槟；蒸馏葡萄酒得到的酒液，放入橡木桶中存放一定的时日，成品就是白兰地。早在唐代我国西北地区就已有了用葡萄酒蒸制的葡萄烧酒。

（4）啤酒

啤酒是近代才从欧洲传入的。1900年，在哈尔滨出现第一个啤酒厂，是俄国人开办的。1903年德英联合在青岛建啤酒公司。1915年中国人自己在北京办起第一家啤酒厂——双合盛五星啤酒汽水厂。啤酒是一种低度酒，含有丰富的营养。啤酒，也叫"麦酒"，是用大麦芽及啤酒花为主要原料，经酵母发酵而制成的一种含二氧化碳的低度酒精饮料。我国名牌啤酒有山东青岛啤酒、北京特制啤酒、上海特制啤酒。

此外，还有配制酒。配制酒是以白酒、葡萄酒或黄酒为酒基，再配合中药材、芳香原料和糖料等制成。其中，用中药材配制的酒称为药酒，如竹叶青等。我国配制酒的名酒有山西竹叶青、湖北园林青等。

6.2.2.3　中国传统名酒

（1）绍兴酒

绍兴酒产于浙江省绍兴市的浙江省绍兴酿酒总厂。因该地为春秋时代的越国都城，亦名越酒；又因其历史悠久，具有愈陈愈香的特点，讲究古老，故别称绍兴老酒；历史上还称为山阴甜酒。

本品酿造历史悠久，为我国亦是世界上最古老的饮料酒——黄酒中的最名贵者，春秋时期已达到较高水平，史料记载颇多。本品以糯米为原料，使用鉴湖的水，采用摊饭法或酒醅法酿造而成。黄酒酒色黄而莹澈，香气浓而沉郁，味道醇而不漓，色、香、味三者俱臻上乘。由于酿酒工艺和所加的辅料不同，品种甚多，风格各异。黄酒主要品种有加饭酒、元红酒、善酿酒和花雕酒等。

（2）贵州茅台酒

贵州茅台酒产于贵州省仁怀市茅台镇。茅台镇产名酒，与其独特的自然条件，赤水河水和优良的高粱做原料密不可分。茅台镇酿酒已经有千年以上的历史了。茅台酒以高粱为原料，用小麦制成高温曲，经八次发酵，七次流酒，分别入库贮存和精心勾兑而成。其独特之处在于用曲量超过原料量，酒度数53°～55°，酒液色泽晶莹透明，口感醇厚柔和，无烈性刺激感，入口酱香馥郁，回味悠长，饮后余香绵绵，持久不散，为高度酱香型大曲白酒的典型。1916年被巴拿马博览会评为世界第二名酒。中华人民共和国成立后，在历届评酒中均获国家名酒称号，为国内国际市场上的"酒中明珠"，素有"国酒"之誉。

6.2.3　名贵中药

6.2.3.1　概述

（1）概念

中药指中医用以治病防病和保健养生的药物，在中国古籍中通称"本草"。其实中药范围广泛，包括植物、动物、矿物和一些化学品。目前，各种中药达8000多种，各地使用的中药已达5000多种，常用中药亦有600种左右。

（2）著名的药材之乡与四大药都

中药材产地遍及全国各地，但是，具体到某种药材则又有相对集中的主要产区和全国中药材重点集散地。

人参之乡：吉林省抚松县；

枸杞之乡：宁夏中宁县；

当归之乡：甘肃省岷县；

党参之乡：甘肃省渭源县；

三七之乡：云南省文山县；

甘草之乡：宁夏盐池县；

阿胶之乡：山东省东阿县等；

四大药都为：河北省安国市、安徽亳州市、江西省樟树镇、河南省百泉。

（3）老字号中药店和中药博物馆

①同仁堂

坐落在北京闹市大栅栏，是一家有300多年历史的药材老店。创始人是乐尊育，浙江绍兴人。明末来京行医，清初创办同仁堂。同仁堂的创办宗旨是：制药一丝不苟，卖药货真价实。自然赢得了顾客的信任。新中国成立后，同仁堂保持和发掘了传统的工艺特点，药品质量不断提高，所以同仁堂的盛名始终不衰。

②胡庆余堂

胡庆余堂在浙江省杭州市吴山脚大井巷，创始人是胡雪岩，于同治年间创办。胡庆堂药店，以宋代皇家药典为本，选用历代验方，研制成药，负有盛名，至今仍为国内外人民所喜爱。胡庆余堂现已辟为中药博物馆，是目前国内仅有的，能够较全面反映中医中药发展历史的一个专业性博物馆。

想一想

同仁堂与胡庆余堂为什么长盛不衰？

6.2.3.2　名贵中药材

中药材是指经加工炮制可直接供药房配剂及药厂制剂使用的半成品药。

（1）人参

人参又称棒槌、神草等，为五加科植物人参的干燥根，因似人形而得名。始见于《神农本草经》，其药用历史已有2000多年，栽培历史也有400多年。人身具有大补元气、固脱生津、安神之功效。主治虚脱、虚喘、崩漏失血、惊悸，以及一切元气虚弱、气虚津少等症。主要产于东北三省，以吉林抚松、集安产量大，质量好。

（2）三七

三七又名田七、田三七、参三七，俗称"金不换"，为五加科植物人参三七的干燥根。因每株长叶七朵、顶端开黄花三朵而得名。三七始见于《本草纲目》。三七具有散瘀止血、消肿定痛之功效，用于治疗吐血、便血、血崩，以及闭经腹痛、跌打损伤、淤血、肿痛等症。主要产于云南、广西两省区。

（3）冬虫夏草

冬虫夏草又名虫草，为麦角菌科冬虫夏草菌的子座及其寄主蝙蝠蛾科昆虫虫草幼虫尸体的复合体。该药具有补虚损、益精气、止咳化痰之功效，治虚劳咳嗽、痰血气短、腰痛膝酸等症。主要产于青海、四川、西藏、云南等省，青海省为全国主要产区。

（4）鹿茸

鹿茸为鹿科动物中梅花鹿或马鹿等雄鹿尚未骨化而密生茸毛幼角的干燥品。该药具有壮元阳、益精血、强筋骨之功效。主治阳痿、遗精、筋骨无力、头晕耳聋等症。梅花鹿主要产于吉林、辽东，全国大部分省区亦产；马鹿主要产于黑龙江、吉林、青海、新疆、四川等地。

（5）阿胶

阿胶又名驴皮胶，它为马科动物驴的皮去毛后熬制而成的胶块。始见于《神农本草经》。因产山东省平阴东阿镇而得名。该药具有滋阴养血、补肺润燥、止血安胎之功效。主治虚劳咳嗽、吐血、崩漏等症。阿胶原产山东省平阴县东阿镇，其他许多省如山西、河南、安徽、辽宁等也有生产。

> **特别提示**
>
> 掌握中国名贵中药材的主要产地及功效。

6.2.3.3　中成药

中成药是指经精加工可直接使用的成品药，分为丹、丸、膏、散、片、液等。

（1）山西定坤丹

定坤丹为山西中药厂生产，因其可使妇女坤宫得以安定而得名，已有240余年生产历史，为宫廷御药，后处方落入太谷县广盛药店（今山西中药厂前身），后来由此药店生产出售。该药由人参、鹿茸、当归、红花、三七等29味药材组成，具调经活血、平肝益肾、理气健脾、补血止血、镇痛强壮之功效。

（2）大活络丹

大活络丹，原名神效活络丹，因使用大量祛风活络、舒气活血止痛的药材而得名。处方源于明代，载于1764年清代徐大椿著《兰台轨范》一书，清太医院修治后定为宫廷秘方，由御药房同仁堂代制。该药由人参、白术、当归、白芍等多味药材组成，具有舒筋活络、祛风除湿之功效，主治外受风寒湿邪、经络受阻引起的肢体肩背疼痛、手足麻木、筋脉拘挛、中风瘫痪、半身不遂、腰酸腿软、步行艰难、颈项强痛、顽痰壅塞、口眼歪斜、言语不清等症。

（3）漳州片仔癀

漳州片仔癀，原名八宝丹片仔癀，因其解毒消炎的疗效特异，往往一片即能退癀（即消炎、消肿止痛之意），故而得名。该药在福建漳州制药厂生产。该药由麝香、牛黄、田七、蛇胆等名贵药材制成，具有清热解毒、消炎消肿、止痛等功效。

（4）安宫牛黄丸

因以牛黄为主药，具有开窍镇惊安宫（心包）作用，故名安宫牛黄丸。该药处方源于明代万氏牛黄清心丸加味而来，载于清嘉庆三年（1798年）名医吴鞠通著《温病条辨》一书。

该药由牛黄、麝香、黄连、珍珠、郁金等十余味药材组成，具有解热、解毒、镇惊、避秽除痰开窍之功效。

（5）山西龟龄集

因服用该药可延年益寿，故名龟龄集。该药由人参、鹿茸、海马、雀脑、枸杞等28味珍贵药材组成，具强身健脑、固肾补气、增进食欲之功效。主治肾亏阳弱、健忘失眠、阳痿早泄、气虚血亏等症。山西中药厂生产。

知识之窗

云南白药原名曲焕章白药或万应百宝丹，由云南民间医生曲焕章配制。该药以三七等为原料，具有活血、止血、止痛之功效。主治各种跌打损伤、红肿疮毒、妇科血症、咽喉肿痛和慢性胃痛等症。云南白药厂生产。

6.3　中国的文房四宝

学习情境

端砚

笔、墨、纸、砚素称"文房四宝"，是中国书写和绘画不可缺少的工具和材料。其中，笔、墨、砚为书绘工具，纸为书绘材料，是中国历史文化传播不可或缺的媒介。

端砚产于广东省肇庆市，因唐代在肇庆设端州，所以称端砚。端砚取材于一种沉积岩，开采于唐武德年间，宋代已为世所重。端石贵有石眼，它是天然生成在砚石上的石核形状的眼，人们利用石眼花纹雕刻的砚台尤为名贵。有"端石一斤，价值千金"之说。端石石质细腻嫩爽、墨汁细稠不易干涸、发墨而不损毫的特点，端砚、歙砚、洮砚与澄泥砚并称为我国四大名砚，端砚居四大名砚之首。

问题研讨

1.你了解中国的文房四宝吗？

2.你了解端砚名称的来历？

3.端砚有何特点？

知识研修

6.3.1　笔

笔在文房四宝中起源最早。我国新石器时代彩陶上的花纹，从纹路来看，是用笔一类的工具绘制的。商代的陶器上，有用笔书写的痕迹，还有一些卜骨上残留着朱书或墨书的未经契刻的文字，是用笔书写的。

迄今发现的年代最早的实物是1957年在河南信阳战国早期楚墓出土的一支毛笔，杆为竹质，笔豪用绳系在杆上，笔头仍套在竹管内。1954年长沙市左家山一座战国墓里的一支笔，笔杆为竹制、实心，笔豪用上好的兔箭毛制成。其做法是将笔杆的一端劈成数片，笔毛夹入，用丝线缠紧，再涂一层漆。

秦朝的笔已有所改进，笔杆的一端镂空，纳入笔毛，套笔的竹管中部两侧镂孔，便于取笔。相传"蒙恬始作秦笔"，被尊为制笔祖师。他被秦始皇封于管城，累拜中书，所以毛笔又有"管城子"、"中书君"等称呼。蒙恬用鹿毛和羊毛两种不同硬度的毛制成豪，刚柔相济，宜于书写。这可以说是最早的"兼豪"。在居延地区出土的西汉末年的毛笔，笔豪为墨染黑，锋呈白色。笔杆为木制，半截劈为六片，笔豪夹在中间，缠麻两道，髹漆。汉代的笔与秦代的差别不大，但笔杆较长，都不少于20厘米，笔尾都削尖。汉代的笔已经比较考究，豪以兔毛为上。

唐代的笔选材和制作都更精良，唐笔的毛颖硬而短，几乎成三角形。宋代笔锋软而长。唐宋的安徽宣城还出现了制笔的专业户，如诸葛氏就世代以制笔为业，苏东坡得到两支诸葛笔，"终试不败"。宣州的兔豪特别劲健，所制毫笔极便使转。南宋时，江南制笔业崛起，江浙多制名笔。湖州（浙江吴兴善琏镇）笔，采用嘉兴路山羊毛制成羊豪笔，用山羊毛与兔豪或鸡、狼豪配制成兼豪笔，自元代以后取代了宣笔的地位。据《湖州府志》："凡笔之佳者，以尖、齐、圆、健四字全备为上。"浙江吴兴善琏镇有"湖笔之乡"的美誉。

元朝以后，笔豪以山羊毛为主。长期以来，人们试用过各种毛来制笔，笔杆也颇讲究，但无助于功用，纯粹为一种艺术品。

特别提示

掌握湖州笔的产地及特点。

6.3.2 墨

墨为书画所用的黑色颜料，用松烟等原料制成。从新石器时代至秦以前主要使用天然墨，秦及秦以后人造墨和天然墨并用。东汉时期，扶风（今凤翔）、延州（今延安）等地均产墨，以隃麋（今千阳）墨最佳，此地有大片松林，人们烧烟制墨。所以"隃麋"成了墨的别称。三国时，墨以漆烟松烟掺和而成，由于松烟易得，所以制墨的主要原料还是松烟。魏地韦诞因制墨著名，被尊为制墨祖师。

唐代制墨业进一步发展，一些书画家也亲自制墨，且成为高手，制墨名工更是辈出。易水墨工奚超携子奚廷珪来到歙州，那里有茂密的松林，他们总结了北方制墨的经验，改进捣松、和胶、配料等技术，制出了"丰肌腻理，光泽如漆"的好墨。奚氏墨深得南唐后主李煜赏识，赐国姓李。

宋代制墨业更加兴旺，制墨名家就达60多人。例如，黔州的张遇，用油烟入脑麝、金箔，制成"龙香剂"墨，歙州的潘谷，所制"松丸"、"狻猊"、"九子墨"等墨，被称为"墨中神品"。

宋宣和二年（1121年）歙州改称徽州，"徽墨"之名随之出现，因此这一年就是徽墨定名之年。元代制墨业也有一定的发展，但元墨多为仿古墨。

明清两代，墨的数量又有发展。明代徽墨制造形成了以歙州地区为中心的"歙派"和以休宁地区为中心的"休派"两大派系。前者以罗小华为代表，后者以汪中山、邵格之为创始人。明清所制墨，除了市场商品墨以外，不少主要是供赏玩的。文人制墨成为风气。例如，明代画家丁云鹏，为名墨工画墨模，著有《方氏墨谱》《程方墨苑》，他制作的"松澜云春"墨也很有名。自清代初年开始，曹素功、汪近圣、汪节庵、胡开文先后崛起，形成了清代墨界的四大家。清代曹素功所制的名墨"紫玉光"，各墨的面上是高高低低、大大小小的山峰，合起来就是黄山36峰的全图。他的"天琛"是仿古义墨；"天瑞"则是草圣、酒仙、侠客、高僧、美人、画师等10位人物的画像。胡开文所制的墨分两类：一类为零锭墨，另一类为"集锦墨"，后者长期列为贡品。清代墨界，嘉庆以上，前三家颇有声色，道光以下，相继衰落，唯胡开文一家，一展身手，独领墨艺风骚。清代徽墨驰名天下，有色泽黑润、经久不褪、舐笔不胶，入纸不晕、香味浓郁、宜书宜画等特色，素有"落纸如漆，万载存真"之誉。

特别提示

掌握徽墨的产地及特点。

6.3.3　纸

纸是书写和传递信息的材料，我国最早的纸出现在西汉时期。考古工作者在新疆罗布淖尔、西安灞桥、甘肃金关、陕西扶风都发现了纸片，原料为麻类纤维，工艺还不成熟，纸质粗糙。到西汉末东汉初，纸开始用于书写。东汉中期，中常侍蔡伦组织了一些能工巧匠，总结了民间造纸经验，用树皮、麻头、破布、旧渔网之类做原料，抄造出一种质量较高的皮纸，得到皇帝的赞赏，并下令在全国推广。因蔡伦被封为龙亭侯，故谓之曰蔡侯纸。东莱郡人（山东）左伯进一步改良了制纸工艺，制作出的纸，世称"左伯纸"，纸面平滑，洁白生辉。汉代造纸大概经过这样的工艺，即分离，将原料浸沤或蒸煮，制成纸浆；捶捣，使纸浆纤维"起毛"、"分叉"；抄造，即将调好的浆液摊在纸模或簾席上，漏水后成为薄片；干燥，即把薄片晒干或晾干，成为纸张。

晋代，纸已被广泛利用。唐宋时代，我国造纸业出现了新的高峰。造纸业由官办、名士承办转移到民办，许多农村家庭就地取材造纸，全国逐渐形成了几个造纸中心：长安，以用大麻做原料的白呈文纸最著名；益州，用楮皮抄造，楮皮纤维细长，韧性好，便于再加工；宣州，宣纸后来发展成为全国最好的纸；杭州，包括余杭的藤皮纸、富阳的桑树皮纸、绍兴的竹纸。

唐宋以来，雕版印刷和活字印刷术的发明和使用，促进了造纸业的发达和工艺的提高。

根据印刷与书画的不同需要抄造出了不同的纸，如硬黄纸，用黄柏对麻纸或楮纸染色，再涂黄蜡加工成的纸，可防蛀抗水。敦煌藏经洞一部分佛经便是用硬黄纸抄写的，至今完好。金花纸，将金碾成薄片，再砸成粉末，洒在涂有胶料或颜色的纸上。此纸最富装饰效果，华丽而庄严。

毛边纸和连四纸最宜于大量印刷。毛边纸以竹为原料，色微黄，光泽柔和。原产福建，后来江西也大量生产。相传造纸作坊不满于常熟汲古阁的收购价格，送去的纸不切边，故称毛边纸。连四纸是一种色白的纸，原产福建。连老四生产的纸洁白而又薄又匀，因此闻名遐迩。

宣纸产于安徽南部，始于唐代。它的原料是青檀皮。清代才掺和稻草，改变了用料比例。宣纸纸质柔韧，洁白平滑，细腻匀整，不起皱，不掉毛，不怕舒卷，便于收藏，为书画最理想的用纸，因此有"纸寿千年"之说。宣纸分生熟两种。生宣渍水渗化，做写意画最好。熟宣经过胶矾浸染，不渗化，宜于工笔，细描细写。

想一想

宣纸为何长盛不衰？

6.3.4　砚

砚即磨墨器，是我国特有的文书工具。早在新石器时代的仰韶文化遗址中，就出现了磨颜料用的石砚和石磨棒。商代有玉制调色盘，西周墓中出土了方形调色石板。它们与汉代的砚十分接近。战国时出现了石砚和砚石。汉代的砚多圆形，三足，上有古朴、浑厚的雕刻花纹。汉代还出现了陶砚。魏晋出现了青瓷砚、铜铁砚、漆砚等。瓷砚以圆形为主，也有方形四足砚。

隋唐时期，砚形多样化，有圆形、三角形、龟形、履形、箕形等。流行的是箕形砚，带一足或两足。唐代砚台仍以陶质为主。中期以后石砚开始流行，出现了端砚（端州，今广东肇庆）、歙砚（歙州，今江西婺源）、红丝石砚（青州，今山东益都）。广州出土的端砚，呈紫色，石质细腻；合肥出土的歙砚，青碧色，石质莹润。

宋代以石砚为主，端砚、歙砚、红丝砚、洮河砚被视为四大名砚。甘肃的洮河砚为宋代开采，色泽如碧玉；红丝石如刷丝蒙石面，惹人爱怜。宋代砚形也较前代增多，主要有抄手砚、椭圆形的高台砚、长方形的平台砚等。宋砚开始重视装饰图案，如在高台的周围雕制人物故事等。

明清两代，砚刻艺术达到了高峰。砚式无定型，各具匠心。全国以端砚、歙砚、洮河砚、澄泥砚为四大名砚。端砚，开采于唐，宋代已为世所重。端石以紫色为主，名贵的石品有青花、鱼脑冻、蕉叶白、苏青、冰纹等。端石块大的不多，故多随形雕刻，追求气韵。歙砚，砚石主要产自婺源龙尾山，又称龙尾砚。以青色为主，名贵的石品有金星、金晕、银星、眉子、罗纹等。歙砚以浮雕浅刻为主，精细工整。洮河砚，产自甘肃洮河。色泽如碧玉。砚常设盖，纹饰刻盖上。澄泥砚，多产于北方，山东柘沟河、河南虢州、河北滹沱河一带都产。作砚的泥淘去杂质，制成各样砚形坯，加上纹饰入窑焙烧而成。山西绛县的澄泥砚最著名。其中，端砚有石质细腻嫩爽，墨汁细稠不易干涸，发墨而不损毫的特点，居四大名砚之首。

明清时期，文人好砚并题写砚铭。一些文人还亲自刻砚，出现了许多刻砚名家，他们的精雕细刻，使砚成了极为珍贵的艺术品。

知识之窗

北京故宫养心殿的西暖阁有一小间建筑就是著名的"三希堂"。三希堂珍藏了三幅传世墨宝：王羲之的《快雪时晴帖》、王献之的《中秋帖》、王珣的《伯远帖》。乾隆对这三幅法帖爱不释手，不时揣摩，因名之为"三希堂"。乾隆皇帝对"三希"还有个解释，叫"士希贤，贤希圣，圣希天"，有臣贤、君明、政通人和的意思。

6.4　中国的花木盆景

学习情境

国花评选

人类在利用、改造自然，创造文化的过程中，为改善生活环境和居住条件，采取了绿化措施，栽种绿色植物，包括树木、花卉和草皮。在长期绿化过程中，人工培育出了各种观赏性的花木盆景。市花市树的评选则是从大量绿化和观赏花木中产生出来的地域标志。根据1994年全国人大八届二次会议"关于尽快评定我国国画的建议"议案，1994年9月2日中国花协在人民大会堂召开新闻发布会，宣布在全国开展评选国花活动，全国国花评选领导小组一致同意牡丹为我国国花，兰花、荷花、菊花、梅花为中国四季名花。1987年5月，上海文化出版社、上海园林学会、《园林》杂志编辑部、上海电视台"生活之友"栏目联合主办"中国传统十大名花评选"活动，评选出中国传统十大名花是菊花、山茶、梅花、月季、牡丹、兰花、荷花、杜鹃、桂花和水仙。

问题研讨

1.你了解中国古代花卉栽培情况吗？

2.你知道中国有哪些传统名花吗？

3.你知道你所在城市的市花吗？

6.4.1　花卉树木

6.4.1.1　古代名花

中国是世界花卉栽培发源地之一，在新石器时代的遗址中，已发现了花卉。春秋战国时期，我国已经出现了关于花卉的文字记载。《诗经》、《离骚》中皆提到很多花卉的名称。唐代是我国花卉栽培、观赏的兴盛时期，栽花赏花成为人们生活中的一种乐趣，并出现了花市。宋代出现了《梅谱》、《兰谱》、《菊谱》、《牡丹谱》、《芍药谱》等关于花卉的专门著作，同时还产生了不少传诵不衰的咏花诗词。花市的规模比唐代要大得多。明清时代，花卉与人们的生活联系更加密切，出现许多有关花卉栽培的著作，如明代的文震亨的《长物志》、屠隆的《考槃余事》等。我国第一部比较完备的花卉园艺专著，是清代陈娱子的《花镜》，该书记录了人们生活中供玩赏的花卉和园林中常见花卉的栽培情况，纠正了前人书中的某些错误，发展了花卉栽培的理论。

中华大地奇花异草，争奇斗艳。名花梅、菊、兰、荷、牡丹、芍药、山茶、杜鹃、腊梅、桂花、月季、报春等，都是从我国传向世界各地的。其中，牡丹被誉为"花中之王"，梅、兰、竹、菊被称为"四君子"，梅、兰、竹谓之"岁寒三友"，一直是古代文人吟诗言志的吟涌对象。杜鹃、迎春和龙胆被誉为中国的高山三大名花。

梅花，是我国的传统名花。梅原产中国，分布在长江以南各地。春秋战国时期就盛行爱梅之风。梅花傲雪怒放，历来被用来象征人们的刚强意志和崇高品格。梅花繁衍至今，已有200多个品种。赏梅胜地也很多，有杭州孤山、广东的罗浮山、武昌的梅岭、苏州的邓尉、无锡的梅园等。

我国是兰花的故乡。兰花性喜温湿，原生长在山涧林边，芳香淡雅，风姿飘逸，既无娇揉造作之态，更无趋势求媚之势，故被我国历代文人列为四君子之一。我国野生兰花丰富，栽培历史悠久，品种很多，约有一二千种。浙江、福建、我国台湾地区、广东、四川、云南都盛产兰花。一年四季都有不同品种的兰花开放。

菊花，是我国传统的名花。原产于我国，后传入日本。1789年被德国商人带往欧洲，成为世界名花。现已有3000多个品种。菊花是中华民族崇高节操的象征。菊花颜色繁多，有白、黄、红、紫等。菊花不仅是一种观赏花卉，还可以供食用和药用。

芍药，为我国最古老的花卉之一，远在周代，男女交往中，就以芍药相赠，作为结情之约。花色浓艳，颇似牡丹，两者同属毛莨科植物，但芍药是草本。花色有红、白、浅红、黄等，以黄色为贵。扬州芍药最有名。现在芍药品种有近200个。芍药分观赏与药用两大类。药用芍药可切片加工成"白芍"和"赤芍"。

牡丹，花朵硕大，香气宜人，历来被人们视为富贵吉祥、繁荣幸福的象征。牡丹属毛莨科木本植物，根皮可以入药，原来野生时为单瓣花，后来在人工栽培下，才发展成雍容华贵的"千叶牡丹"。洛阳、菏泽牡丹，天下闻名。

特别提示

掌握我国传统名花的名称、产地及特点。

6.4.1.2 古树

中国是一个古树木参天的国家。有黄陵古柏，泰山五大夫松，潭柘寺辽代银杏，山西洪洞县的老槐树等。黄山的迎客松，已成了中国人民热情好客的象征。松柏常青成了中国传统的赞美和祝福，象征着中华民族坚贞不屈的高尚性格和情操。

6.4.1.3 市花、市树

中华民族是一个爱美爱花的民族，很多城市在历史上就与某种美丽的乡土花朵和树木结下了不解之缘。在社会主义物质文明和精神文明建设中已经有上百个城市选定了自己的市花（108种）、市树（21种）。北京市人民代表大会审议通过北京市的市花是菊花和月季，市树是国槐和侧柏。菊花的傲霜凌寒不凋代表了北京人的性格，月季易于繁殖推广，绿化效果好，是友谊和繁荣的象征。目前，选月季为市花的有19个城市，以山茶为市花的有9个城市，以杜鹃花为市花的有8个城市，以玫瑰花、桂花、石榴花为市花的各有6个城市，以紫薇为市花的有5个城市，以菊花为市花的有4个城市。

知识之窗

北京的市花是月季和菊花。这两种花都能适应北京地区的气候条件和自然环境能在城乡广大地区生长，有耐寒、抗旱的特点，花形美观、花期长，盛花期还可以相互衬托，深受广大市民的喜爱。北京的市树是国槐和侧柏。国槐又名紫槐、白槐，是长寿树种之一，端庄稳重、古朴典雅、苍劲浓绿、生命力强。侧柏又名扁柏，具有很强的适应性，耐寒耐旱，常年翠绿。

6.4.2　盆景

6.4.2.1　缩龙成寸的室内艺术

盆景是用木本植物、草本植物或水、石等，经过艺术加工，种植或布置在盆中，使自然景物成为缩影的一种陈设品。盆景从取材方面，可分为植物盆景和山水盆景两大类。植物盆景的材料主要取自可栽于盆缸中的植物，其中，以树桩为多。山水盆景则以石料为主，兼以竹、草、木等综合构成。

6.4.2.2　盆景的发展历史

盆景是在盆栽的基础上发展起来的。我国盆栽的出现可追溯到新石器时代。从出土文物来看，唐朝出现了经过艺术加工的盆景，唐代文人也喜爱盆景，例如，王维、白居易皆以赏玩盆景为快事。唐代还出现了"盆山"，即将具有山形的山石的底磨平，放入水盆，从中领略山水之美。宋代盆景艺术得到发展，盆景所用的植物品种有了增多，树的形态也趋向多样化，盆景布局方法亦不拘一格。骚人墨客也很喜欢盆景，留下了不少咏叹盆景的诗作。例如，杜绾的《云林石谱》，记载了近120种石品；赵希鹄的《洞天清录》，介绍了水石盆景的制作方法。元代，盆景制作已有较高水平，艺术风格与今天大致相同。明清时代，盆景与绘画艺术的结合更加紧密，盆景制作常以名画为范本。这一时期形成了各具地方色彩和独特风格的流派。

新中国成立后，盆景艺术得到了继承和发展。盆景制作技术不断提高，盆景艺术也更加完美。

我国的盆景技术在历史上曾对一些国家的园艺界产生过影响。盆景制造早在宋元时期就已传入日本，新中国成立后，曾先后在德国、加拿大、荷兰、丹麦、意大利等国家展出，颇受当地人民的欢迎和好评，被誉为"无声的诗、立体的画、有生命的艺雕"。

想一想

盆景艺术在生活中有何作用？

6.4.2.3　盆景的类型和流派

（1）类型

树木盆景：其又称树桩盆景，以树木为主体材料，经造型取景而成。树姿力求古朴、秀雅、苍劲、奇特，色彩要丰富，风韵要清秀，是树木盆景造型艺术的基本要求和技巧，不同于一般的"盆栽"。

山水盆景：以各种山石为主要材料，经精细选择和加工造型，模仿真山真水的天然景色，装饰于咫尺盆中，展现悬崖绝壁、险峰幽岫、翠峦碧洞等山水风光，犹如立体的山水画。

水旱盆景：介于树桩盆景与山水盆景二者之间的另一类盆景形式，即以树木、山石、人物、水土为材料，采取山石隔开水土的方法，配置成的一种风致盆景。在盆中既有旱地树木，又有山石、水面的景观。

特别提示

掌握盆景的三大类型及特点。

（2）流派

因地理气候条件、植物资源、山石种类、风物人情和文化熏陶的差异，又经各地历代盆景艺术家的精心培育和不断创新，逐步形成了很多风格各异的流派。盆景流派的起源和发展是先南后北，由南到北，南多于北。

① 江南盆景

江南盆景是盆景的三大流派之一，以松、柏、榆、杨为主要材料，分上海、苏南、苏北、浙江、皖南等支派，苏南盆景以苏州为代表，苏北盆景以扬州为代表。

苏派：以苏州地区为中心，以树桩盆景为主，制作精细，在布局构思和气韵意境上，体现出"大胆落墨，小心收拾"的中国画理，并具有苍老、古雅特色，尤以雀梅、榉、榆、石榴、黄杨、梅花、米叶冬青为最。此外，苏派盆景受苏州古典园林的影响较深，有"浓缩了的苏州园林"之称。

扬派：集中在苏北扬州、泰州、如皋、南通一带。受清初画家石涛和"扬州八怪"的绘画影响较大，是我国树桩盆景的主要流派。其取材多为观叶类的松、柏、榆、瓜子黄杨等，自幼栽培，其制作以人工剪扎为主，造型层次分明，颇似中国画的工笔细描。

浙江派：继承宋明以来的地区特性，并吸收浙江画派的传统写意法进行造型，着重表现内涵的意志和个性。树桩盆景以扎剪结合，崇尚自然。山水盆景在表现手法上追求深邃、静远之感，或呈现九曲回环、烟云飘逸之态，或展示清泉垂泻之景。

徽派：集中于皖南歙县卖花渔村（今歙县雄村与洪岭村）。此地盆景制作始于1000年前，主要树种有梅、桃、松柏、翠柏、罗汉松、黄山松、桂花、紫薇、天竹等。其特点是苍劲、奇特。

② 岭南盆景

岭南盆景是盆景三大流派之一，是广东、广西、福建等地盆景的总称。岭南盆景为全国盆景之新秀，多用福建茶树、岭梅等为材料，其特点或苍古遒劲、豪迈雄奇，或轻盈潇洒、文静飘逸，显示出岭南山雄水秀、佳木葱茏之特色。

岭南派以广州为中心。根据岭南画派的"起伏收尾"、"一波三折"的画理采取"蓄枝截干"的方法，造型飘逸，豪放，挺拔自然。其最大特点是落叶后任意剪取任何一个枝条，皆能独立成景。其常用树种有雀梅、九里香、福建茶、榆、六月雪和竹类。

福建派：福建早在宋元已开始制作盆景。具有地方特色的是榕树盆景和小叶黄杨盆景。福建榕树有小榕、白榕、红榕、竹叶榕等，以叶小、主干古朴、块根悬露、树态奇特为上品。小叶黄杨则主干古朴，树皮龟裂，挺拔如古木参天，树叶扶疏，叶小如珍珠，千姿百态，野趣天然。

广西派：其技法受岭南派的影响，但颇具民族特性和地方风格。其树桩盆景以老桩头为主景，风格上讲究古、老、劲、秀，选用树种有九里香、雀尾、榕树、满天星、大杜鹃、黄杨、榆树、朴树、福建茶、山桔等。还有一种钟乳石制作的盆景，色彩明艳，独具一格。

③ 四川盆景

四川盆景为盆景三大流派之一。川派以成都为中心，有树桩盆景和山水盆景。

树桩盆景以自然形态取胜，以地方树种为材料，以丰富多彩的传统蟠扎技艺见长，具有鲜明的地方色彩。树桩盆景盘根错节，悬根露爪，古雅奇美，常用树种有罗汉松、松柏、地柏、银杏、黄桷树、六月雪、梅、腊梅、杜鹃、金弹子等。其中，金弹子是川派盆景的特有树种。

山水盆景幽秀险雄，山石布置、树木安排，常以高远、深远为主，其中，竹石盆景别具一格。山水盆景多以瘦、漏、奇、皱之石为之，不用人物、桥亭等点缀物，仅以竹树水配合，咫尺之内能瞻巴山千奇、蜀水万里。

------------------------- **本章内容举要** -------------------------

1.我国的烹饪历史源远流长。中国烹饪的特点从大的方面来讲是优选原料，精细加工，讲究火候，讲求风味，合理膳食。具体到每道菜肴，则讲究色、香、味、形均为上等。中国菜肴种类繁多，可按消费、加工、地区和民族、原料、时代、功能等标准进行分类。

2.中国的地方风味菜肴四大菜系指鲁菜、川菜、淮扬菜及粤菜。加上安徽菜、浙江菜、福建菜、湖南菜称为八大菜系。中国仿古风味菜肴包括宫廷菜、孔府菜、谭家菜；中国特殊风味菜肴包括素菜、药膳。中国少数民族风味流派包括回族、维吾尔族及蒙古族风味菜等。

3.中国的风味小吃、点心，历史悠久，品种丰富。按成熟方法可分为蒸类、煮类、炸类、烙类等；按风味流派可分为北方风味的京式流派、长江下游的苏式流派、岭南风味的广式流派。

4.茶叶是以茶树新梢上的芽叶嫩梢（称鲜叶）为原料加工制成的饮品。中国是茶叶的故乡。茶叶作为饮料相传开始于神农尝百草，在4000多年前。唐代茶圣陆羽写出了中国第一部茶叶专著——《茶经》。

5.若按茶叶茶汤颜色可将茶叶分为六大类，即绿茶、红茶、青茶、黑茶、黄茶和白茶。绿茶以西湖龙井、黄山毛峰茶最为著名。红茶以祁红、滇红尤为出众。青茶的主要名品是福建的"武夷岩茶"、"铁观音"等。黑茶的名品有安化黑茶、普洱茶。黄茶的著名品种有君山银针。白茶的名品有"白毫银针"、"白牡丹"等。

6.酒是用高粱、大麦、米、葡萄或其他水果发酵而成的饮料。中国是世界上最早的酿酒国家之一，早在新石器时代，人们就已开始酿酒。酒主要可分为白酒、黄酒、果酒和啤酒。白酒可分为四种香型即酱香型、清香型、浓香型和米香型。黄酒是我国最古老的酒种，最著名的有绍兴老酒、福建龙岩沉缸酒。贵州茅台酒为国内国际市场上的"酒中明珠"，素有"国酒"之誉。

7.我国著名的药材之乡有人参之乡、枸杞之乡、当归之乡、党参之乡、甘草之乡等；我国有四大药都，即河北省安国市、安徽省亳州市、江西樟树镇和河南省辉县百泉；我国的名贵中药材有人参、三七、冬虫夏草、鹿茸和阿胶；我国的著名中成药有山西定坤丹、大活络丹、云南白药等。

8.笔、墨、纸、砚素称"文房四宝"，是中国书写和绘画不可缺少的工具和材料。其中，笔、墨、砚为书绘工具，纸为书绘材料，是中国历史文化传播不可或缺的媒介。笔在文房四宝中起源最早，始于新石器时代。浙江吴兴善琏镇有"湖笔之乡"的美誉。墨为书画所用的黑色颜料，用松烟等原料制成。清代徽墨驰名天下，有色泽黑润、经久不褪、舐笔不胶、入纸不晕、香味浓郁、宜书宜画等特色，素有"落纸如漆，万载存真"之誉。纸是书写和传递信息的材料，我国最早的纸出现在西汉时期。安徽南部的宣纸纸质柔韧，洁白平滑，细腻匀整，不起皱，不掉毛，不怕舒卷，便于收藏，为书画最理想的用纸，因此有"纸寿千年"之说。砚即磨墨器，是我国特有的文书工具。我国有四大名砚，其中端砚有石质细腻嫩爽，墨汁细稠不易干涸，发墨而不损毫的特点，居四大名砚之首。

9.中国是世界花卉栽培发源地之一，早在新石器时代的遗址中，就已发现了花卉。我国著名的花卉有梅、菊、兰、荷、牡丹等；古树有黄帝陵古柏、泰山五大夫松等；全国上百个城市选定了自己的市花、市树。盆景是在盆栽的基础上发展起来的。我国盆栽的出现可追溯到新石器时代。盆景可分为树木盆景、山水盆景和水旱盆景。我国盆景有三大流派，即江南盆景、岭南盆景和四川盆景。

思考与练习

一、名词解释

1.八大菜系　　　2.宫廷菜　　　3.回族风味菜　　　4.《茶经》

5.贵州茅台　　　6.同仁堂　　　7.云南白药　　　8.四大名砚

9.端砚　　　　　10.山水盆景

二、问答题

1.何谓四大菜系？各有何代表菜？

2.谭家菜、素菜各有何特征？

3.中国茶叶若按茶汤颜色进行分类可分为哪几类？中国有哪些传统名茶？

4.何谓四大药都？冬虫夏草有何功效？

5.中国的文房四宝分别指什么？最好的文房四宝产于何处？

6.我国有哪些著名的花卉？我国盆景有那三大流派？

参 考 文 献

[1] 张岱年等. 中国文化概论. 北京：北京师范大学出版社，1994.

[2] 蔡宗德，李文芬. 中国历史文化. 北京：旅游教育出版社，1998.

[3] 谭家健. 中国文化史概要. 第三版. 北京：高等教育出版社，2010.

[4] 张秀平，王乃庄. 中国文化概览. 北京：东方出版社，1988.

[5] 刘敦桢. 中国古代建筑史. 北京：中国建筑工业出版社，1980.

[6] 张仁忠等. 中国风物志. 北京：旅游出版社，1989.

[7] 中华人民共和国国家旅游局. 走遍中国：中国优秀导游词精选. 北京：中国旅游出版社，1997.

[8] 彭卿云等. 全国重点文物大全. 北京：中国旅游出版社，1989.

[9] 安旭. 旅游文物艺术. 天津：南开大学出版社，1990.

[10] 向仍旦. 中国古代文化知识. 北京：知识出版社，1983.

[11] 陶立. 民俗学概论. 北京：中央民族学院出版社，1987.

[12] 黄能馥，陈娟娟. 中国服装史. 北京：中国旅游出版社，1995.

[13] 冯钟平. 中国园林建筑. 北京：清华大学出版社，1988.

[14] 李政行. 中国传统名特产大全. 太原：山西人民出版社，1992.

[15] 李登科. 北京导游基础. 北京：社会科学文献出版社，1998.

[16] 中国大百科全书出版社编辑部. 中国大百科全书·考古学卷. 北京：中国大百科全书出版社，1986.

[17] 中国大百科全书出版社编辑部. 中国大百科全书·民族卷. 北京：中国大百科全书出版社，1988.

[18] 陈同滨等. 中国古代建筑大图典. 北京：今日中国出版社，1996.

[19] 中国大百科全书出版社编辑部. 中国大百科全书·建筑园林城市规划卷. 北京：中国大百科全书出版社，1988.

[20] 杨宗等. 中国实用禁忌大全. 上海：上海文化出版社，1991.

[21] 吴存浩. 中国婚俗. 济南：山东人民出版社，1986.

[22] 中国大百科全书出版社编辑部. 中国大百科全书·宗教卷. 北京：中国大百科全书出版社，1988.

[23] 吕大吉．宗教学通论．北京：中国社会科学出版社，1989．

[24] 陈麟书．宗教学原理．成都：四川大学出版社，1986．

[25] 白化文．佛寺漫游．郑州：河南人民出版社，1986．

[26] 马通．中国伊斯兰教教派与门宦制度史略．银川：宁夏人民出版社，1983．

[27] 中国硅酸盐学会．中国陶瓷史．北京：文物出版社，1982．

[28] 何贤武，王秋华．中国文物考古辞典．沈阳：辽宁科学出版社，1993．

[29] 高大伦等．中国文物鉴赏词典．桂林：漓江出版社，1991．

[30] 《中国烹饪百科全书》编辑委员会．中国烹饪百科全书．北京：中国大百科全书出版社，1992．

[31] 当代中国丛书编辑部．当代中国工艺美术．北京：中国大百科全书出版社，1992．

[32] 胡起望，项美珍．中国少数民族节日．北京：商务印书馆，1996．

[33] 孟勇．中国传统节日饮食习俗．北京：中国物资出版社，2009．

[34] 王文源．中国吉祥图说．北京：中国工人出版社，2008．

[35] 柳正恒，林可．中国世界自然与文化遗产旅游．长沙：湖南地图出版社，2002．

[36] 黄濂．华夏历代帝陵．沈阳：辽海出版社，2000．

[37] 张自成．百年中国文物流失备忘录．北京：中国旅游出版社，2001．

[38] 北京市旅游局．全国导游基础．北京：北京燕山出版社，2007．

[39] 全国导游人员资格考试教材编写组．导游基础知识．第二版．北京：旅游教育出版社，2005．

[40] 北京市旅游局．北京导游基础．第二版．北京：北京燕山出版社，2006．